ŒUVRES COMPLÈTES

D'ALEXANDRE DUMAS

LE MIDI DE LA FRANCE

II

ŒUVRES COMPLÈTES D'ALEXANDRE DUMAS
PUBLIÉES DANS LA COLLECTION MICHEL LÉVY

Titre	Vol.
Acté	1
Amaury	1
Ange Pitou	2
Ascanio	2
Une Aventure d'amour	1
Aventures de John Davys	2
Les Baleiniers	1
Le Bâtard de Mauléon	3
Black	1
Les Blancs et les Bleus	3
La Bouillie de la comtesse Berthe	1
La Boule de neige	1
Bric-à-Brac	1
Un Cadet de famille	3
Le Capitaine Pamphile	1
Le Capitaine Paul	1
Le Capitaine Rhino	1
Le Capitaine Richard	1
Catherine Blum	1
Causeries	2
Cécile	1
Charles le Téméraire	2
Le Chasseur de Sauvagine	1
Le Château d'Eppstein	2
Le Chevalier d'Harmental	2
Le Chevalier de Maison-Rouge	2
Le Collier de la reine	3
La Colombe. — Maître Adam le Calabrais	1
Les Compagnons de Jéhu	3
Le Comte de Monte-Cristo	6
La Comtesse de Charny	6
La Comtesse de Salisbury	1
Les Confessions de la marquise	1
Conscience l'Innocent	2
Création et Rédemption. — Le Docteur mystérieux	2
La Fille du Marquis	1
La Dame de Monsoreau	3
La Dame de Volupté	2
Les Deux Diane	3
Les Deux Reines	2
Dieu dispose	2
Le Drame de 93	3
Les Drames de la mer	1
Les Drames galants. — La Marquise d'Escoman	2
Ima Lyonna	5
La Femme au collier de velours	1
Fernande	1
Une Fille du régent	1
Filles, Lorettes et Courtisanes	1
Le Fils du forçat	1
Les Frères corses	1
Gabriel Lambert	1
Les Garibaldiens	1
Gaule et France	1
Georges	1
Un Gil Blas en Californie	1
Les Grands Hommes en robe de chambre : César	2
— Henri IV, Louis XIII, Richelieu	2
La Guerre des femmes	2
Histoire d'un casse-noisette	1
L'Homme aux contes	1
Les Hommes de fer	1
L'Horoscope	1
L'Ile de Feu	2
Impressions de voyage : En Suisse	3
— Une Année à Florence	1
— L'Arabie Heureuse	3
— Les Bords du Rhin	2
— Le Capitaine Arena	1
— Le Caucase	3
— Le Corricolo	2
— Le Midi de la France	2
— De Paris à Cadix	2
— Quinze jours au Sinaï	1
— En Russie	4
— Le Speronare	2
— Le Véloce	2
— La Villa Palmieri	1
Ingénue	2
Isaac Laquedem	2
Isabel de Bavière	2
Italiens et Flamands	2
Ivanhoe de Walter Scott (traduction)	2
Jacques Ortis	1
Jacquot sans Oreilles	1
Jane	1
Jehanne la Pucelle	1
Louis XIV et son Siècle	4
Louis XV et sa Cour	2
Louis XVI et la Révolution	2
Les Louves de Machecoul	3
Madame de Chamblay	2
La Maison de glace	2
Le Maître d'armes	1
Les Mariages du père Olifus	1
Les Médicis	1
Mes Mémoires	10
Mémoires de Garibaldi	2
Mémoires d'un aveugle	1
Mémoires d'un médecin : Balsamo	5
Le Meneur de loups	1
Les Mille et un Fantômes	1
Les Mohicans de Paris	4
Les Morts vont vite	2
Napoléon	1
Une Nuit à Florence	1
Olympe de Clèves	3
Le Page du duc de Savoie	2
Parisiens et Provinciaux	2
Le Pasteur d'Ashbourn	2
Pauline et Pascal Bruno	1
Un Pays inconnu	1
Le Père Gigogne	2
Le Père la Ruine	1
Le Prince des Voleurs	1
Princesse de Monaco	1
La Princesse Flora	1
Propos d'Art et de Cuisine	1
Les Quarante-Cinq	3
La Régence	1
La Reine Margot	2
Robin Hood le Proscrit	2
La Route de Varennes	1
Le Saltéador	1
Salvator (suite des Mohicans de Paris)	5
La San-Felice	4
Souvenirs d'Antony	1
Souvenirs d'une Favorite	4
Les Stuarts	1
Sultanetta	1
Sylvandire	1
Terreur prussienne	2
Le Testament de M. Chauvelin	1
Théâtre complet	25
Trois Maîtres	1
Les Trois Mousquetaires	2
Le Trou de l'enfer	1
La Tulipe noire	1
Le Vicomte de Bragelonne	6
La Vie au Désert	2
Une Vie d'artiste	1
Vingt Ans après	3

IMPRESSIONS DE VOYAGE

LE MIDI
DE
LA FRANCE

PAR

ALEXANDRE DUMAS

II

NOUVELLE ÉDITION

PARIS
CALMANN LÉVY, ÉDITEUR
ANCIENNE MAISON MICHEL LÉVY FRÈRES
3, RUE AUBER, 3

1887
Droits de reproduction et de traduction réservés

IMPRESSIONS
DE VOYAGE

— MIDI DE LA FRANCE —

XXI

AIGUES-MORTES

Le lendemain, pendant que nous déjeunions, notre hôte monta.

— Ces messieurs, nous dit-il, sont sans doute venus à Nîmes pour la ferrade?

— Qu'est-ce que cela? demandai-je.

— Ah! monsieur, c'est une grande fête.

— Et que se passe-t-il dans cette fête?

— On marque les taureaux de la Camargue.

— Où cela?

— Dans le cirque.

— Et quand?

— Dimanche prochain.

Nous nous regardâmes, Jadin et moi; nous avions grande

envie de voir une ferrade; mais, malheureusement, notre temps était compté : nous n'étions encore qu'au mercredi, et nous ne pouvions décemment rester à Nîmes jusqu'au dimanche. Nous fîmes cette objection à notre hôte.

— Mais, nous dit-il, si ces messieurs avaient l'intention de faire une excursion dans les environs de Nîmes?

— Nous comptions aller à Aigues-Mortes et à Saint-Gilles.

— A merveille! Ces messieurs peuvent partir aujourd'hui, aller coucher à Aigues-Mortes, y rester demain et après-demain, et revenir par Saint-Gilles.

— Que dites-vous de cela, Jadin?

— Je dis que notre hôte est un grand stratégiste.

— Eh bien, alors, le cheval au cabriolet, et partons!

Je courus à l'instant chez Reboul, qui devait nous venir chercher pour nous faire les honneurs de Nîmes. Je lui fis part de notre nouvelle combinaison, qu'il approuva, tout en se désolant de ne pouvoir nous accompagner. Aigues-Mortes était sa ville de prédilection ; Aigues-Mortes était la source où il allait puiser de la poésie quand sa verve était tarie; Aigues-Mortes enfin lui avait inspiré quelques-uns de ses plus beaux vers; de sorte qu'il aimait cette ville comme on aime une maîtresse poitrinaire, que l'on voit mourir sous ses yeux. Enfin, si je n'avais pas depuis longtemps désiré de voir la cité de saint Louis, cet enthousiasme de Reboul pour la Damiette française m'aurait inspiré le désir d'y faire un pèlerinage.

Une demi-heure après, nous roulions au grand trot sur la route de Montpellier.

Notre cabriolet ne put nous mener que jusqu'à Lunel

une route de traverse conduisant seule à la pauvre ville perdue, où aucun commerce n'attire; il faut être historien, peintre ou poëte pour la visiter. A mesure que nous avancions, le terrain, en se nivelant, annonçait les approches de la mer. Bientôt nous nous trouvâmes engagés au milieu d'immenses marais, coupés par de grandes flaques d'eau, au milieu desquelles s'élevaient des îles couvertes de roseaux et de tamaris. A l'horizon, nous apercevions, vers notre gauche, une grande et belle forêt de pins d'Italie, le roi des arbres méridionaux; à leur pied et en face de nous, une ligne d'azur, qui était la mer; enfin, à notre droite, un massif d'arbres, ombrageant une métairie, derrière lequel se cachait la ville que nous allions chercher. Plus nous avancions, plus le paysage prenait un caractère triste et silencieux : aucun être vivant, si ce n'est quelque héron effrayé par nous, qui s'enlevait en jetant un cri aigu, ou quelque mouette blanche, se balançant insoucieusement sur l'eau, n'animait cette solitude. Enfin nous nous trouvâmes sur une chaussée jetée au milieu de deux étangs grands comme des lacs. Au milieu de cette chaussée s'élevait une tour (1), contemporaine de saint Louis, ouverte à qui veut passer, sans garde pour la défendre, et colorée de cette merveilleuse teinte feuille-morte que le soleil du Midi donne aux monuments qu'il éclaire. Cependant, comme nous nous en approchions, nous vîmes se lever une espèce de douanier, concierge fiévreux de cette marécageuse poterne; mais, voyant à

(1) La tour Charbonnière.

notre costume et à notre bagage que nous n'étions pas des contrebandiers, il alla se rasseoir, tout en tremblotant, sur une chaise placée au soleil et contre un mur. Un chien couché près de lui semblait subir comme lui l'influence méphitique de ce triste séjour; c'était un groupe d'une tristesse profonde, et qui semblait singulièrement en harmonie avec le paysage. Nous nous approchâmes de cet homme, et, pour lier conversation avec lui, nous lui demandâmes s'il y avait encore loin de l'endroit où nous étions à Aigues-Mortes. Il nous répondit que, dans dix minutes, nous apercevrions la ville, et que, dans trois quarts d'heure, nous y serions arrivés. Nous nous informâmes alors s'il y avait longtemps qu'il habitait ce poste. Il nous répondit qu'il y avait quatre ans. Il y était venu fort et bien portant; quatre étés avaient suffi pour le réduire en l'état où il était. Le malheureux mourait aux frais du gouvernement; il est vrai qu'il ne lui coûtait pas cher : on lui donnait cent écus par an pour cela. Nous nous étonnâmes que, connaissant l'influence de la localité, il eût accepté cette place.

— Que voulez-vous! nous répondit-il, il faut bien vivre!

Nous continuâmes notre route, admirant à quel degré peut être portée la résignation humaine, et, comme nous l'avait dit notre moribond, au bout de dix minutes, nous aperçûmes Aigues-Mortes, ou plutôt ses murailles; car pas une maison ne dépasse les remparts, et la cité gothique semble un bijou soigneusement enfermé dans un écrin de pierre.

Quelque envie que les Aigues-Mortains aient de faire remonter la fondation de leur ville à Marius, qui, au dire de Claude Ptolémée, ayant assis son camp sur le Rhône, profita du loisir que lui laissaient les Teutons pour faire creuser, depuis la partie navigable du fleuve jusqu'à la mer, un large canal par lequel pussent remonter les bateliers qui fournissaient des provisions de bouche à son armée, la seule époque qui ait laissé des traces réelles est le VIIIe siècle, pendant lequel on bâtit la tour de Matafère, qui, s'il faut en croire l'histoire générale du Languedoc, s'élevait sur l'emplacement actuel de la ville. Vers le même temps, une abbaye de bénédictins s'établit à une demi-lieue d'Aigues-Mortes, près de la route qui conduit à Nîmes; on la nommait Psalmodi, à cause de ce chant perpétuel que ses moines faisaient entendre, et qui, comme le dit Grégoire de Tours, qui l'appelle *psalterium perpetuum*, était alors en usage dans quelques couvents. Cette abbaye, détruite en 725 par les Sarrasins, fut rebâtie en 788 par Charlemagne, qui lui donna la tour de Matafère. Dès ce moment, les paysans des environs, trouvant sur un même point protection temporelle et spirituelle, bâtirent leurs maisons autour de la forteresse, qui ne tarda pas à échanger son nom contre celui des eaux dormantes qui l'environnaient.

Au XIIe siècle, la ville d'Aigues-Mortes, protégée par le couvent de Psalmodi, et par les seigneurs de Toulouse, était devenue une cité maritime. S'il faut en croire Bernard de Trévise, chanoine de Maguelonne, auteur du roman de *Pierre de Provence*, et qui vivait vers 1160, elle recevait dans son port des navires de Gênes, de Constantinople et d'Alexandrie. Il est vrai qu'Astruc, dans ses mémoires sur l'histoire du Languedoc, a prétendu que ce passage avait été intercalé par Pétrarque. La chose est possible; mais il n'en fallait pas moins qu'Aigues-Mortes eût une certaine importance, puisque saint Louis la choisit, vers la moitié du xiiie siècle, pour y rassembler la flotte qu'il devait commander.

A cette époque, la France était loin d'avoir l'étendue qu'elle a aujourd'hui; elle ne possédait que l'Orléanais, l'Ile-de-France et la Picardie, domaine originaire de la couronne; le Berry; acheté par Philippe Ier; la Normandie et la Touraine, confisquées sur le roi Jean par Philippe-Auguste, et ce ne fut que vingt-cinq ans plus tard que Philippe le Hardi hérita du Languedoc; de sorte qu'elle ne pouvait disposer d'aucun port sur la Méditerranée.

Louis IX commença donc par s'assurer de celui de Marseille, qui lui fut offert par sa belle-sœur Béatrix, comtesse de Provence. Mais, comme il ne lui suffisait pas; que Montpellier et ses dépendances relevaient du roi d'Aragon; que l'ancien port d'Aigle et le nouveau port de Saint-Gilles appartenaient au comte de Toulouse, vassal remuant et infidèle, il proposa à l'abbé de Psalmodi de lui faire la cession du port d'Aigues-Mortes contre une vaste étendue de terrain qu'il possédait auprès de Sommières, sur les bords du Vidourle. L'échange fut accepté, et l'acte de cession passé au mois d'août 1248. Ce fut alors que, pour encourager de nouveaux colons à venir se fixer dans la ville qu'il venait d'acquérir, Louis IX, par lettres patentes données dès 1246, affranchit les habitants d'Aigues-Mortes de toutes tailles et de tout impôt, de tout emprunt volontaire ou forcé, et de tout péage sur leurs denrées dans l'étendue des domaines du roi; les exempta de fournir des hommes pour le service militaire, hors des diocèses de Nîmes, d'Uzès et de Maguelonne; leur donna la jouissance commune des pêcheries et pâturages qui les environnent, ainsi que le droit de chasse sur leur territoire; enfin, il leur reconnut la faculté d'élire tous les ans, parmi eux, quatre consuls, investis de l'autorité municipale, le roi se réservant seulement la nomination du juge, qu'il s'imposa l'obligation de ne point choisir parmi les habitants de la ville, et du capitaine viguier ou châtelain. Ces concessions, immenses pour cette époque, eurent les résultats qu'en attendait Louis IX; les habitants affluèrent dans la ville affranchie. Le port, entièrement restauré aux dépens de plusieurs monuments des environs, et même, s'il faut en croire Gariel, des vieux tombeaux de l'église de Maguelonne, reçut, vers le milieu de l'année 1248, une flotte nombreuse, que joignit au mois d'août Louis IX lui-même, précédé de l'oriflamme, et portant la panetière et le bourdon, insignes de son pèlerinage. Enfin, le 25 août, les mille vaisseaux du roi, montés par trente-six mille soldats, sortirent de la rade, faisant voile pour l'île de Chypre, où ils devaient faire jonction avec le reste de la flotte qui était partie de Marseille. C'est l'un des huit cents vaisseaux sortis du port de cette dernière cité que montait, ainsi qu'il nous l'apprend lui-même, le sire de Joinville, naïf et poétique historien de cette première croisade.

Chacun sait comment cette entreprise échoua, malgré la prise de Damiette; comment, dans le séjour qu'ils firent dans cette cité en attendant la crue du Nil et les secours que le comte de Poitiers devait amener de France, les soldats du Seigneur se corrompirent au point qu'il y avait, dit Joinville, des lieux de prostitution tenus par les gens du roi jusqu'à l'entour du pavillon royal, et comment enfin, après la victoire de Mansourah, où fut tué le comte d'Artois, la disette, la maladie et le feu grégeois faisaient de tels ravages dans l'armée chrétienne, que, ne pouvant plus marcher sur le Caire, il fallut que Louis IX songeât à la retraite (1). Ce fut dans cette retraite, ou plutôt dans cette déroute, que le roi fut atteint, enveloppé et fait prisonnier à Munieh, puis conduit à Mansourah, où le sultan offrit de lui rendre la liberté pour huit mille besants. « Un roi de France, répondit Louis IX, ne se rachète pas pour de l'argent, il s'échange contre un empereur ou contre une ville; prenez Damiette pour ma rançon et les huit mille besants d'or pour celle de mon armée. » Malgré la mort du sultan, qui arriva sur ces entrefaites, le traité fut conclu à ces conditions entre les Mameluks et *le plus fier chrétien qu'on ait jamais vu en Orient.*

Le roi s'embarqua aussitôt à Alexandrie; mais, au lieu de revenir en France, il fit voile pour la terre sainte, où il resta trois mois, attendant toujours d'Europe les secours d'hommes et d'argent qui n'arrivèrent point. Ce fut là qu'en 1252 il apprit la mort de sa mère : cette nouvelle le détermina à revenir en France. Il s'embarqua au port de

(1) Voir le *Voyage au Sinaï.*

Saint-Jean-d'Acre, et, le 17 juillet 1254, il aborda aux îles d'Hyères.

Cependant Louis IX, qui, dans l'espérance d'une seconde croisade, continuait de porter la croix sur ses habits, était parvenu à rétablir la paix dans le royaume. Dès qu'il crut pouvoir quitter la France sans danger, il convoqua le parlement de Paris, s'y présenta, portant entre ses mains la couronne d'épines de Notre-Seigneur, et ordonna une seconde prise d'armes. Ce fut alors qu'il conçut le dessein d'entourer de remparts la ville d'Aigues-Mortes; et, comme le souverain pontife était né à Saint-Gilles et était parvenu au trône papal après avoir été successivement soldat, avocat au parlement de Paris, et secrétaire du roi, il s'en ouvrit à lui.

Ce fut pendant que le roi tenait sa cour à Saint-Gilles, en attendant les vaisseaux génois, au milieu des fêtes données aux ambassadeurs de Michel Paléologue, que la ligne où devaient s'élever les fortifications fut tracée autour d'Aigues-Mortes. Le roi voulut qu'elles eussent le contour, l'élévation et la forme de celles de Damiette, afin qu'elles rappelassent éternellement la victoire qui avait ouvert la première croisade. Mais, au moment où on allait en poser les fondations, les vaisseaux attendus arrivèrent, conduits par le comte Alphonse, et déterminèrent le départ du roi.

Le 1er juillet 1270, saint Louis quittait les côtes de France, et, le 25 août suivant, il expirait sur la cendre, à l'endroit même où l'envoyé de Rome trouva Marius assis sur les ruines de Carthage.

« Et ainsi, dit Joinville, comme Dieu est mort pour son peuple, aussi semblablement a mis le saint roi Louis son corps en danger et aventure de mort pour le peuple de son royaume. »

Fidèle héritier, comme il avait été brave soldat et fils pieux, Philippe le Hardi ne fut pas plus tôt sur le trône, qu'il se souvint des intentions de son père à l'égard d'Aigues-Mortes. A son ordre, la ceinture de remparts qui l'enveloppe encore aujourd'hui s'éleva sur le plan arrêté ; de sorte que nous pouvons encore aujourd'hui, à l'aspect de ces murailles, sur lesquelles ont passé près de huit siècles, rebâtir la ville orientale que nous irions aujourd'hui chercher vainement à l'embouchure du Nil.

On peut facilement se faire une idée de la curiosité avec laquelle nous approchions de ces remparts historiques, qui, outre leurs souvenirs merveilleux, sont le modèle le plus intact que nous ait laissé de ses fortifications cette civilisation religieuse et militaire du xiii° siècle. Aigues-Mortes avait bien encore d'autres souvenirs plus récents que ceux dont nous venons de raconter quelque chose : une trahison de Louis de Malapue, qui livra, momentanément, ces murailles saintes aux Bourguignons ; une entrevue politique de Charles-Quint et de François Iᵉʳ ; une forêt brûlée par Barberousse ; l'empoisonnement des calvinistes dans la tour de Constance ; enfin, la construction d'un canal ordonnée par Louis XV. Mais qu'étaient pour nous toutes ces anecdotes locales auprès des magnifiques pages écrites par Louis IX et Philippe le Hardi sur le livre de pierre qui s'ouvrait à nos yeux ?

Nous entrâmes à Aigues-Mortes par la porte du château ; t ce fut alors que la vérité de la description de Reboul me revint à l'esprit :

> Et puis nous irons voir, car décadence et deuil
> Viennent toujours après la puissance et l'orgueil,
> Nous irons voir auprès de l'eau stationnaire
> Aigue-Morte aux vingt tours, la cité poitrinaire,
> Qui meurt comme un hibou ans le creux de son nid,
> Comme dans son armure un chevalier jauni,
> Comme au soleil d'été, qu'il croit être propice,
> Un mendiant fiévreux dans la cour d'un hospice.

Et, en effet, Aigues-Mortes, qui renferma dans ses remparts jusqu'à dix mille habitants, en est réduite à une population de deux mille six cents âmes ; de sorte que, comme sa ceinture de pierre ne peut se rétrécir à mesure que la ville maigrit, un quart des maisons est fermé, l'autre tombe en ruine, le troisième a été rendu à l'agriculture, et fait place à des jardins et à des champs labourés, tandis que le quatrième contient les restes de ces malheureux décimés par la fièvre, et qui achèvent de mourir dans ces maisons basses qu'on est forcé de recrépir chaque année, tant l'air est humide et pénétrant.

Quant aux habitants, leurs anciens priviléges, la situation de leur ville au milieu des marais, l'air méphitique qu'ils respirent, ont eu sur eux un effet moral aussi visible et aussi grand que l'effet physique. Ne demandez pas aux Aigues-Mortains l'ardente vivacité des Méridionaux, cette turgescence vitale qui se répand dans les paroles et les gestes des Languedociens et des Provençaux ; non, ils vous répondront, avec l'accent triste et indolent des hommes du Nord, qu'ils ne peuvent pas dépenser leur énergie inutilement, n'ayant pas trop de toutes les forces pour vivre.

Nous eûmes grand'peine à trouver une auberge; car Aigues-Mortes, n'ayant ni industrie ni commerce, ne péchant et ne chassant, comme les tribus sauvages, que pour vivre elle-même, est à peine visitée une fois l'an par un artiste ou par un poëte aux souvenirs religieux, qui viennent, la plume ou le crayon à la main, chercher les traces du pèlerin royal dont le souvenir est resté si vivant dans cette ville morte. Heureusement, nous nous souvînmes d'une lettre que Reboul nous avait donnée pour le maire d'Aigues-Mortes, M. Jean Vigne, et l'idée nous prit d'interrompre nos préparatifs dînatoires pour la porter à son adresse. Cent fois, soit béni notre grand poëte! car jamais lettre de recommandation ne fut mieux reçue. M. Vigne l'eut à peine lue, qu'il déclara que nous n'aurions pas d'autre hôte que lui, et qu'il mit sa table et sa maison à notre disposition.

Si nos lecteurs ont voyagé, ils savent ce que c'est que d'arriver, fatigué et mourant de faim, dans une ville inconnue, où souvent on ne trouve ni lit, ni dîner, ni cicérone. Alors, on erre, ignorant et de mauvaise humeur, passant, sans s'y arrêter, sur les endroits les plus intéressants, pareil à ces ombres désolées à qui on aurait oublié de mettre un sou dans la main pour traverser l'Achéron; puis, après un jour d'ennui, on quitte la ville sans en emporter un seul souvenir, si ce n'est celui des heures maussades qu'on y a passées. Qu'au contraire, si harassé et endolori que l'on soit de la route, on rencontre bonne table, bon lit, hôte au visage joyeux, à l'aspect investigateur, à la mémoire riche et savante; tout autour de vous prend une bouche pour sourire et pour raconter, les traditions s'entassent sur votre chemin, vos heures sont trop courtes pour tout ce que vous avez de lieux saints à visiter et de traditions pittoresques à entendre. Les jours passent rapides et animés au milieu de cette famille nouvelle, créée par l'hospitalité, et vous quittez la ville qui vous a reçu ainsi comme vous quitteriez une seconde ville natale qui vous était inconnue à vous-même, et où vous avez retrouvé des amis oubliés, emportant pour la vie la mémoire d'une amitié de quelques heures.

Voilà ce qui nous arriva à Aigues-Mortes, et, il faut le dire, dans une partie des villes que nous visitâmes pendant tout le cours de notre voyage; il n'y a qu'à Paris que l'hospitalité est une vertu tout à fait inconnue; c'est qu'à Paris, il faut l'avouer, on n'a véritablement de temps, de place et d'argent que pour soi.

Notre hôte avait tout cela à notre service, lui. Nous n'acceptâmes, il est vrai, que son temps, ses chambres et ses dîners; mais nous en usâmes sans façon et largement. Il allait se mettre à table comme nous arrivions; on ajouta deux couverts, et nous entrâmes incontinent en possessions de nos droits de voyageurs recommandés.

Nous vîmes avec plaisir que notre hôte, tout maire d'Aigues-Mortes qu'il était, ne paraissait nullement soumis à l'influence de l'air qui attaquait ses administrés. Nous lui en fîmes nos compliments bien sincères. Il nous expliqua alors que ces fièvres si redoutées n'atteignaient que les malheureux qui, après un long et pénible travail, ne trouvaient dans leur maison ni la nourriture saine ni l'abri salubre qui dans tous les pays sont les premières conditions d'une bonne santé. Toutes les personnes possédant quelque fortune et pouvant prendre les précautions d'hygiène et de température les plus simples, échappaient, nous assura-t-il, comme lui, au fléau caniculaire. Il y avait quarante ans qu'il habitait impunément Aigues-Mortes, et il espérait bien l'habiter quarante ans encore sans avoir rien à démêler avec aucune maladie. C'est ce que nous lui souhaitâmes de tout notre cœur en nous retirant dans les chambres qu'il nous avait fait préparer avec l'ingénieuse recherche de la plus confortable hospitalité (1).

Aussi dormions-nous à poings fermés dans les meilleurs lits que nous eussions eus depuis notre départ de Paris, lorsque, le lendemain matin, à huit heures, notre hôte entra dans notre chambre.

— Pardieu! nous dit-il, il faut convenir que vous jouez de bonheur!

— Nous nous en sommes déjà aperçus, lui répondis-je en lui tendant la main, encore à moitié endormi.

— Ah! oui, il s'agit bien de cela! Savez-vous ce qu'on vient m'annoncer?

— Non, ma foi.

(1) J'étais bien loin de me douter, lorsque j'écrivais ces lignes, que, quatre ans après, Vigne, comme Allier, aurait cessé de vivre.

— Qu'on vient de mettre à découvert, en enlevant des terres derrière la chaussée du Vidourle, la carcasse d'une galère de saint Louis.

— Ah bah! qu'est-ce que vous dites donc là?

— Ma foi, ce qu'on m'annonce à l'instant. Voulez-vous voir l'homme qui m'apporte cette nouvelle?

— Oui, sans doute! Jadin, arrivez donc, paresseux!

— J'entends bien, répondit Jadin; mais c'est que je m'habille.

— François!

Un homme entra.

— Voyons, mon ami, continua notre hôte, qu'est-ce que tu viens me dire?

— Je viens vous dire qu'en tirant de la terre d'un côté pour la reporter de l'autre, nous avons mis à découvert un grand bateau qui est long dix fois comme cette chambre; de sorte que M. René de Bernis, notre maître, m'a dit : « Va-t'en donc annoncer à M. le maire d'Aigues-Mortes que nous avons retrouvé auprès du vieux canal une nef du roi saint Louis. » Alors, je suis venu, et voilà.

— Et c'est bien loin d'ici, l'endroit où cette galère a été retrouvée?

— Oh! un quart de lieue tout au plus.

— Alors, nous allons y aller, hein? dis-je en sautant à bas de mon lit.

— Vous prendrez bien le temps de déjeuner, quand le diable y serait?

— Oui, pourvu que le déjeuner ne soit pas dans le genre du dîner d'hier.

— Soyez tranquille; une côtelette, un verre de vin de Bordeaux et une tasse de café, voilà tout; cela sera prêt quand vous descendrez.

— C'est que, quoique arrivé d'hier seulement, voyez-vous, je connais déjà votre table comme si j'en faisais la carte.

— Et vous n'en êtes pas content?

— Au contraire, j'en suis trop content.

— Eh bien, soyez tranquille; aujourd'hui, je vous ferai faire un dîner de marin.

— Vraiment! et où cela?

— Au *grau du Roi*.

— Parole d'honneur! vous êtes un homme adorable, et, si nous avons déjeuné dans une demi-heure, nous vous tresserons une couronne de chêne.

Chacun fit diligence de son côté, et, lorsque nous descendîmes, tout était prêt. Dix minutes après, nous étions en route.

Nous étions si pressés d'arriver à la fameuse galère, que nous remîmes à un autre moment de faire le tour des remparts. Nous sortîmes par la porte opposée à celle par laquelle nous étions entrés, et à peine l'eûmes-nous franchie, que nous aperçûmes la Méditerrannée à trois quarts de lieue de nous.

— Voilà donc, dis-je à M. Vigne, la distance qu'a parcourue la mer en se retirant?

— Ah! ah! me répondit-il, il paraît que vous partagez l'erreur générale, et que vous croyez que, du temps de saint Louis, la mer venait baigner nos remparts.

— Mais il me semble que Voltaire et Buffon le disent, l'un dans son *Essai sur les mœurs et l'esprit des nations,* l'autre dans sa *Théorie sur la terre.*

— Eh bien, tous deux se trompent. Si vous le voulez bien, continua notre conducteur en s'interrompant, nous allons descendre dans cette barque; le plus court est de traverser l'étang de la Marette.

— Très-bien. Vous disiez donc que Buffon et Voltaire se trompaient?

— Oui, sans doute. Il fut un temps où la Méditerranée couvrait l'emplacement même où nous sommes, et devait s'étendre une lieue au moins au delà d'Aigues-Mortes; ces étangs et ces marais en sont la preuve; mais ce temps est antérieur à saint Louis et même à Marius. Au XIII° siècle, au contraire, tout prouve que la mer était déjà resserrée dans ses limites actuelles, et que la ville se trouvait, comme aujourd'hui, située à une lieue environ du rivage. Une des preuves les plus irrécusables de ce que j'avance, et je vous en citerai plusieurs, c'est que nous conservons dans nos archives une information faite sous le roi Jean, en 1363, c'est-à-dire quatre-vingt-treize ans après la mort de saint Louis, pour constater l'état du port, et les réparations qu'il était urgent d'y faire. Il y est reconnu par la déposition des vieillards, dont quelques-uns étaient contemporains de Philippe le Hardi, et dont les pères avaient assisté à l'embarquement du roi, *qu'ils ont vu l'ancien canal qui allait d'Aigues-Mortes à la mer en si bon état, que les vaisseaux et grandes barques pouvaient facilement et sans danger arriver jusqu'auprès en la ville, et que, depuis qu'il est comblé, les navigateurs n'ont plus abordé à son embouchure, au lieu que l'on appelle Bouranet, de peur d'y être pillés.* L'ancien canal, continua M. Vigne, c'est celui où nous allons nous engager en sortant de l'étang de la Marette, sur lequel nous sommes en ce moment; et il est si bien reconnu par la tradition populaire que c'est le même qu'ont suivi les galères des croisés, que, de temps immémorial, son embouchure porte le nom de grau Louis (1).

— Mais, interrompis-je, que signifient aux murailles de la ville ces anneaux de fer que nous y avons vus en passant? et à quoi étaient-ils bons, si ce n'est à amarrer les bâtiments?

— Voilà justement d'où est venue l'erreur, reprit notre savant cicérone. Aigues-Mortes avait un port sous ses murailles, mais un port intérieur, si je puis dire. Ce port était l'étang de la ville, qui, à cette heure encore, n'en est distant que de quelques pas, et qui, à cette époque, et grâce aux travaux qu'y avait fait exécuter le roi, était assez profond pour recevoir des navires de guerre. Ces navires entraient par le grau (2) Louis dans le vieux canal, suivaient ce canal jusqu'à sa jonction avec la Grande-Roubine, et, de là, par une ouverture que je vous ferai voir, entraient dans l'étang de la ville.

— En effet, voilà qui explique tout.

— Maintenant, un dernier éclaircissement encore sur la

---

(1) Nous prions nos lecteurs de se reporter, pour l'intelligence de ces détails, à la carte d'Aigues-Mortes et de ses environs.

(2) De *gradus,* passage.

manière, non pas dont la mer a abandonné la terre, mais dont la terre a repoussé la mer, et dont vous avez facilement la preuve par l'inspection des lieux. Un des bras du Rhône, qui, comme vous le savez, se birfurque à Arles, et fait de la Camargue une île, vient se jeter dans la mer près d'Aigues-Mortes : eh bien, ce petit Rhône, comme on l'appelle, entraîne avec lui des sables, des graviers, des sédiments, qui, repoussés à la côte par le courant d'est, ajoutent incessamment au rivage, et forment des bancs de sable, dont les interstices, d'abord couverts d'eau, finissent à la longue par se dessécher, et forment ces dunes mouvantes que nous visiterons en revenant; mais, pour le moment, nous avons autre chose à voir, car nous voilà arrivés.

En effet, nous mîmes pied à terre sur la rive droite du vieux canal; nous en suivîmes la rive quelque temps encore; puis, franchissant un court espace de marais, nous arrivâmes aux bords du Vidourle, et nous vîmes, à un pied au-dessous de l'eau limpide de la rivière, l'avant d'un bâtiment, ou plutôt d'une grande barque, dont l'arrière était encore caché sous les sables, le déblayement n'ayant point été poussé plus loin. La longueur visible du bâtiment était de soixante-trois pieds, sa plus grande largeur de neuf, et sa hauteur, du fond de la quille aux plats-bords, de trois. Quant à la partie cachée, à en juger par le rétrécissement de la carène, il devait être tout au plus de sept ou huit pieds; ce qui donnait au bâtiment une longueur totale de soixante-douze à soixante-quatorze pieds. Ce premier examen suffit pour me convaincre que ce que nous avions sous les yeux était une barque et non une nef ; les nefs de cette époque, dont il nous reste des modèles dans les manuscrits du XIIIe et du XIVe siècle, ayant une forme beaucoup plus cintrée et plus matérielle, et un avant et un arrière élevés en forme de tillac.

Maintenant, qu'est-ce que cette barque ? Est-ce tout simplement un bateau construit pour transporter des soldats d'Aigues-Mortes au grau Louis ? Ce serait probable si sa forme allongée ne sentait l'art primitif et ne se rapprochait complétement de ces longues pirogues des mers du Sud. Or, à cette époque, Gênes, à qui saint Louis avait emprunté ses bâtiments de transport, était assez avancée en navigation pour que les formes primitives fussent déjà altérées. Il en résulterait donc que ce serait tout simplement une barque construite par les pêcheurs de la côte eux-mêmes, dont le roi pèlerin dut chercher à utiliser l'industrie et les connaissances. Enfin, quelle qu'elle fût, cette barque n'en était pas moins un monument curieux de la civilisation commerciale de nos pères.

Nous restâmes deux ou trois heures à prendre nos mesures de hauteur, de longueur et de largeur ; puis nous nous remîmes en route vers l'embouchure du vieux canal, à cette heure toute comblée de sables. Bientôt nous arrivâmes au lieu appelé les Tombes, et la terre commença de retentir sous nos pieds. C'est là, s'il faut en croire les traditions populaires, que furent enterrés les croisés morts pendant les deux séjours du roi à Aigues-Mortes. Enfin, après dix minutes de marche, nous arrivâmes au bord de la Méditerranée.

Déjà familier avec la mer extérieure, comme l'appelaient les anciens, ayant parcouru toutes les côtes septentrionales et occidentales de France, depuis le Havre jusqu'au golfe de Gascogne, c'était la première fois que je voyais la Méditerranée. Je reconnus la fille azurée de l'Océan et de Doris, la blonde Amphitrite, la fantasque déesse, dont la colère est rapide et inattendue comme le caprice d'une coquette, en même temps qu'elle est terrible comme la vengeance d'une reine.

Ces tombes que nous venions de fouler aux pieds, et le nom du roi donné à ce canal perdu aujourd'hui dans les sables, sont les deux seuls monuments qui restent, l'un pour les yeux, l'autre pour la pensée, du poétique passage du roi pèlerin, les murailles d'Aigues-Mortes ayant été, comme nous l'avons dit, bâties par Philippe le Hardi.

Nous trouvâmes une barque qui nous attendait : c'était une galanterie de notre hôte pour nous épargner un chemin inutile. Nous y montâmes tous trois. Aussitôt nos mariniers déployèrent leur voile triangulaire, et, côtoyant le rivage de la mer à la distance de cinq cents pas, à peu près, nous doublâmes le phare et entrâmes triomphalement dans le grau du Roi.

Ce fut Louis XV qui donna l'ordre d'entreprendre ce nouveau canal, qui conduit aujourd'hui d'Aigues-Mortes à la mer, et qui est devenu son véritable port. La pauvre ville, qui n'avait pour la protéger que le souvenir de son roi, avait été complètement perdue de vue par le gouvernement sous les règnes de Louis XIII et de Louis XIV. Henri IV avait bien ordonné quelques travaux lorsque la publication de l'édit de Nantes, promulgué en 1598, eut rendu quelque tranquillité à l'État; mais les États du Languedoc avaient conçu vers ce même temps le projet d'un port au cap de Cette. Ce projet, soutenu par le prévôt général de Provence, l'emporta sur la bonne volonté royale, et Aigues-Mortes, succombant dans cette lutte avec sa jeune rivale, se trouva de nouveau en proie aux exhalaisons mortelles qui s'échappaient de tous ces étangs et de tous ces marais qui ne pouvaient plus, faute de débouchés, envoyer leurs eaux à la mer. Alors, les habitants aisés désertèrent leur ville; les pauvres, découragés, dévorés par la misère et la contagion, continuèrent à mourir avant le temps fixé à la fin de la vie humaine. Enfin, le gouvernement, qui ne s'était aucunement inquiété de cette effroyable dépopulation, s'aperçut qu'elle portait atteinte à ses intérêts; les bras manquaient pour exploiter les salines de Peccais; de sorte que les fermiers du roi, qui n'osaient plus, au reste, approcher d'Aigues-Mortes, furent forcés d'approvisionner ailleurs leurs greniers. L'État ne s'inquiéta pas de la ville déserte et moribonde, mais il s'inquiéta de cette branche de ses revenus qu'elle brisait dans son agonie.

Alors, un arrêt de Louis XV, en date du 14 août 1725, ordonna la construction d'un canal, et affecta aux dépenses le produit d'une augmentation de cinq sous par minot sur l'impôt du sel; les travaux commencèrent immédiatement, et furent achevés vingt ans après.

Deux môles en maçonnerie, distants d'environ deux toises, et se prolongeant parallèlement jusqu'à cent cinquante pas dans la mer, protégèrent l'écoulement des eaux, auxquelles le Vistre et le Vidourle, qui viennent s'y jeter, impriment un cours qui non-seulement les entraîne vers la mer, mais encore repousse les amas de sable qui, sans cette force de répulsion, se formeraient nécessairement à son embouchure.

Nous descendîmes près du phare au moment où un douanier qui pêchait à la ligne, était au plus fort d'une lutte avec un énorme loup de mer qui venait, non pas de mordre à son hameçon, mais de l'avaler. Le pauvre homme n'osait tirer l'animal de l'eau eu égard à la faiblesse de l'instrument au bout duquel il se débattait. En conséquence, il avait pour le prisonnier, qui menaçait de rompre sa chaîne, tous les égards imaginables; il lui rendait de la ligne, lui en reprenait, lui en rendait encore, l'amenait jusqu'à la surface de l'eau, puis lui permettait de replonger dans ses profondeurs; le pêcheur en suait à grosses gouttes. Nous profitâmes de la circonstance pour faire avec lui un marché à forfait. Nous lui proposâmes un écu du poisson, pêché ou non pêché, à nos risques et périls. Le marché fut accepté: il reçut d'une main les trois francs, et nous remit de l'autre le manche de la ligne. Nous continuâmes la même manœuvre, attirant doucement le poisson, comme l'avait fait le douanier, jusqu'à la surface de l'eau. Seulement, dès qu'il apparut, Jadin, qui l'attendait avec ma carabine, lui envoya au travers du corps une balle qui termina la contestation. Le blessé se débattit un instant encore; mais c'étaient les dernières convulsions de l'agonie, et bientôt il revint de lui-même et le ventre en l'air flotter sur l'eau. Cependant, comme on n'osait pas se fier à la force du crin auquel il était suspendu pour lui faire traverser l'espace de dix ou douze pieds qui se trouve entre le haut de la chaussée et le niveau du canal, on mit une barque à la mer, et on alla repêcher le mort, qui pesait de six à sept livres, et qui fut immédiatement destiné à faire le fond d'une bouillabaisse.

La bouillabaisse est aux Languedociens et aux Provençaux ce que la polenta est aux Milanais, et le macaroni aux Napolitains; seulement, la polenta et le macaroni tiennent de la simplicité primordiale et antédiluvienne, tandis que la bouillabaisse est le résultat de la civilisation culinaire la plus avancée. La bouillabaisse est à elle seule toute une épopée remplie d'épisodes inattendus et d'accidents extraordinaires; et il n'y a peut-être que Méry, dans la capitale, qui puisse dire combien d'espèces diverses de poissons, de polypes et de coquillages doivent participer à sa confection, et juste à quel bouillon la casserole qui la contient doit être enlevée du feu pour qu'elle mérite consciencieusement son nom significatif de *bouillabaisse*.

Notre hôte ne voulut confier à personne autre que ses matelots la confection d'un mets national dont il désirait que nous emportassions un souvenir digne de sa réputation; encore se réserva-t-il la surveillance suprême de la manœuvre. Il en résulta que, Jadin et moi, nous nous trouvâmes abandonnés pour deux heures à nous-mêmes; de sorte qu'il alla, au milieu des montagnes de sables mouvants qui bordent la mer et s'adossent aux quelques maisons du grau du Roi, chercher un point dont il pût faire une vue de la ville, tandis que, moi, je montais au plus haut du phare pour embrasser d'un coup d'œil toute la côte.

Arrivé au-dessus de la lanterne qui sert de fanal, je dominai tout le plat pays environnant. A mes pieds, j'avais les dix ou douze maisons qui forment le petit port du grau du Roi ; au premier plan, les montagnes de sables, au milieu desquelles j'apercevais Jadin assis et travaillant, tandis qu'autour de lui passaient au galop, soulevant la poussière sous leurs pieds, des bandes de taureaux noirs de la Camargue poursuivis par leurs gardiens, armés d'une lance et montés sur ces petits chevaux blancs qu'on prétend d'une race arabe, laissée par les Sarrasins pendant leur séjour dans le Midi. Au second plan s'étendaient les étangs du Reposset, de la commune du Roi, de la Ville et de la Marette, dont les eaux immobiles et d'une couleur bleu foncé, entrecoupées de langues de terre et plantées de roseaux de tamaris, semblaient avoir la solidité d'une nappe d'acier bruni. Au troisième plan s'élevaient les murailles de la ville, derrière lesquelles disparaissaient les maisons, qui n'ont toutes, comme nous l'avons dit, qu'un étage au-dessus du rez-de-chaussée, et vers lesquelles guidait la vue le grand canal qui lui sert de communication avec la mer, tout chargé de barques vides amarrées à ses rives, et qui flottent comme d'énormes poissons morts; enfin, à l'horizon, le mont Ventoux, au sommet couvert de neige, blanche sentinelle avancée de la grande chaîne des Alpes.

Je restai au haut de mon phare, contemplant cet étrange

paysage, dont rien ne peut rendre la solitude et la tristesse, jusqu'au moment où le signal du dîner, qui était un coup de fusil, nous fut donné par notre ponctuel Amphitryon. Je vis Jadin, sensible à l'appel, plier son bagage et s'acheminer vers le lieu du rendez-vous; quant à moi, je n'eus qu'à descendre, attendu que c'était dans les bâtiments mêmes du phare que la table était dressée.

La bouillabaisse était homérique !

Aussitôt après le dîner, nous remontâmes tous trois à notre belvédère, afin d'assister au coucher du soleil. L'air était d'une pureté si merveilleuse, qu'on apercevait à l'occident toute la côte qui s'étend depuis Montpellier jusqu'à Perpignan; puis, au delà de cette côte, comme un nuage, comme une ombre, comme une vapeur, les Pyrénées; à l'orient tout le delta de la Camargue; au midi, la mer immense en feu; au nord, la ville orientale, toute resplendissante des derniers rayons du soleil.

Il y eut une demi-heure à peu près pendant laquelle tout cet horizon garda sa couche dorée et la mer sa teinte de feu. Mais bientôt le soleil descendit à l'occident; en même temps, l'ombre sembla monter de la terre. Peu à peu la mer reprit sa couleur glauque, la ville son voile grisâtre; le mont Ventoux seul resta encore éclairé dans ses hautes régions; bientôt il n'y eut plus que sa cime qui étincela comme un volcan. Enfin cette dernière flamme, image de la vie, s'éteignit à son tour, et tout le paysage, déjà envahi par l'ombre, appartint enfin à la nuit.

Nous regagnâmes la ville en suivant les bords du canal. Arrivés à l'extrémité de l'étang du Reposset, M. Vigne nous fit faire quelques pas à droite, et nous montra les restes d'un ancien mur qui devait remonter au XII° ou au XIII° siècle. Ces ruines, nommées la Peyrade, sont une nouvelle preuve que, du temps de la croisade, la mer ne s'avançait pas jusqu'à Aigues-Mortes.

Il y a peu de chemins aussi mélancoliques que celui qui conduit du grau du Roi à la ville : l'heure crépusculaire le rendait, au reste, encore plus triste. Nous n'aperçûmes pas une seule personne pendant les trois quarts de lieue, quoique de temps en temps nous vissions à notre droite de misérables cabanes trempant leur pied pourri dans l'eau dormante des étangs, et de temps en temps, à notre gauche, un jet de feu suivi de la détonation d'une arme. C'était celle de quelque chasseur à l'affût, guettant les canards et les macreuses qui vont capricieusement, par bande de deux ou trois cents, d'un de ces étangs à l'autre, et qui, en passant au-dessus des îles couvertes de tamaris, se livrent ainsi d'eux-mêmes au fusil des paysans; car tous les Aigues-Mortais, affranchis par saint Louis, ont conservé le droit de chasse et de pêche, et chacun a dans sa maison ou dans sa cabane son filet et sa canardière.

Il était huit heures à peine lorsque nous rentrâmes à Aigues-Mortes, et cependant toutes les fenêtres étaient closes, toutes les portes fermées; pas une lumière ne dénonçait un reste de vie dans ce cadavre. Nous traversâmes plusieurs rues aussi solitaires que celles d'Herculanum ou de Pompéi; enfin nous rentrâmes dans la maison de notre hôte, et il ne nous fallut pas moins que les lumières joyeuses qui nous y attendaient et la figure amicale de son frère, qui venait passer la soirée avec nous, pour nous enlever de la poitrine cette montagne de tristesse qui l'oppressait.

Nous consacrâmes la matinée du lendemain à faire le tour des murailles et à visiter la ville. Le premier soin nous tint quarante minutes, à peu près, et le second deux heures. Les murailles, comme nous l'avons dit, sont merveilleuses de conservation; quant à la ville, elle n'offre rien de remarquable, et ses églises des Pénitents-Gris et des Pénitents-Blancs ne méritent ni le nom de monument ni la peine d'être vues.

A trois heures de l'après-midi, nous prîmes congé de notre cicérone, qui, hospitalier jusqu'au bout, ne voulut nous abandonner que dans le coche de Beaucaire, lequel devait nous jeter, en passant, à Saint-Gilles.

XXII

UNE FERRADE

Le canal de Beaucaire longe le petit Rhône, et, par conséquent, côtoie la Camargue. Malheureusement, comme il est encaissé entre deux chaussées de douze ou quinze pieds chacune, il est impossible de découvrir autre chose que les deux chevaux qui tirent le coche et le paysan qui les fouette. Quand nous eûmes épuisé toutes les tentatives que nous suggéra notre imagination pour dominer le paysage, et quand nous fûmes convaincus que décidément la chose était impossible, nous prîmes notre parti. Jadin et moi, nous nous établîmes chacun sur une table, lui blairotant son croquis d'Aigues-Mortes, et moi mettant en ordre les notes que j'avais recueillies pendant les deux jours que nous venions d'y passer. Les voyages par le coche ont cela de commode, que, le mouvement étant insensible, on peut écrire ou dessiner tout en marchant. Il est vrai que la société que l'on y rencontre est généralement peu disposée à la méditation; mais, cette fois, nous étions presque seuls, de sorte que, tout en écrivant et dessinant, nous arrivâmes à Saint-Gilles sans nous en douter.

L'ancien nom de Saint-Gilles était Rhodes, et Rhodes était l'une des deux villes bâties par les Rhodiens, qui, si nos lecteurs se le rappellent, avaient tenté de poursuivre dans les Gaules la civilisation phénicienne. Un de ses évêques, qui portait le nom latin d'Ægidius, que nous avons francisé en en faisant Gilles, fut le parrain de la ville chrétienne, dans laquelle on ne retrouve, au reste, aucun monument antique, si ce n'est quelques inscriptions tumulaires, quelques fûts de colonnes de marbre, et deux ou trois chapiteaux de porphyre. En échange, l'église de Saint-Gilles est le monument le plus complet que l'art byzantin ait conservé debout, non-seulement en France, mais peut-être en Europe.

Outre le mérite de l'art, l'église de Saint-Gilles a encore celui des souvenirs : ce fut devant son porche que Raymond VI, dit le Vieux, neveu du roi Louis le Jeune, et beau-frère de Richard Cœur-de-Lion, fit, la corde au cou, pieds nus et en chemise, abjuration de l'hérésie vaudoise et amende honorable de la mort de Pierre de Castelnau, légat du pape Innocent II, qui avait été assassiné, sinon par ordre du comte, du moins sans qu'il s'opposât au meurtre ou qu'il se mît en peine de punir les meurtriers.

Sous la basilique est une église souterraine non moins curieuse que l'église supérieure. Elle renferme deux souvenirs sanglants des haines religieuses : l'un est le tombeau de Pierre de Castelnau, assassiné par les Vaudois; l'autre est le puits où les protestants jetèrent les enfants de chœur de l'église, qui y tombèrent en criant : *Hosanna! Christe, fili Dei, miserere nobis!*

La visite de l'église et l'examen de tous ses détails nous prirent la matinée du samedi, de sorte que ce ne fut que sur les deux heures que nous pûmes partir pédestrement pour Nîmes, le village de Saint-Gilles n'ayant à nous offrir ni un cabriolet ni un cheval de louage.

Heureusement qu'une course de quatre lieues de pays n'était pas de nature à nous effrayer; nous acceptions, au contraire, avec grand plaisir ces occasions de voir le terrain pied à pied; et n'eût été l'impossibilité de transporter avec nous le bagage nécessaire à un voyage d'un an, je crois même que nous n'eussions jamais adopté d'autre mode de locomotion. En effet, j'en appelle à tous ceux qui ont voyagé l'album du poëte sous le bras et le carton du dessinateur sur l'épaule : y a-t-il bonheur comparable à celui de cette vie vagabonde, libre d'elle-même, qui se tourne indifféremment vers le point de l'horizon qui lui plaît, s'arrête où elle trouve moisson, s'éloigne au premier ennui sans regret de la veille, emportant sa richesse du jour, et sans crainte du lendemain, certaine qu'elle est que chaque aurore amènera sa rosée, chaque midi son soleil, et chaque soir son crépuscule et sa fraîcheur? Je n'ai jamais compris que ce soient ceux qui pourraient voyager toujours qui ne voyagent presque jamais.

Quant à moi, je l'avoue, les meilleurs et les plus doux souvenirs de ma vie sont ceux de ces courses faites en Suisse, en Allemagne, en France, en Corse, en Italie, en Sicile et en Calabre, soit de moitié avec un ami, soit seul avec ma pensée. Les objets qui, sous votre regard, n'ont souvent pris qu'une couleur vulgaire, prennent, du moment qu'on les revoit avec le souvenir, une teinte poétique dont vous n'auriez jamais cru que la mémoire pût les revêtir. Aussi ne faut-il pas revoir les lieux qu'on a vus, si l'on veut conserver la virginité du premier aspect. Il en est des paysages comme des hommes, il ne faut pas en explorer les détails si l'on veut en admirer l'ensemble.

Ce trajet de Saint-Gilles à Nîmes n'offre rien de remarquable, et cependant je m'en souviens avec grand plaisir; non que j'aie conservé mémoire des accidents de terrain que nous avons rencontrés sur notre route, pas un seul n'est présent à mon souvenir; mais ce que je me rappelle, c'est un magnifique jour de l'automne méridional, le son des cloches traversant un air limpide et facile à respirer, enfin un air de fête répandu dans toute cette campagne, et qui lui venait des groupes de paysans qui se rendaient à Nîmes, endimanchés dès le samedi pour la ferrade du lendemain.

En approchant de Nîmes, à notre retour d'Aigues-Mortes, nous fûmes frappés d'un étrange spectacle : la ville semblait une immense ruche, autour des portes de laquelle se pressaient des milliers d'abeilles ; c'étaient des cris, des rumeurs et des bourdonnements, comme on en entend dans les émeutes populaires. Au milieu de tout ce fracas, on distinguait les roulements du tambour et les éclats des fusées. Nous doublâmes le pas, pour ne rien perdre de ces préparatifs, et, en franchissant la porte, nous tombâmes, du premier bond, au milieu de la procession qui faisait l'annonce. Elle se composait de tambours et de hautbois, derrière lesquels marchait un gamin de douze ou quinze ans, sans souliers, vêtu d'une chemise, d'un simple pantalon de cotonnade soutenu par une seule bretelle, et portant une espèce de perche au haut de laquelle on lisait sur une planche clouée en travers :

GRANDE FERRADE.

Derrière cette espèce de porte-enseigne, venait, bras dessus, bras dessous, la moitié des ouvriers et des grisettes de la ville ; l'autre moitié était aux fenêtres. Nous nous mîmes à la suite de cette procession, et nous arrivâmes à l'hôtel.

J'y trouvai une lettre de Reboul. Forcé de tenir la promesse qu'il avait faite à un ami d'aller passer le dimanche à la campagne, il s'excusait auprès de nous de ne pouvoir nous faire les honneurs de la fête ; mais il se mettait à notre disposition pour toute la journée du lundi.

La ferrade était pour le lendemain trois heures : notre hôte nous promit d'envoyer un de ses marmitons à la queue pour nous retenir deux places. Nous nous couchâmes donc parfaitement tranquilles.

Vers une heure du matin, je fus réveillé par un grand bruit qui venait du dehors. Je courus à la fenêtre, et j'aperçus au bout de la rue une masse informe qui venait rapidement au milieu de rumeurs confuses composées de voix d'hommes, de hennissements de chevaux et de mugissements terribles; c'étaient les taureaux sauvages de la Camargue qui devaient servir au spectacle du lendemain. Ils entraient à Nîmes poursuivis par les conducteurs à cheval, qui, pour les empêcher de s'écarter, couraient de la queue aux flancs, comme font les chiens de berger à l'entour du troupeau. J'appelai aussitôt Jadin, pour qu'il vît cette course étrange; mais, pendant le temps qu'il mit à se lever, cette troupe d'hommes et d'animaux, auxquels les ténèbres prêtaient une apparence fantastique, était passée comme une vision du sabbat, emportant avec elle ses clameurs et sa poussière; de sorte que, lorsqu'il vint, il ne trouva plus que la rue vide et silencieuse, à l'exception, dans le lointain, d'une ombre et d'un bruit pareils à ceux d'un escadron de cavalerie qui disparaît.

Lorsque je me réveillai le lendemain, je crus avoir fait un rêve. Je parlai à notre hôte de cette apparition nocturne comme d'une chose que je n'osais pas affirmer avoir vue. Alors, il m'expliqua que les taureaux entraient de nuit, parce que, de jour, ils fouleraient aux pieds tout ce qu'ils rencontreraient devant eux. Ils se rendaient ainsi droit au cirque, où on les enfermait sous la voûte de l'amphithéâtre qui servait autrefois de loge aux lutteurs

Pendant qu'il me donnait cette explication, nous entendîmes de nouveau le tambour de la veille, et la procession de la ferrade passa, accompagnée d'une multitude encore plus grande que celle qui la suivait la veille.

Comme le spectacle ne commençait qu'à trois heures, et comme nous avions toute notre matinée à nous, nous l'employâmes à faire une visite à la tour Magne, que nous avions aperçue en revenant de Saint-Gilles. Ce monument, dont on ignore complètement la destination primitive, sert aujourd'hui de télégraphe; c'est comme l'indique son nom, une grande tour d'une centaine de pieds de haut, et qui, vers la fin du XIIe siècle, servait de forteresse aux comtes de Toulouse. Vers le commencement du XVIIe, l'opinion que c'était un ancien ærarium (1) romain prévalut, et prit une telle consistance, qu'un bourgeois de Nîmes, nommé François Traucat, demanda et obtint de Henri IV l'autorisation de faire des fouilles dans l'intérieur de cet édifice. Cette autorisation fut accordée le 22 mai 1601, « à la charge par ledict Traucat, de fère l'advance des fraix qu'il conviendra pour cet effaict; et tout ce quy se trouvera audict trésor, soit or, argent, mestail ou autres choses, le tiers en demeurera audict Traucat; nous réservons les autres deux tiers pour employer en nos urgentes affaires. — Donné à Fontainebleau le 22 may, l'an de grâce 1601, de notre règne le douzième. »

Les fouilles furent faites aux frais dudit Traucat; mais le bourgeois de Nîmes y perdit son temps et son argent.

---

(1) Trésor public.

Comme nous achevions notre inspection, nous entendîmes de nouveau les tambours et les hautbois de la ferrade qui passaient sur la place de la Fontaine et se rendaient aux Arènes. En effet, il était trois heures moins un quart; les cercles, les cabarets, les cafés se dégorgeaient dans les rues. Le boulevard qui descend de la salle de spectacle à la porte Saint-Antoine, et celui qui va des casernes à l'esplanade, se remplissaient d'une foule immense. C'était à croire que, si vastes que fussent les Arènes, elles ne pourraient contenir tous les spectateurs. Aussi doublâmes-nous le pas et arrivâmes-nous assez à temps pour nous mettre à la queue de cinq ou six mille personnes. Nous fûmes donc rassurés en voyant que nous étions des premiers.

En effet, à peine la grille fut-elle ouverte, que, attendu qu'il n'y avait pas de billets à prendre au bureau, la foule s'engouffra dans le monument avec une rapidité incroyable. Comme, grâce à notre haute taille, nos deux têtes dominaient toutes les autres, nous voyions cette grande porte béante qui dévorait ainsi toute une population, et, poussés nous-mêmes par dix mille personnes amassées derrière nous, nous nous sentions invinciblement attirés vers la gueule du monstre, qui nous engloutit à notre tour; mais à peine étions-nous avalés par lui, que, comme Jonas, nous nous trouvâmes parfaitement à l'aise dans le ventre de notre baleine. Les six mille personnes qui nous avaient précédés étaient éparpillées sur les gradins sans produire plus d'effet ni paraître plus nombreux que dans nos salles de spectacle les quelques claqueurs que l'on fait entrer avant le public. Nous n'eûmes pas à nous inquiéter de retrouver le marmiton chargé de garder nos places; nous l'en laissâmes profiter pour lui-même, et nous allâmes nous établir sur l'estrade des vestales.

En ce moment, Milord, qui nous avait perdus dans la presse, parut dans l'arène, poursuivi par les gardiens, qui, comme les factionnaires des Tuileries, ont ordre de ne pas laisser entrer les chiens sans maître. Nous prîmes pitié de la pénible situation de notre compagnon de voyage, qui, tout en fuyant, faisait flamboyer ses gros yeux qu'il roulait circulairement autour du cirque, nous cherchant au milieu des six ou huit mille spectateurs déjà placés. Jadin fit entendre un sifflement particulier. Milord s'arrêta tout court, nous aperçut, s'élança vers nous de gradins en gradins, bondissant de toute la vigueur de ses courtes et fortes jambes; mais, au troisième bond, il disparut tout à coup comme s'il se fût abîmé. Un trou creusé par le temps s'était trouvé de l'autre côté du gradin qu'il franchissait, et il avait disparu dans les profondeurs de l'amphithéâtre comme Décius dans son gouffre.

Nous courûmes aussitôt à l'orifice extérieur, plongeant nos regards dans les cavités du monument; mais nous n'apercevions au fond que les débris des pierres sur lesquels Milord avait dû s'aplatir, et, comme nous l'aimions beaucoup, malgré les querelles que son antipathie pour les chats nous faisaient tous les jours avec les aubergistes et les paysans, nous descendîmes rapidement par le plus proche vomitoire, afin de lui porter secours. Mais ce fut vainement que nous cherchâmes trace de lui à l'endroit où il était tombé, et que nous reconnaissions à la forme de son ouverture; ce fut en vain que nous le sifflâmes dans les tons que nous savions lui être les plus agréables, que nous l'appelâmes par son prénom de Hope et par son nom de Milord; rien ne répondit. Nous crûmes, en conséquence, que, satisfait de ce qu'il avait vu du spectacle, il était retourné à l'hôtel, et nous nous mîmes en devoir de regagner notre estrade, lorsqu'en remettant le pied dans le cirque, nous aperçûmes notre ami Milord défendant nos chapeaux contre deux personnes qui voulaient les ôter de leur place pour y mettre leurs personnes. Nous allâmes en aide à notre gardien, qui nous reçut en tortillant les reins et en remuant la queue d'une manière tout à fait joyeuse. Nous l'examinâmes avec attention : il n'avait aucune trace de la chute qu'il avait faite, et paraissait tout aussi tranquille que s'il ne lui était absolument rien arrivé; en conséquence, nous lui fîmes signe de se coucher à nos pieds, ce qu'il fit immédiatement.

Pendant ce temps, le cirque s'était à peu près rempli; tous les gradins praticables étaient couverts; on ne voyait d'inoccupés que les endroits ruinés, de sorte que les spectateurs les plus rapprochés n'étaient séparés de l'arène que par le mur de six pieds qui règne tout à l'entour, et les plus élevés se tenaient debout sur l'attique de l'amphithéâtre; quelques-uns même étaient montés comme des singes à l'extrémité des grands piquets bleus plantés dans les trous des poutres destinées à soutenir le vélarium, et de nos jours à recevoir un pavillon tricolore dans les grandes circonstances, telles que la fête du roi, ou l'anniversaire des 27, 28 et 29 juillet.

Enfin, quand les dernières pierres eurent disparu sous ce flot d'hommes, comme un reste de terre sous un déluge, quand il n'y eut plus personne aux grilles extérieures, quand on fut bien convaincu que toute la ville était réunie dans les Arènes, on ferma les portes. Le trompette de la ville, héraut de la fête, s'avança dans l'aire du cirque, et fit entendre une fanfare. Sur ses dernières notes, deux paysans, montés sur leurs petits chevaux blancs de la Camargue, entrèrent, tenant chacun un trident à la main, et firent le tour de l'amphithéâtre, en chassant les promeneurs attardés, qui allèrent prendre, comme ils purent, place dans l'immence entonnoir, et laissèrent le cirque aux combattants.

Ce fut alors qu'en examinant le peu de hauteur du mur qui protégeait les spectateurs, je me demandai comment les gradins antiques étaient défendus contre la rage des animaux que les populations venaient voir égorger par milliers. Un rempart de six pieds peut-être suffisait pour arrêter les animaux pesants ; encore, je crois que, dans les courses espagnoles, il arrive souvent que les taureaux, et surtout les taureaux navarrais, qui sont les plus légers, franchissent la première palissade, qui est de cinq pieds, et se trouvent dans un corridor dont l'étroitesse seule les empêche de s'élancer par-dessus la seconde barrière, qui est plus élevée cependant de quinze ou dix-huit pouces; mais, dans les jeux antiques, où les animaux combattants étaient des tigres, des panthères et des lions, où César fit descendre un serpent de cinquante coudées, qui n'avait qu'à dérouler quelques-uns de ses anneaux et à dresser la tête pour atteindre au quatrième ou au cinquième rang des gradins, et Agrippa vingt éléphants, dont les trompes devaient toucher l'estrade des vestales et de l'empereur, quelles barrières protégeaient donc les spectateurs, qu'on n'en retrouve nulle trace, et que cependant pas un auteur contemporain ne signale un seul accident de la nature de ceux qui, sans un rempart ou une grille, auraient dû être si communs (1)?

J'en étais là de mes réflexions, que je communiquais à Jadin, lorsqu'un grand cri de joie retentit; nous jetâmes les yeux sur l'arène, et, au-dessous de nous, contre la porte qui s'était refermée derrière lui, nous aperçûmes le premier taureau, qui, épouvanté de ces rumeurs, essayait vainement de rentrer à reculons sous la voûte d'où il venait de sortir. Habitué qu'il était aux vastes solitudes de la Crau, aux plaines sablonneuses d'Aigues-Mortes, ou aux marais de la Camargue, il semblait stupéfait, et roulait sur ce cercle de spectateurs, dans lequel il se trouvait enfermé, son regard stupide, sombre et féroce. Alors, ne voyant aucune issue, et se sentant entouré d'un cercle de granit, il baissa la tête, fit entendre un long mugissement, et se mit à creuser la terre de ses pieds de devant. Ces démonstrations hostiles furent accueillies par des cris de joie; mais celui de tous les spectateurs sur lequel elles

---

1) Mérimée, dans son excellent ouvrage sur les monuments historiques du midi de la France, se livre à quelques recherches sur le même sujet; mais il ne trouve, dans les découvertes des archéologues, et dans les fouilles faites jusqu'aujourd'hui, rien qui éclaircisse la question.

produisirent le plus d'effet fut, sans contredit, Milord, qui, de couché qu'il était, se leva convulsivement, hérissa son poil, et, se rappelant ses anciennes luttes de la barrière du Combat, se serait élancé à l'instant même dans l'aire, si son maître ne l'eût retenu par son collier.

Pendant ce temps, l'un des deux cavaliers avait fait quelques pas dans la direction du taureau, qui, tout à coup, voyant que c'était décidément là l'ennemi qu'il avait à combattre, se précipita sur lui, tête baissée, avec une telle rapidité, que tout l'amphithéâtre poussa une clameur, composée de trente mille voix qui criaient à la fois : *Prends garde!* Mais le léger étalon de la Camargue fit un bond de côté, si adroit et si précis, qu'on eût cru que les deux adversaires ne s'étaient pas touchés, si le taureau, pliant sur ses jarrets de derrière, n'eût levé la tête en mugissant, et, secouant ses naseaux percés par le trident du cavalier, n'eût moucheté le sable de l'arène de larges gouttes de sang. Des applaudissements pour l'homme et des injures pour l'animal partirent à l'instant même de tous les points du cirque, et les animèrent tous deux, l'un à continuer ses avantages, et l'autre à venger son échec. En effet, le taureau, sans être distrait par la vue du second cavalier, qui venait le provoquer à son tour, tourna son regard en rond pour chercher celui qui l'avait blessé, et, l'apercevant à l'autre bout de l'amphithéâtre, il se retourna de son côté, toujours immobile, mais prêt à s'élancer. Alors, le paysan mit son cheval au galop et tourna à l'entour du cirque, comme font dans leurs exercices les écuyers de Franconi. Le taureau le suivit des yeux, tournant lui-même sur ses pieds de derrière; puis tout à coup il s'élança, calculant avec une merveilleuse sagacité l'endroit où il devait rencontrer cheval et cavalier et les clouer contre le mur. Mais ses ennemis avaient deviné cette manœuvre; le cheval, lancé au galop, s'arrêta en se cabrant, et le taureau, emporté par sa course, vint, comme un bélier antique, heurter du front la muraille, à trois pieds à peu près devant lui. La violence du choc fut telle, qu'il tomba sur le coup et se coucha étourdi et tremblant, comme si la masse d'un boucher s'était abaissée sur sa tête. Le paysan piqua son cheval, qui sauta légèrement par-dessus le taureau couché. Aussitôt un homme vêtu d'écarlate, et à peu près pareil aux anciens diables de l'Opéra, sortit d'une des voûtes tenant un fer rouge à la main, et vint l'appliquer sur la cuisse de l'animal, qui, ne songeant plus à se défendre, se contenta de soulever la tête en poussant un gémissement plaintif, se laissa passer une corde autour du cou, et, se relevant sans aucune résistance, suivit, aux grands applaudissements de la multitude, l'homme écarlate, sous la voûte opposée à celle d'où il était sorti. A peine l'animal vaincu avait-il disparu derrière cette grille, que celle d'en face s'ouvrit, et qu'un second taureau s'avança dans l'arène.

Mais, il faut l'avouer à la honte de la race bovine de la Camargue, celui-ci n'avait aucune des qualités belliqueuses du premier, tant il est vrai que, chez les animaux d'une même contrée, comme chez les hommes d'une même patrie, les caractères sont non-seulement différents, mais encore opposés. En effet, l'impression que produisit au nouveau venu le passage des ténèbres au jour, et la comparaison de la vue des roseaux et des tamaris solitaires de la Camargue avec ces trente mille spectateurs étagés sur leurs gradins, fut visiblement un sentiment de terreur. Il se retourna pour rentrer par la porte fermée, et, voyant que la retraite était impossible, il fit autour du cirque quelques pas inégaux et égarés. Alors, les deux cavaliers, voyant à quel antagoniste ils avaient affaire, se rapprochèrent de chaque côté de lui avec les mêmes précautions que prennent deux chiens qui veulent coiffer un sanglier et, lui prenant les naseaux entre les deux tridents, ils le conduisirent ainsi jusqu'au milieu de l'arène. Là, une espèce de boucher bâti en Hercule les attendait, et, prenant le taureau par les deux cornes, pesant d'une main et levant de l'autre, il le renversa sur le flanc. Aussitôt le même homme rouge sortit de nouveau de sa voûte, vint marquer sur la cuisse le patient animal, et, le chassant devant lui avec des pierres, lui fit prendre le chemin de l'arcade où il devait retrouver son camarade, à qui sa belle défense avait valu autant d'applaudissements que sa lâcheté, à lui, lui valait d'injures et de huées. Aussi, il n'était pas encore sorti de l'arène, que tous les spectateurs criaient d'une seule voix :

— Un autre ! un autre !...

Ils furent aussitôt obéis, et le nouvel adversaire se présenta si rapidement, qu'il fut au milieu du cirque avant qu'on eût eu le temps de le voir sortir. Celui des deux hommes qui n'avait pas encore combattu s'apprêta aussitôt. Au reste, les apprêts ne furent pas longs : ils consistèrent à mettre son trident en arrêt à peu près comme nos anciens chevaliers leur lance. Puis, ayant, en faisant adroitement reculer son cheval, pris autant de champ que lui permettait la grandeur du cirque, ce fut lui qui s'élança sur le taureau immobile, qui, le voyant venir à lui, leva la tête si rapidement, que son antagoniste n'eut point le temps de relever le trident qui devait lui percer les naseaux, et qui, au lieu de cela, alla s'enfoncer de toute la longueur de sa triple pointe, c'est-à-dire de deux ou trois pouces, au milieu de sa poitrine. Le cavalier, craignant de tuer l'animal, qu'il ne voulait qu'exciter, lâcha la lance, dont le manche tomba à terre et dont le fer resta enfoncé au-dessous de sa gorge.

Cette maladresse ne fut point du goût de l'amphithéâtre, qui hurla comme si c'eût été lui qui eût reçu le coup. Quant au taureau, à peine se sentit-il blessé, que, par un sentiment naturel aux animaux, il se roidit contre l'arme qui était restée dans sa plaie, marchant, si on peut le dire ainsi, contre sa blessure et contre sa douleur. Mais, au bout de deux ou trois pas, le manche du trident creusant la terre, trouva un point d'appui assez fort pour résister. Le taureau fit un effort terrible, qui lui eût enfoncé le trident de plusieurs pieds dans le corps, s'il n'eût été arrêté par la barre transversale qui formait la base des pointes. Le manche de l'arme plia comme un arc, puis se rompit tout à coup, et l'animal, emporté par sa force même, alla tomber sur les genoux, laissant un des tronçons derrière lui et gardant l'autre dans sa poitrine.

Ce fut alors que le cavalier qui l'avait blessé, prenant le

trident de son compagnon, revint au taureau pour réparer, par une plus loyale attaque, la faute qu'il avait commise, et, avant qu'il fût relevé, lui enfonça le fer de sa lance dans les naseaux. L'animal, rendu à la vie par la douleur, se redressa aussitôt; et alors commença un véritable combat. Le taureau mugit et se précipita sur le cavalier, qui bondit de côté en lui faisant une nouvelle blessure. Le taureau, frappé, leva en mugissant sa tête ensanglantée, cherchant des yeux son ennemi, qui déjà l'attendait. A peine l'eut-il vu, qu'il revint à la charge, et reçut un nouveau coup. Changeant aussitôt de haine, il tenta de s'attaquer au cheval; mais celui-ci, fait à de pareilles manœuvres, multiplia ses bonds intelligents de manière à présenter toujours à son ennemi la pointe du trident de son cavalier. Alors, tout le cirque applaudit avec rage, mais comme on applaudissait dans les anciens cirques, avec des trépignements de fureur, et il s'éleva de cette cuve de granit, chauffée par un soleil de vingt-quatre à vingt-cinq degrés, un bruit sans nom, des clameurs inouïes, un rugissement comme celui des vagues de l'Océan pendant une tempête. Puis tout à coup cette rumeur immense cessa comme par enchantement : le taureau, désespérant d'atteindre son ennemi, avait marqué une autre victime : c'était le second cavalier, qui avait eu l'imprudence de rester sans armes dans l'arène. Un cri l'avertit du danger qu'il courait, il put éviter la première atteinte ; mais, abandonnant complétement le cavalier armé, le taureau se mit à sa poursuite. C'est alors qu'on put juger de la supériorité de la course du taureau sur celle du cheval; car à peine ce dernier avait-il fait trente pas en fuyant, qu'il fut atteint au flanc par son ennemi cheval et cavalier roulèrent chacun de son côté. Le taureau hésita un instant entre ses deux ennemis, et presque aussitôt, mettant sa tête entre ses jambes, il se précipita sur l'homme; mais, avant qu'il eût fait quatre pas, un nouvel adversaire se trouva sur son chemin : cet adversaire, c'était Milord, qui, du premier bond, s'était élancé de l'estrade dans le cirque, et, du second, au nez du taureau, où il avait fait une prise. L'animal, surpris, s'arrêta tout à coup, releva la tête, et montra aux spectateurs le terrible bouledogue pendu à ses naseaux par ses dents de fer. Pendant ce temps, le paysan renversé, se relevant, courut s'abriter sous la voûte où était l'homme rouge. Quant au cheval, il se redressa sur ses genoux, essayant de suivre son maître; mais il retomba presque aussitôt : la corne avait pénétré de toute sa longueur dans le flanc gauche. Pour le second cavalier, ne sachant plus comment attaquer le taureau, il l'attendit.

Le résultat de la lutte ne fut pas long : l'animal, blessé à la poitrine, harassé de ses charges réitérées et inutiles, tenta d'abord d'écraser Milord sous ses pieds; mais Milord savait son métier aussi bien qu'aucun taureau de la Camargue. Chaque fois que le taureau baissait la tête, Milord, comme Antée, touchait la terre et reprenait de nouvelles forces. Le taureau alors relevait le front et secouait convulsivement son ennemi. Milord se laissait secouer, mais la mâchoire infernale ne se desserrait pas d'une ligne. Cela dura cinq minutes, à peu près, le taureau courant comme un fou, tantôt la tête haute, tantôt la tête basse; enfin, il s'arrêta, tremblant sur ses quatre jambes. En ce moment, le boucher sortit de la voûte et vint à lui; le taureau, en le voyant s'avancer, retrouva un reste de forces, et s'élança à sa rencontre; mais son dernier adversaire le saisit par les cornes, et, exécutant la même manœuvre qu'il avait déjà opérée, le renversa sur le côté. Aussitôt Milord, voyant son ennemi abattu, lâcha sa prise, et revint, joyeux et modeste, ne se doutant pas qu'il faisait l'admiration de trente mille personnes, se coucher tout sanglant à nos pieds.

Quant à nous, craignant que l'enthousiasme n'allât jusqu'à nous décerner les honneurs de l'ovation, nous profitâmes du moment où la foule, toute prête à se retourner de notre côté, donnait un reste d'attention à l'opération de la marque, pour nous échapper par un vomitoire qui s'ouvrait derrière nous. Notre retraite triomphale se fit sans empêchement, et Milord, nous suivant sans regret, emporta pour tout fruit de sa victoire le compliment du portier, qui, en nous ouvrant la grille avec respect, nous dit en secouant la tête :

— C'est égal, vous pouvez vous vanter d'avoir là un fier chien!...

Je rentrai à l'hôtel, la tête pleine encore de ces clameurs qui font comprendre ce que doit être dans sa colère ce peuple si terrible dans sa joie. Pourtant, dans la semaine, Nîmes est silencieuse et solitaire; à peine, en avançant la tête à la fenêtre, voit-on trois ou quatre personnes dans toute l'étendue de la rue. C'est que la population ouvrière, composée presque entièrement de tisseurs de soie et de coton, vit dans ses ateliers ou dans ses caves, et ne sort de sa demeure souterraine, où la consume son travail ténébreux, que les jours d'émeute ou de fête. Aussi, hommes et femmes sont-ils vite étiolés dans cette atmosphère méphitique et poussiéreuse, où les passions politiques s'exaltent, où les haines religieuses se perpétuent. Aussi, le langage nîmois est-il à la fois mélancolique et coloré, menaçant et poétique. Un mois avant notre arrivée, quelques rassemblements avaient eu lieu : les ouvriers demandaient une augmentation que refusaient les fabricants. Le temps s'usait en pourparlers inutiles entre ces malheureux qui demandaient quelques sous de plus pour vivre et les riches qui refusaient de les leur accorder. Alors, on entendit un de ces hommes du peuple s'écrier avec un sombre désespoir :

— O mon Dieu! mon Dieu! faites donc tomber un jour de poudre et une heure de feu, et que tout soit dit!

En faisant l'histoire des massacres d'Avignon, j'ai fait celle des assassinats de Nîmes. Ce furent les mêmes causes qui produisirent les mêmes effets, les mêmes haines qui aiguisèrent les mêmes poignards, et le même or qui paya le sang. Mais, à Nîmes comme à Avignon, il ne faut pas rendre la ville responsable du crime de quelques-uns. La mémoire de Trestaillon est aussi exécrée par les royalistes eux-mêmes que le sont celles de Farges, de Roquefort et de Pointu. La maison qui appartenait à ce misérable est déserte et inhabitée comme un endroit maudit, et on la montre au voyageur, tombant en ruine au milieu de son jardin inculte et infécond.

Au reste, depuis la révolution de juillet, ces haines se sont bien adoucies, à ce qu'on assure. Un instant le gouvernement manqua de tout compromettre en ordonnant la destruction des croix. Mais les protestants, que le nouveau mouvement politique faisait vainqueurs, au lieu d'applaudir à cette exécution, se renfermèrent chez eux et laissèrent aux gendarmes toute la responsabilité de leur sacrilége besogne. Ceux-ci s'en acquittèrent avec la conscience qu'ils mettent à tous les exercices de ce genre. Les croix furent abattues, et quelques vieilles femmes foulées aux pieds des chevaux. Pendant un jour ou deux, il y eut de nouveau dans les rues de Nimes des pleurs et du sang; mais le soleil ardent du Midi eut bien vite séché tout cela. Aujourd'hui, l'on dit les souvenirs de 1815 et 1830 oubliés. Dieu le veuille!

Il y a à Nimes quinze mille protestants et trente mille catholiques.

Au milieu de toutes nos opérations de la journée, nous n'avions pas encore eu le temps de visiter la Maison carrée, que l'on regarde généralement comme le chef-d'œuvre de l'architecture antique à Nimes, et que le cardinal Albéroni disait qu'il fallait enfermer dans un étui d'or. C'était sans doute aussi l'avis de Louis XIV et de Napoléon, qui pensèrent sérieusement à faire transporter à Paris cette merveille de l'art au II° siècle; mais les racines de pierre qui l'avaient soutenue debout depuis dix siècles étaient trop profondément enfoncées dans la terre; il y fallut renoncer. Louis XIV oublia ce projet en dansant sur le théâtre de l'Opéra, et Napoléon en gagnant la bataille d'Eylau. Quelque hâte que nous eussions de voir un bijou qui avait fait envie à un roi et à un empereur qu'on appela tous les deux grands, la journée était si avancée, que nous remîmes notre visite au lendemain matin.

Comme il nous l'avait promis, Reboul fut chez nous à huit heures. Nous donnâmes l'ordre à notre hôte et à notre conducteur de tenir, l'un son déjeuner et l'autre son équipage prêts pour notre retour, et nous nous mîmes en route pour voir la merveille romaine.

Je ne sais si nous débouchâmes par une rue percée à son désavantage, mais le premier aspect de ce monument ne répondit pas à l'idée que je m'en étais faite; je le trouvai petit, comparé aux Arènes, et je compris très-bien qu'en le voyant, Napoléon eût eu l'idée de l'emporter, comme ces architectes du moyen âge qu'on représente leur cathédrale dans la main. Les colonnes, engagées dans le mur, paraissent étouffées et font peu d'effet; leurs chapiteaux sont trop courts pour les fûts qui les supportent; enfin la corniche est écrasée par l'ornementation. Il n'y a vraiment que le portique qui soit sans reproche et d'un aspect tout à fait grandiose et magnifique.

La Maison carrée est le musée de Nîmes; mais, comme la cella est de peu d'étendue, une partie des morceaux d'architecture trouvés dans les fouilles est rangée autour du temple; l'intérieur renferme ceux qu'on a jugés les plus précieux, et parmi lesquels sont les fameux aigles soutenant une guirlande.

En levant les yeux, je m'aperçus que les caissons du plafond étaient en carton pâte. Je manifestai mon indignation d'une manière si énergique, que Reboul se crut obligé de me calmer en me racontant les dégradations successives qu'avait subies la Maison carrée.

La Maison carrée, bâtie, selon toutes les probabilités, sous le règne d'Antonin, qui était de Nîmes, avait un pendant auquel elle était liée par un portique. Pendant et portique disparurent sans que la destruction l'atteignît. Peut-être fut-elle sauvée par les premiers chrétiens, qui en firent une église qu'ils placèrent sous l'invocation de saint Étienne martyr. Au XI° siècle, on en fit un hôtel de ville. Sa hauteur fut divisée en deux étages, et des fenêtres s'ouvrirent dans les parois de la cella. Trois ou quatre siècles plus tard, elle fut abandonnée à un nommé Pierre Boys, créancier de la ville, en payement de sa créance. A peine en fut-il propriétaire, qu'il adossa une maison au côté méridional de l'édifice, dégradant et creusant le mur pour y faire entrer les charpentes et les poutres destinées à soutenir la toiture de la nouvelle construction. Des mains de Pierre Boys, la Maison carrée passa en celles du seigneur de Saint-Chaptes, qui en fit une écurie, et, pour lui donner plus d'étendue, réunit les colonnes du péristyle par une muraille de briques, divisa l'intérieur en greniers, en crèches et en mangeoires, enfin tailla les colonnes du péristyle pour y sceller un auvent destiné, les jours de marché et de foire, à abriter les bestiaux, dont il paraît que le seigneur de Saint-Chaptes faisait commerce. En 1670, ses héritiers la vendirent aux religieux augustins, qui en refirent une église, y construisirent une nef, un chœur, des chapelles et des tribunes, et qui manquèrent de tout faire écrouler en creusant des tombes dans le massif qui supporte le péristyle. Enfin, en 1789, la Maison carrée, considérée comme bien du clergé, fut enlevée aux moines et devint l'hôtel de l'administration centrale du département. Depuis cette époque, loin de courir de nouveaux dangers, on s'occupa non-seulement de la restaurer, mais encore de l'embellir. On lui incrusta une belle plaque de marbre noir sur laquelle on écrivit en lettres d'or le mot *Musée;* enfin, on fit un plafond en carton pâte. Espérons qu'un matin le conseil municipal se réveillera avec l'idée de la badigeonner, et alors l'embellissement sera complet.

Reboul revint déjeuner avec nous : ce fut dans ces deux dernières heures passées ensemble que nous le tourmentâmes pour le décider à faire imprimer ses vers. Il y consentit enfin, après nous avoir opposé mille mauvaises raisons, que nous battîmes en brèche, et je partis pour Beaucaire, chargé de ses pleins pouvoirs pour Gosselin. A mon retour à Paris, Lamartine se joignit à moi, et la négociation eut pour résultat la publication d'un volume de poésie, dont l'immense succès non-seulement répondit à notre attente, mais encore la surpassa.

XXIII

LA TARASQUE

Nous fîmes en trois heures, à peu près, la route de Nîmes à Beaucaire. Comme cette ville n'est séparée de Tarascon, où nous comptions coucher, que par le Rhône, nous nous arrêtâmes au pied du château, et nous envoyâmes notre cabriolet nous annoncer à l'hôtel.

Beaucaire, comme ces serpents gigantesques de l'Amérique méridionale qui mangent tout un jour et qui digèrent pendant six mois, vit toute l'année de sa foire, dont la réputation est européenne. La plupart des maisons, qui sont des magasins fermés trois cent cinquante-huit jours par an, s'ouvrent à l'approche du 22 juillet, époque où les quais déserts de la ville réveillée se changent en bazars. Alors, les routes de Nîmes, de Paris et d'Orgon s'encombrent de voitures; les canaux de Toulouse, les ports de Cette et d'Aigues-Mortes se couvrent de bateaux et de navires, et le Rhône, cette grande artère du Midi, semble rouler des flots de vie : c'est que le commerce de l'Europe tout entière est convié à cette fête de l'industrie. Mulhausen envoie ses impressions et ses calicots blancs, Rouen ses tissus, Nîmes ses toiles et ses alcools, Perpignan ses anchois et ses sardines, Saint-Étienne ses fusils et ses rubans, Grasse ses eaux de fleur d'oranger et ses huiles, Avignon ses cuirs et ses florences, Marseille ses bois de campêche et ses denrées coloniales, Tarare ses mousselines et ses broderies, Saint-Quentin ses basins et ses percales, Lyon ses chapeaux et sa soie, Sauve ses bas et ses bonnets de coton, Montpellier ses drogueries, Salins ses cristaux, Vervins ses chanvres, Saint-Claude ses tabatières, Châtellerault sa coutellerie, Vienne ses draps, Amiens ses velours, Paris sa quincaillerie, ses bijoux et ses châles, enfin Gênes ses pâtes, la Catalogne ses liéges, et la Prusse ses chevaux. Cette foire, commencée, comme nous l'avons dit, le 22 juillet, finit le 28 du même mois. Pendant ces six jours, il s'est fait pour plusieurs millions d'affaires : ce qui est venu en marchandise s'en retourne en or; ce qui est venu en or s'en retourne en marchandise.

Ce cœur, qui a battu un moment, a suffi pour donner de la vie pendant une année, non-seulement à une ville, mais à quarante, tant chacune de ses pulsations a attiré de sang à lui et en a renvoyé aux extrémités. Le 28, la foire est terminée; le 29, chacun charge et reprend sa route; les magasins se vident; les maisons se ferment; quelques jours encore, les gitanos, descendus de l'Espagne pour vivre des restes de la fête, errent sur le quai, mangeant dans les rues ce qu'ils y ont ramassé; enfin les dernières bribes du festin s'épuisent, ils disparaissent à leur tour, et Beaucaire est rendue pour un an à son sommeil, à son silence et à sa solitude.

Le vieux château qui domine Beaucaire, et qui a fait grand bruit au XIIe siècle avec ses machines de guerre et au XVIe avec ses canons, est bâti sur des substructions romaines; ses différents ouvrages de guerre sont du XIe, du

XIIIe et du XIVe siècle. Du haut de ses remparts, on aperçoit un magnifique paysage, dont le premier plan est Tarascon et Beaucaire, séparés par le Rhône et liés par un pont, et le dernier Arles, la ville romaine, Arles, l'Herculanum de la France, engloutie et recouverte par la lave de la barbarie.

Nous descendîmes de notre vieux château, dans lequel il ne reste de complet qu'une charmante cheminée du temps de Louis XIII ; nous traversâmes le pont suspendu, qui est long de cinq cent cinquante pas, c'est-à-dire d'environ quinze cents pieds ; nous passâmes au pied de la forteresse, bâtie par le roi René, et nous entrâmes dans l'église, édifiée au XIIe siècle, restaurée au XVe.

Cette église est sous l'invocation de sainte Marthe, l'hôtesse du Christ. Toute une pieuse et sainte histoire se rattache à son érection : la science la nie, mais la foi la consacre, et, dans cette lutte de l'âme qui croit et de l'esprit qui doute, c'est la science qui a été vaincue.

Marthe naquit à Jérusalem. Son père Syrus et sa mère Eucharie étaient de sang royal. Elle avait un frère aîné qui s'appelait Lazare ; elle avait une sœur cadette qui s'appelait Madeleine.

Lazare était un beau cavalier, moitié Asiatique, moitié Romain, qui, ne pouvant employer son temps à la guerre, puisque Octave avait fait la paix au monde, le passait en chasses et en plaisirs. Il avait de jeunes esclaves achetés en Grèce ; il avait de beaux chevaux amenés d'Arabie ; et plus d'une fois, dans un char à quatre roues orné d'ivoire et d'airain, précédé par un coureur à robe retroussée, il avait croisé le fils de Dieu marchant pieds nus au milieu de son cortége de pauvres.

Madeleine était une belle courtisane; à la manière de Julie, la fille de l'empereur, elle avait de longs cheveux blonds, qu'une esclave de Lesbos assemblait tous les matins sur sa tête en les nouant avec une chaîne de perles; elle portait le manteau ouvert par devant, qui laissait voir une gorge merveilleuse, soutenue par un réseau d'or, et que les Latins appelaient *cæsicium*, à cause des blessures qu'il faisait au cœur des hommes. Elle avait des tuniques parsemées de grandes fleurs d'or et de pourpre, qu'on nommait à Rome *patagiata*, du nom d'une maladie nommée *patagus*, qui laissait des taches sur tout le corps; et, comme ses pieds délicats et parfumés, tout couverts de bagues et de pierreries, n'étaient point faits pour marcher, on lui amenait des litières avec des rideaux d'étoffes asiatiques, où elle se faisait porter comme une matrone romaine par des esclaves vêtus de *panulæ*, tandis qu'une suivante, l'accompagnant à pied, étendait entre elle et le soleil un grand éventail recouvert de plumes de paon; et les coureurs africains, qui marchaient devant elle pour ouvrir le chemin, firent plus d'une fois ranger devant l'équipage de la riche courtisane cette pauvre Marie qui était la mère du Sauveur.

Marthe voyait toutes ces choses avec peine, et souvent elle tenta de réformer l'existence dissipée de son frère et la vie dissolue de sa sœur; car, des premières, elle avait écouté et recueilli la parole du Christ; mais toujours tous deux avaient ri à ses discours. Enfin, elle leur proposa de venir recueillir la manne sainte que le Sauveur laissait tomber de ses lèvres. Madeleine et Lazare y consentirent; ils y allèrent joyeux, railleurs et incrédules; ils écoutèrent la parabole du trésor, de la perle et du filet; ils entendirent la prédication du dernier jugement; ils virent Jésus marcher sur les eaux, et ils revinrent pensifs (1).

Et, le soir même, Lazare dit à Marthe :

— Ma sœur, vendez mes biens et distribuez-les aux pauvres.

Et, le lendemain, tandis que le fils de Dieu dînait chez Simon le pharisien, Madeleine entra, portant un vase d'albâtre plein d'huile de parfum.

Et, se tenant derrière le Sauveur, elle s'agenouilla à ses pieds, et commença à les arroser de ses larmes, et elle les essuyait avec ses cheveux, les baisait et y répandait ce parfum.

Ce que voyant le pharisien qui l'avait invité, il dit en lui-même :

— Si cet homme était prophète, il saurait qui est celle qui le touche, et que c'est une femme de mauvaise vie.

Alors, Jésus, prenant la parole, lui dit :

— Simon, j'ai quelque chose à vous dire.

Il répondit :

— Maître, dites.

— Un créancier avait deux débiteurs : l'un lui devait cinq cents deniers, et l'autre cinquante. Mais, comme ils n'avaient pas de quoi les lui rendre, il leur remit à tous

(1) Histoire de sainte Marthe.

deux leur dette. Lequel des deux l'aimera donc davantage?

Simon répondit :

— Je crois que ce sera celui auquel il a le plus remis.

Jésus lui dit :

— Vous avez fort bien jugé.

Et, se retournant vers la femme, il dit à Simon :

— Je suis entré dans votre maison, vous ne m'avez point donné d'eau pour me laver les pieds; et elle, au contraire, a arrosé mes pieds de ses larmes et les a essuyés avec ses cheveux. Vous ne m'avez point donné de baiser; mais elle, au contraire, depuis qu'elle est entrée, n'a cessé de baiser mes genoux. Vous n'avez point répandu d'huile sur ma tête; et elle a répandu ses parfums sur mes pieds. C'est pourquoi je vous déclare que beaucoup de péchés lui seront remis, parce qu'elle a beaucoup aimé. Mais celui à qui on remet moins aime moins.

Alors, il dit à cette femme :

— Vos péchés vous sont remis.

Et, ceux qui étaient à table avec lui commencèrent à dire :

— Qui est celui qui remet même les péchés?

Et Jésus dit encore à cette femme :

— Votre foi vous a sauvée; allez en paix (1).

Et, quelque temps après, Jésus, étant en chemin avec ses disciples, entra dans un bourg, et une femme nommée Marthe le reçut dans sa maison.

Elle avait une sœur nommée Marie-Madeleine, qui, se

(1) Évangile selon saint Luc.

tenant assise aux pieds du Seigneur, écoutait sa parole.

Mais Marthe était fort occupée à préparer tout ce qu'il fallait ; et, s'arrêtant devant Jésus, elle lui dit :

— Seigneur, ne considérez-vous point que ma sœur me laisse servir toute seule ? Dites-lui donc qu'elle m'aide.

Mais le Seigneur lui dit :

— Marthe, Marthe, vous vous empressez et vous vous troublez dans le soin de beaucoup de choses. Cependant une seule est nécessaire ; Marie a choisi la meilleure part, qui ne lui sera point ôtée (1).

Or, vers le temps où Jésus, déclarant qu'il était la porte du bercail et le bon pasteur, prouvait sa mission et sa divinité par ses œuvres, un homme tomba malade, nommé Lazare, qui était du bourg de Béthanie, où demeuraient Marie et Marthe, sa sœur.

Cette Marie était celle qui répandit sur le Seigneur une huile de parfum, et qui lui essuya les pieds avec ses cheveux, et Lazare, qui était alors malade, était son frère.

Ses sœurs envoyèrent donc dire à Jésus :

— Seigneur, celui que vous aimez est malade.

Ce que Jésus ayant entendu, il dit :

— Cette maladie ne va point à la mort, mais elle n'est que pour la gloire de Dieu et afin que le fils de Dieu en soit glorifié.

Or, Jésus aimait Marthe, et Marie, sa sœur, et Lazare.

Ayant donc entendu qu'il était malade, il demeura encore deux jours au lieu où il était.

(1) Évangile selon saint Luc.

Et il dit ensuite à ses disciples :

— Retournez en Judée; notre ami Lazare dort, et je m'en vais le réveiller.

Ses disciples lui répondirent :

— Seigneur, s'il dort, il sera guéri.

Jésus leur dit alors clairement :

— Lazare est mort.

Jésus, étant arrivé, trouva qu'il y avait déjà quatre jours que Lazare était dans le tombeau.

Et, comme Béthanie n'était éloignée de Jérusalem que d'environ quinze stades, il y avait quantité de Juifs qui étaient venus voir Marthe et Marie pour les consoler de la mort de leur frère.

Marthe, ayant donc appris que Jésus venait, alla au-devant de lui, et Marie demeura dans la maison.

Alors, Marthe dit à Jésus :

— Seigneur, si vous eussiez été ici, mon frère ne serait pas mort. Mais je sais que présentement même Dieu vous accordera tout ce que vous lui demanderez.

Jésus lui répondit :

— Votre frère ressuscitera.

Marthe lui répondit :

— Je sais qu'il ressuscitera en la résurrection qui se fera au dernier jour.

Jésus lui répondit :

— Je suis la résurrection et la vie; celui qui croit en moi, quand il serait mort, vivra. Et quiconque vit et croit en moi ne mourra point à jamais, croyez-vous cela?

Elle lui répondit :

— Oui, Seigneur, je crois que vous êtes le Christ, le fils du Dieu vivant, qui êtes venu dans ce monde.

Lorsqu'elle eut parlé ainsi, elle s'en alla et appela secrètement Marie, sa sœur, en lui disant :

— Le maître est venu, et il vous demande.

Ce qu'elle n'eut pas plus tôt entendu, qu'elle se leva et vint le trouver.

Car Jésus n'était pas encore entré dans le bourg, mais il était au même lieu où Marthe l'avait rencontré.

Cependant les Juifs qui étaient avec Marie dans la maison et qui la consolaient, ayant vu qu'elle s'était levée si promptement et qu'elle était sortie, la suivirent en disant :

— Elle s'en va au sépulcre pour y pleurer.

Lorsque Marie fut venue au lieu où était Jésus, l'ayant vu, elle se jeta à ses pieds et lui dit :

— Seigneur, si vous eussiez été ici, mon frère ne serait point mort.

Jésus, voyant qu'elle pleurait et que les Juifs qui étaient venus avec elle pleuraient aussi, frémit en son esprit et se troubla lui-même.

Et il leur dit :

— Où l'avez vous mis ?

Il lui répondirent :

— Seigneur, venez et voyez.

Alors, Jésus pleura.

Et les Juifs dirent entre eux :

— Voyez comme il l'aimait!

Mais il y en eut aussi quelques-uns qui dirent :

— Ne pouvait-il pas empêcher qu'il ne mourût, lui qui a ouvert les yeux à un aveugle-né?

Jésus, frémissant donc de nouveau en lui-même, vint au sépulcre; c'était une grotte, et on avait mis une pierre -dessus.

Jésus dit :

— Otez la pierre.

Marthe, qui était la sœur du mort, lui dit :

— Seigneur, il sent déjà mauvais; car il y a quatre jours qu'il est là.

Jésus lui répondit :

— Ne vous ai-je pas dit que, si vous croyez, vous verrez la gloire de Dieu?

Ils ôtèrent donc la pierre, et Jésus, levant les yeux en haut, dit ces paroles :

— Mon Père, je vous rends grâce de ce que vous m'avez exaucé. Pour moi, je savais que vous m'exaucez toujours; mais je dis ceci pour ce peuple qui m'environne, afin qu'il croie enfin que c'est vous qui m'avez envoyé.

Ayant dit ces mots, il cria d'une voix forte :

— Lazare, sortez dehors.

Et à l'heure même le mort sortit, ayant les pieds et les mains liés de bandes et le visage enveloppé d'un linge.

Alors, Jésus leur dit :

— Déliez-le et le laissez aller.

Plusieurs donc d'entre les Juifs qui étaient venus voir

Marthe et Marie, et qui avaient vu ce que Jésus avait fait, crurent en lui (1).

Or, la même année, six jours avant la Pâque, Jésus vint à Béthanie, où était mort Lazare, qu'il avait ressuscité.

On lui apprêta là à souper; Marthe servait, et Lazare était de ceux qui étaient à table avec lui.

Mais, Marie ayant pris une livre d'huile de parfum de vrai nard, qui était de grand prix, elle le répandit sur les pieds de Jésus, et, comme la première fois, elle les essuya avec ses cheveux, et toute la maison fut remplie de l'odeur de ce parfum.

Alors, un de ses disciples, savoir Judas Iscariote, qui devait le trahir, dit :

— Pourquoi n'a-t-on pas vendu ce parfum trois cents deniers, qu'on aurait donnés aux pauvres?

Mais Jésus lui dit :

— Laissez-la faire, parce qu'elle a gardé ce parfum pour le jour de ma sépulture. Car vous aurez toujours des pauvres parmi vous, et moi, vous ne m'aurez pas toujours.

Quelque temps après, accomplissant sa prophétie, Jésus mourait, léguant sa mère à saint Jean, et le monde à saint Pierre.

Le premier jour de la semaine, Marie-Madeleine vint dès le matin au sépulcre, lorsqu'il faisait encore obscur, et elle vit que la pierre avait été ôtée du sépulcre.

Et, comme elle pleurait, s'étant baissée pour regarder dans le sépulcre, elle vit deux anges vêtus de blanc assis

---

(1) Évangile selon saint Jean.

au lieu où avait été le corps de Jésus, l'un à la tête et l'autre aux pieds.

Ils lui dirent :

— Femme, pourquoi pleurez-vous?

Elle leur répondit :

— C'est qu'ils ont enlevé mon Seigneur, et je ne sais où ils l'ont mis.

Ayant dit cela, elle se retourna, et vit Jésus debout, sans savoir néanmoins que ce fût Jésus.

Alors, Jésus lui dit :

— Femme, pourquoi pleurez-vous? qui cherchez-vous?

Elle, pensant que c'était le jardinier, lui dit :

— Seigneur, si c'est vous qui l'avez enlevé, dites-moi où vous l'avez mis, et je l'emporterai.

Jésus lui dit :

— *Marie!*

Aussitôt, elle se retourna et lui dit :

— *Rabboni!* — c'est-à-dire : « Mon maître! »

Jésus lui répondit :

— Ne me touchez point, car je ne suis pas encore monté vers mon Père; mais allez trouver mes frères, et dites-leur de ma part : « Je monte vers mon Père et votre Père, vers mon Dieu et votre Dieu (1) »

Ici s'arrête l'histoire écrite par les saints apôtres eux-mêmes, et commence la tradition.

Les Juifs, pour punir Marthe, Madeleine, Lazare, Maximin et Marcelle, d'être restés fidèles au Christ au delà du

---

(1) Évangile selon saint Jean.

tombeau, les forcèrent d'entrer dans une barque, et, un jour d'orage, lancèrent la barque à la mer. La barque était sans voile, sans gouvernail et sans avirons; mais elle avait la foi pour pilote : aussi à peine les condamnés eurent-ils commencé de chanter les hymnes de grâce au Sauveur, que le vent s'abaissa, que les flots se calmèrent, que le ciel devint pur, et qu'un rayon de soleil vint entourer la barque d'une auréole de flamme. Tandis qu'une partie de ceux qui voyaient ce miracle blasphémaient le Dieu qui l'avait fait, l'autre tombait à genoux pour l'adorer; et cependant la barque, glissant comme poussée par une main divine, aborda aux côtes de Marseille, et les ouvriers de Dieu, les envoyés de sa parole, les apôtres de sa religion, se dispersèrent dans la province pour distribuer à ceux qui avaient faim la sainte nourriture qu'ils apportaient de la Judée.

Tandis que Marthe était à Aix avec Madeleine et Maximin, qui fut le premier évêque de cette ville, les députés d'une ville voisine, attirés par le bruit de ses miracles, accoururent à elle : ils venaient la supplier de les délivrer d'un monstre qui ravageait leur pays. Marthe prit congé de Madeleine et de Maximin, et suivit ces hommes.

En arrivant aux portes de la ville, elle y trouva tout le peuple qui était venu au-devant d'elle. A son approche, il s'agenouilla, lui disant qu'il n'avait d'espoir qu'en elle, et elle répondit en demandant où était le monstre. Alors, on lui montra un bois près de la ville, et elle s'achemina aussitôt seule et sans défense vers ce bois.

A peine y était-elle entrée, qu'on entendit de long rugis

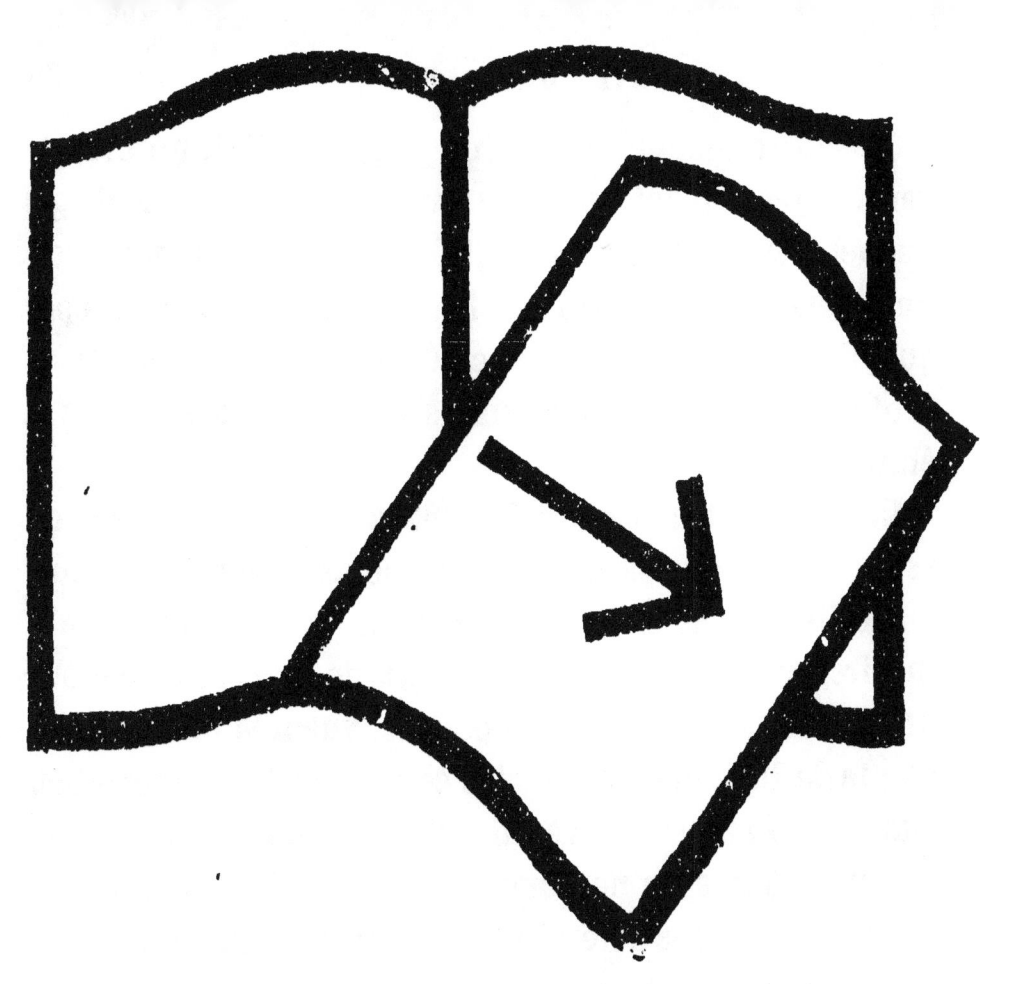

Documents manquants (pages, cahiers...)
NF Z 43-120-13

DE LA PAGE 65
A LA PAGE 68

Une autre relique non moins précieuse était un bras de vermeil renfermant un os de sainte Marthe, et aux doigts duquel il y avait quatre-vingt-dix bagues, dont quelques-unes valaient jusqu'à dix mille francs. Vers la même époque où ce buste partait pour Gênes, le bras se mettait en route de son côté. On n'a jamais su à quelle destination il était arrivé.

Une chose curieuse à voir dans cette église de Tarascon est le tombeau de sainte Marthe, moins remarquable pour le mérite de son exécution que pour la vénération qu'il inspire. Au reste, la sainte, qui est de marbre blanc sur un lit de marbre noir, est belle, et, vue à la clarté tremblante de la lampe qui éclaire cette chapelle souterraine, elle est d'un aspect tout à fait religieux et imposant.

Comme Tarascon ne nous offrait rien d'autrement curieux à voir, nous déterminâmes notre ami Boyer à remettre, vers les cinq heures du soir, son cheval au cabriolet, et nous partîmes pour Arles, où nous arrivâmes à neuf heures.

XXIV

ARLES

Arles est la Mecque des archéologues français : c'est la cité antique par excellence. Des monuments romains forment le sol, et autour d'eux, à leur pied, à leur ombre, dans leurs crevasses, a poussé, l'on ne sait comment, par la force végétative de la civilisation religieuse de saint Louis, une seconde ville gothique, qui à son tour a donné naissance à des maisons qui, tant bien que mal, ont formé la ville moderne. Au premier aspect, ce sont ces deux dernières que l'on aperçoit; mais l'œil interroge-t-il les fondations, fouille-t-il les ruelles, réunit-il les débris, c'est la ville romaine qui reparaît, avec son théâtre, son cirque, son prétoire, ses thermes, son forum, le palais de ses empereurs, son autel de la Bonne Déesse et son temple de Jupiter Olympien. Le squelette du géant a été mal enseveli, et de tous côtés ses ossements percent la terre.

C'est qu'Arles, s'il faut en croire Ausone, était la reine des Gaules. « Le lieu où elle était bâtie, écrivaient Honorius et Théodose à Agricola, préfet des Gaules, était si heureusement choisi, elle avait une si grande foule de commerçants, tant de voyageurs affluaient dans son port, que tout ce qui naissait ailleurs venait à elle : si bien que, devenue l'entrepôt du monde, on eût dit, à la quantité des objets qu'étalaient ses marchés, que ces richesses exotiques étaient le produit de son propre sol. En effet, tout ce que le riche Orient, l'odorante Arabie, la fertile Afrique, la molle Assyrie, la belle Espagne et la Gaule féconde recueillaient dans leurs campagnes, elle le prodiguait, au besoin, au désir ou au caprice du sybarite le plus raffiné, et tout ce qui était produit venait à elle par terre, par mer et par fleuve, dans des barques, dans des navires et dans des chariots (1).

Aussi la ville d'Arles fut-elle chère à Constantin. Elle balança Byzance dans son esprit; car, au temps où il l'ha-

---

(1) *Vita imp. Honor. et Theod.* lib. II, § 3.

bitait, il y avait été heureux, et sa femme, Fausta, y avait mis au jour son fils aîné, qui porta le même nom que lui. Quelle fut la cause qui empêcha Arles de devenir la seconde capitale du monde? On ne sait. Constantin s'en dégoûta-t-il comme un amant d'une maîtresse, et lui fut-il infidèle en voyant les eaux bleues du Pont-Euxin et les rivages fleuris du Bosphore? Son dégoût lui vint-il du danger qu'il courut dans son palais sur le Rhône, la nuit où, prévenu par sa femme, il vit, caché derrière une tapisserie, son beau-père Maximin Hercule s'avancer vers le lit impérial, son épée à la main, et poignarder un eunuque qu'il avait fait coucher à sa place? Ou bien encore le terrible mistral, le fléau de ces contrées, parut-il un ennemi trop obstiné, un adversaire trop violent, à un homme qui avait respiré le vent frais d'Ostie et la brise parfumée de Naples?

Ce fut d'Arles que partit Constantin pour aller combattre Maxence; ce fut pendant le voyage des Gaules à Rome qu'une croix lumineuse lui apparut, avec l'inscription *In hoc signo vinces*; et ce fut en double souvenir de sa ville chérie et de sa victoire sainte qu'il fit frapper des médailles d'or, et d'argent et de bronze, portant d'un côté une main qui sort d'un nuage tenant une croix, et de l'autre côté une légende composée de ces deux mots: *Arelas civitas*.

Maxence noyé dans le Tibre, et tous les prisonniers élargis, l'empereur, solennellement baptisé par le pape Sylvestre, revint à Arles, où en 314 il assembla un concile, en 316 fit célébrer les jeux décennaux, et en 324 nomma trois césars : Crispus, qu'il avait eu de Minervine, sa première femme ; Constantin, qui, ainsi que nous l'avons dit, était né à Arles de Fausta, fille de Maximin Hercule, et Licinius, son neveu. Puis, voulant consoler de son abandon la ville qu'il allait quitter, ainsi qu'on donne à la femme qu'on répudie un riche douaire, il lui fit venir des bords du Nil un obélisque de granit ; il enrichit son palais de magnifiques statues et de splendides colonnades, et fit construire à grands frais un aqueduc au moyen duquel les eaux des montagnes voisines furent conduites dans les réservoirs publics ; puis enfin il y établit le siége du prétoire des Gaules, ce qui la faisait presque grande et auguste à l'égal de Rome et de Constantinople.

Aussi fut-ce à Arles que saint Aignan, évêque d'Orléans, voyant sa ville assiégée par Attila, vint demander secours à Aétius, préfet des Gaules, qui, avec le secours de Mere-Wig, vainquit le roi des Huns près de Châlon.

La puissance romaine s'éteignit à Arles avec Jules Valère Majorien. Il traversa les Alpes en 458, s'empara de Lyon, et, trouvant, comme Constantin, Arles merveilleusement située, il résolut d'y établir sa cour impériale.

Ce fut pendant son séjour en cette ville et dans le palais de Constantin qu'il invita Sidoine Apollinaire à s'asseoir à sa table ; et c'est à cette circonstance que nous devons la lettre du poëte à Montius son ami, lettre dans laquelle il consigne les détails de ce mémorable festin, où sept grands seigneurs avaient assisté, et où il fait la description du palais, orné, dit-il, de magnifiques statues placées entre des colonnes de marbre.

Majorien, assassiné à Tortone, perdit avec la vie l'empire d'Occident, et la ville d'Arles, qui était restée seule colonie romaine, passa en 465 sous la domination des Goths; elle resta sous leur domination jusqu'en 537, époque à laquelle Vittegis céda au roi des Francs Childebert la ville d'Arles et tout ce qu'il possédait dans les Gaules.

Le nouveau maître d'Arles y fit un voyage, y donna des jeux et des combats à l'instar des jeux et des combats romains. Un jour qu'il chassait dans les environs de la ville, il trouva, au milieu d'une forêt et sur une petite montagne, plusieurs pieux anachorètes. Touché de leur piété, il fonda le monastère de Montmajour.

En 732, les Sarrasins d'Espagne, ayant été battus entre Tours et Poitiers par Karl Martel, refluèrent sur les provinces méridionales, et, furieux de leur défaite, ils pillèrent la ville d'Arles, renversèrent ses monuments, et ensevelirent sous leurs débris les trésors d'art amassés par cinq siècles de civilisation romaine. Chassés par Karl Martel en 736, ils reparurent en Provence en 797, où Karl le Grand les vainquit deux ans après, et leur tua vingt mille hommes près de la montagne de la Corde.

Ce fut en honneur de cette victoire, dit M. Le Noble de la Hauzière dans son *Histoire d'Arles*, que Karl le Grand fit construire au bas de la montagne du Montmajour une petite chapelle qu'il dédia à la sainte Croix. Une inscription latine en lettres onciales, dégradée et presque illisible, constate cette érection (1).

---

(1) « Sachent tous que le sérénissime prince Charles le Grand,

Malheureusement pour l'authenticité de cette dédicace, les nouvelles études historiques ne reconnaissent ni l'inscription, ni la victoire qu'elle consacre. Il est donc probable que les moines de Sainte-Croix, ne voulant pas prier pour Charles Martel, qui avait fortement rançonné toutes les communautés religieuses au secours desquelles il était venu, auront fait honneur de sa victoire à son petit-fils. D'ailleurs, la véritable date de la conservation de l'église de Sainte-Croix, constatée par une charte, est postérieure, à Karl le Grand de deux cent vingt ans. Élevée par l'abbé Rambert, supérieur du monastère de Montmajour, elle fut dédiée en 1019 par Pons de Marignan, archevêque d'Arles.

Le démembrement de l'empire de Karl le Grand arriva. La Provence, la Bourgogne et l'Empire échurent à Lod-Her.

roi de France, ayant fait le siège de la ville, qui était au pouvoir des infidèles, et s'en étant rendu maître par la force de ses armes, les Sarrasins qui restaient dans ces contrées étant venus en grand nombre pour s'emparer de cette ville et s'y fortifier, le prince s'avança avec son armée pour les combattre, et remporta sur eux une victoire complète, pour laquelle, voulant laisser un témoignage de sa reconnaissance envers Dieu, il fit dédier le temple en l'honneur de la sainte Croix ; il prit soin aussi de relever sur ses ruines le présent monastère de Montmajour, dédié à saint Pierre. Ce bâtiment avait été entièrement détruit par ces infidèles et rendu inhabitable ; il le rétablit dans son ancienne splendeur, y appela un nombre de religieux pour y faire le service divin, le dota pour l'avenir et lui fit de magnifiques présents.

« On y voit encore cette épitaphe :

Plusieurs des Français
Qui ont péri dans ce combat
Reposent dans la chapelle de ce monastère.

FRÈRES, PRIEZ POUR EUX. »

En 855, dégoûté du monde, celui-ci prit l'habit religieux, laissant son fils Louis II empereur, son fils Lod-Her II roi de Lorraine, et son fils Karl roi d'Arles et de Provence.

Enfin, l'empereur Karl le Chauve démembra de nouveaux États, érigea la ville d'Arles en royaume, et lui donna pour roi Bozon, qui était déjà gouverneur de Provence et d'Italie. Le nouveau royaume dont Arles était la capitale se composait de la Provence, du Dauphiné, du comtat Venaissin, de la principauté d'Orange, d'une partie du Lyonnais et de la Bourgogne, de la Franche-Comté, et du Piémont et de la Savoie jusqu'à Genève.

Le royaume d'Arles subsista pendant deux cent cinquante-cinq ans, et fut gouverné par onze rois (1); puis il passa sous l'autorité des consuls. Quatre-vingt-neuf ans s'écoulèrent dans des alternatives continuelles de royauté et de république; puis enfin, en 1220, le podestat fut établi.

Ce fut pendant cette période et au milieu de ses troubles civils qu'Arles vit s'élever sa splendide basilique de Saint-Trophîme, et la première partie de son cloître; elle possédait déjà Montmajour. Ce fut donc du XIe au XIIe siècle que la civilisation religieuse porta ses fruits, et que l'art chrétien prit racine sur le sol païen.

Pendant cent quarante-quatre ans, la ville, tantôt république, tantôt commune, et tantôt royaume, passa des mains des podestats dans celle des confrères, des mains des confrères dans celles des consuls, des mains des

---

(1) Bozon I, Louis Bozon II, Hugues I, Conrad I, Rodolphe III, dit le Fainéant, Gérardus, dit l'Usurpateur, Conrad II, dit le Salique, Henry III, dit le Noir, Henry IV, Henry V et Conrad III.

consuls dans celles des sénéchaux, et des mains des sénéchaux dans celles de l'empereur Charles IV, qui abdiqua en faveur de Charles V. Cette abdication eut lieu à Villeneuve-lès-Avignon, et, de ce jour, le titre de roi d'Arles s'éteignit pour les empereurs, et la ville retomba sous la domination des comtes de Provence, rois de Naples, de Sicile et de Jérusalem, titre que portait encore, en 1480, le bon roi René, l'artiste couronné, qui se consolait avec son pinceau et sa viole de la perte de son sceptre et de ses trois royaumes.

Deux ans après, Louis XI, en sa qualité d'héritier de Charles III, prenait à son tour le titre de comte de Provence, que portèrent ses successeurs, et réunissait Arles à la France.

Nous demandons pardon à nos lecteurs de cette longue introduction historico-archéologique; mais elle ne sera pas perdue pour le voyageur qui, comme nous, arrivera le soir à Arles, et qui voudra prendre d'avance une idée de la ville qu'il parcourra le lendemain.

Nous restâmes trois jours à Arles, et il ne faut pas moins que ce temps bien employé pour tout voir et bien voir. Notre première visite fut pour la place des Bonshommes. Dans un rayon de cinquante pas, elle nous offrit les restes de trois civilisations distantes l'une de l'autre de mille ans. Le premier est l'obélisque de granit égyptien, le seul que l'on ait retrouvé en France, et qui est, comme nous l'avons dit, un don de Constantin à la ville qu'il quittait; une portion de la façade d'un grand monument qu'on croit appartenir au Capitole, et dont il ne reste qu'une partie de la rise et les deux colonnes qui la soutiennent; enfin la basilique de Saint-Trophime, merveilleux pendant à celle de Saint-Gilles : ces deux basiliques étant d'autant plus curieuses qu'elles sont, nous le croyons du moins, les deux seuls monuments complets de l'art byzantin en France. Au reste, une chose digne de remarque, c'est qu'on reconnaît, dans 'ornementation de la façade de Saint-Trophime, l'influence que la vue des modèles antiques qu'il avait sous les yeux a exercée sur l'architecte, qui a surmonté sa porte principale d'un fronton triangulaire, pareil à celui que les restes du Capitole lui offraient encore, et qui a orné sa corniche de palmettes rampantes, filles naturelles peut-être, mais à coup sûr filles reconnues de l'architecture romaine.

Près de l'église de Saint-Trophime s'élève son cloître, moitié roman, moitié gothique, et l'un des plus curieux de France, peut-être. A la quantité d'ornements qui couvrent les draperies des personnages sculptés dans les chapiteaux des piliers romans, il est facile de reconnaître le style byzantin du xiie siècle. Constantinople essayait de dédommager Arles de lui avoir enlevé l'empire du monde.

L'amphithéâtre est plus grand mais aussi plus dégradé que celui de Nîmes. A l'époque où les Sarrasins désolèrent le Midi, une partie de la population se réfugia dans les Arènes, et, murant ses arceaux, se fit du monument romain une forteresse imprenable. Bientôt des tours grandirent au-dessus des portes, des maisons s'établirent avec ordre, une ville enfin s'éleva au milieu de la ville, isolée mais complète, ayant son faubourg, ses remparts, ses rues, sa place publique et son église. De cette ville étrange, il ne reste plus aujourd'hui qu'une seule maison.

Les autres ont été démolies quand le gouvernement s'est enfin aperçu qu'il possédait à Nîmes et à Arles des merveilles à rendre Rome jalouse.

Après les Arènes, le monument le plus important est le théâtre, dont l'érection précède la conquête romaine et remonte à la colonisation grecque. Arles avait reçu, si l'on en croit les vers de Festus Aviénus, de ses voisins de Marseille, le surnom de Théline (1), à cause de la fécondité de son sol. Les descendants d'Euxène lui avaient déjà donné leurs dieux, ainsi que le prouvent les fragments retrouvés du temple de Diane d'Éphèse. Ils voulurent encore lui faire connaître leurs poëtes, et lui firent don d'un théâtre. Il n'était point encore fini lorsque les Romains leur succédèrent. De là la différence de travail qui existe entre les deux colonnes de marbre africain, debout encore, qui supportent un morceau d'architecture avec la frise au-dessus, et la partie opposée dite aujourd'hui la tour de Roland, et qui est d'un goût tout à fait barbare.

Puis vient la promenade d'Eliscamp, ainsi appelée des deux mots latins *Elisei campi*. Autrefois, c'était un vaste cimetière où païens et chrétiens venaient avec une foi différente, mais avec un même espoir, se coucher à côté les uns des autres. Leurs tombes sont confondues et entremêlées; mais on reconnaît les uns au D et à l'M qui les recommandaient aux dieux mânes, et les autres à la croix qui les

---

(1) *Thili*, mamelle.

mettait sous la protection du Sauveur. Presque tous ces tombeaux ont été fouillés : une partie a été emportée par les habitants de la Crau pour faire des auges et des dalles; l'autre, dont les seuls couvercles ont été utilisés, sont béants et vides; et quelques-uns de ceux-ci montrent encore la séparation de pierre qui empêchait le mari et la femme, quoique couchés dans le même tombeau, de confondre jamais leurs ossements.

Enfin, de distance en distance, le sol, retentissant sous les pieds qui le foulent, prouve qu'à côté de ces tombeaux profanés, il en reste de vierges et intacts, que n'ont fouillés encore ni la curiosité ni l'avarice.

Le musée d'Arles, à qui celui de Paris a enlevé son chef-d'œuvre, la Vénus au miroir, s'est enrichi des dépouilles des autres monuments; tous lui ont fourni leur contingent de débris; mais la plus riche récolte qu'il a faite lui vient du champ de la mort. Là est une collection de tombeaux du Bas-Empire, riche comme je n'en sais aucune autre, et dont les bas-reliefs peuvent servir à l'histoire de la décadence de l'art. Les plus anciens, au reste, ne m'ont paru remonter qu'au commencement du IV° siècle.

Le gouvernement accorde sept cent mille francs par an pour les fouilles d'Arles; il ferait mieux d'y envoyer un préfet artiste, et de mettre à sa disposition un bataillon de pionniers. Nous avons une armée de quatre cent mille hommes, sur lesquels trois cent cinquante mille se reposent. Ne pourrait-on pas sans inconvénient grave en distraire cinq cents, qu'on emploierait à déblayer la nouvelle Pompéi?

Il est curieux, au reste, de se promener autour des remparts d'Arles; l'enceinte des murailles est presque un second musée. De vingt pas en vingt pas, on rencontre, incrustés dans le mur, un fragment de colonne, un débris de chapiteau. Partout où les Romains avaient élevé des monuments, on a, de ces monuments, bâti des villes avec leurs églises et leurs remparts, et cependant à peine s'aperçoit-on qu'il manque quelques pierres à ces gigantesques constructions.

L'un des trois jours que nous passâmes à Arles était un jour de fête, ou plutôt de marché; il y avait une foire aux moutons. Cent vingt-cinq ou cent trente mille brebis, descendues des plaines de la Crau, étaient parquées au pied des remparts du midi. Cette circonstance assez indifférente en elle-même, eut pour ma curiosité de voyageur un excellent résultat : ce fut celui de faire sortir de leurs maisons, et dans leur costume de fête, les Arlésiennes, que je n'avais encore vues qu'allant à la fontaine ou filant sur le seuil de leur porte. Vers les trois ou quatre heures de l'après-midi, abandonnant le boulevard extérieur aux élégants et aux dandys de la ville, elles se répandirent dans les rues, circulant bras dessus, bras dessous, par rangées de sept ou huit jeunes filles, s'arrêtant de porte en porte, pour commérer, en formant des groupes bruyants et moqueurs. Leur réputation de beauté est tout à fait méritée, et elles sont non-seulement belles, mais encore gracieuses et distinguées. Leurs traits sont d'une délicatesse extrême, et appartiennent surtout au type grec; elles ont généralement les cheveux bruns, et des yeux noirs veloutés, comme je n'en ai vu qu'aux Indiens et aux Arabes. De temps en temps, au milieu d'un groupe ionien, passe rapidement une jeune fille, marquée au type sarrasin, avec ses yeux longs et relevés aux coins, son teint olivâtre, son corsage flexible et son pied d'enfant ; ou une grande femme, au sang gaulois, aux cheveux blonds et aux yeux bleus, à la démarche grave et tranquille, comme celle d'une antique druidesse. Presque toutes sont fraîches et épanouies comme des Hollandaises ; car l'humidité du climat, qui à trente ans flétrira leur beauté d'un jour, leur donne ce teint blanc et rose qu'ont les fleurs qui bordent les fleuves ou qui poussent dans les marais.

Malheureusement pour le peintre et le poëte, qui vont cherchant le beau et le pittoresque, ces gracieuses filles de Bellovèse, d'Euxène, de Constantin et d'Abdérame, ont perdu une partie de leur charme le jour où elles ont renoncé au costume national, qui, résumant pour elles tout le passé, se composait de la tunique courte des jeunes filles spartiates, du corsage et de la mantille noire des Espagnoles, du soulier à boucle des Romaines, de la coiffe étroite d'Anubis et du large bracelet gaulois. De tous ces vêtements pittoresques, les Arlésiennes n'ont gardé que leur antique et originale coiffure, qui, toute dépareillée qu'elle semble avec la taille longue et la manche à gigot, ne laisse pas que de conserver à leur aspect une physionomie toute particulière, que leurs amants sont loin d'avoir. Les Arlésiens n'ont rien de remarquable ; aussi dit-on généralement les hommes de Tarascon et les femmes d'Arles, comme on dit les Romaines et les Napolitains.

N'est-il pas remarquable que, du costume national, la dernière chose que l'on abandonne soit la coiffure? Dans tous les ports de mer du Midi, on rencontre par les rues une foule de Turcs et de Grecs qui ont adopté les habits et le pantalon, et conservent obstinément le turban. Les ambassadeurs de la Sublime Porte eux-mêmes nous offrent tous les jours cette singulière anomalie, en se présentant dans nos salons et dans nos spectacles avec le costume français et la tête cachetée de leur calotte grecque comme des bouteilles de vin de Bordeaux.

Lorsque la ville aux vieux débris cesse d'être galvanisée par quelque fête ou par quelque marché, elle se recouche et se rendort dans la poussière romaine. Bien plutôt pareille à une tente militaire, placée au bord d'un fleuve par une colonie errante et lassée, qu'à une cité vivace, Arles fut une villa impériale et non pas une ville souveraine. Embellie et décorée par fantaisie, puis abandonnée par caprice, cette maîtresse royale n'a plus, depuis cinq siècles, une raison suffisante de vitalité. Sa position sur le Rhône, source de richesse pour elle quand ses murs renfermaient un empereur magnifique ou un roi guerrier, n'a plus aucune valeur maintenant qu'elle n'est qu'une ville de troisième ordre. Sous la République et l'Empire, Arles reprit une vie factice et momentanée; car le commerce, repoussé des mers, reflua dans les fleuves et, d'exportatif qu'il était, devint intérieur; aussi, comme à Avignon, tout ce qui est marin, portefaix, employé des ports, est-il républicain, tandis qu'au contraire les gentilshommes, les boutiquiers et les paysans sont généralement carlistes. Ces deux opinions se partagent la cité. Comme partout, la ville haute, qui a commencé par être une aire féodale, est aristocrate, tandis que la ville basse, dont les chaumières primitives sont venues se grouper autour du château, et peu à peu s'y sont changées en maisons, se souvenant de son origine populaire, est presque entièrement démocratique.

Arles, qui de rétrograde était devenue stationnaire, commence cependant aujourd'hui à marcher, mais lentement encore, mais d'un pas embarrassé, et plutôt avec la débilité de la vieillesse qu'avec l'hésitation de l'enfance. Quoique peuplée de dix-huit mille habitants, elle n'a qu'une marchande de modes, qui ne peut pas vivre de son commerce, et, depuis cinq ans seulement, un libraire, qui ne se soutient qu'avec l'aide des maisons d'Aix et de Marseille. Auparavant, les seuls livres qui s'y vendissent étaient des livres de prières colportés par des marchands forains.

Aussi Arles, à notre avis, ne doit-elle pas être considérée comme une ville vivante, mais comme une ville morte; tout ce qu'on pourrait faire pour ranimer son commerce ou son industrie serait chose inutile et perdue; c'est un pèlerinage d'artiste et de poëte, et non pas une situation de commerçant ou de voyageur. Jamais les rois de Naples n'ont tenté de repeupler Herculanum et Pompéi, et ils ont bien fait : un tombeau n'est poétique qu'autant qu'il est muet, et sa plus grande solennité lui vient de son silence et de sa solitude.

Or, Arles est une tombe, mais la tombe d'un peuple et d'une civilisation, une tombe pareille à celle de ces guerriers barbares avec lesquels on enterrait leur or, leurs armes et leurs dieux; la ville moderne est campée sur un sépulcre, et la terre sur laquelle est dressée sa tente renferme autant de richesses dans son sein qu'elle offre de pauvreté et de misère à la surface.

XXV

LES BAUX

Cependant, à quelques lieues d'Arles s'élève une ville encore plus triste, encore plus solitaire, encore plus morte que sa métropole. Le **traducteur** de Byron, l'auteur de *Charles-Édouard*, qui est la seule célébrité littéraire qu'Arles ait produite, m'avait fort recommandé de ne point passer dans sa ville natale sans aller faire une excursion à cette ancienne cour d'amour de la Provence, qui donna des podestats à Arles, des princes à Orange, des stathouders à la Haye, et des rois à Amsterdam et à Londres. En conséquence, aussitôt que nous eûmes visité tout ce qu'Arles a de plus remarquable, nous nous acheminâmes vers les Baux.

La route est en harmonie avec le lieu où elle conduit : longeant d'abord le petit et le grand étang de Peluque, elle accompagne quelque temps un aqueduc romain qui prend sa source dans une montagne près d'Orgon, traverse la route d'Aix un peu au-dessus d'Elsemat, passe à côté de Saint-Rémy, et vient se perdre aux environs d'Arles. Nous

nous enfonçâmes avec elle dans un espèce de désert de joncs et de roseaux, dont le sol marécageux semblait le lit d'un ancien étang. Nous abandonnâmes l'aqueduc d'Arles pour suivre celui de Barbegal. Puis nous nous engageâmes dans des montagnes aussi tristes que les plaines désolées que nous venions de quitter. Enfin, à Maussane, on nous invita à prendre quelque chose, attendu que nous ne trouverions absolument rien à manger ni à Manville ni à Baux.

A une demi-lieue de Maussane, au détour d'une montagne, nous commençâmes à apercevoir au haut d'un rocher, au milieu d'un paysage nu et rougeâtre, la ville que nous venions visiter. Nous nous engageâmes dans un sentier escarpé qui monte en tournoyant, et nous avançâmes sans rien voir de ce qui annonce le voisinage d'un lieu destiné aux hommes, sans entendre aucun souffle de cette respiration immense qui dénonce l'existence d'une ville : c'est qu'en effet les hommes ont disparu, et que la pauvre ville est morte, entièrement morte : morte d'abandon, morte d'épuisement, morte de faim, parce qu'une route qui conduisait d'Orgon à Arles, et qui était l'artère qui menait le sang à son cœur, s'est éloignée d'elle ou perdue elle-même quand a commencé de s'éteindre la splendeur de la Provence; et qu'alors tout lui a manqué pour vivre, comme à une jeune fille qui vivait par l'amour et dont l'amour s'est retiré.

Alors, peu à peu une partie des habitants, lassée de sa solitude, s'est éloignée pour aller habiter Orgon, Tarascon ou Arles; l'autre, fidèle et religieuse au toit paternel, s'y est éteinte dans l'isolement. Nul n'est venu ni remplacer les exilés ni succéder aux morts, et la cité sans habitants a fini par rester seule debout, ouverte, abandonnée, triste et toute en deuil sur sa route, et pareille à une mendiante qui pleure et demande l'aumône au bord du chemin.

A la moitié de la montée, sentinelle avancée du tombeau, nous rencontrâmes une croix. La destruction s'était étendue sur ce symbole de la redemption éternelle, comme sur tous les objets mortels qui l'entouraient; les deux jambes du Christ avaient été brisées, et il pendait par un de ses bras d'ivoire à un des bras de fer de la croix.

Quelques pas plus loin, nous tournâmes un nouvel angle, et nous nous trouvâmes en face de la porte basse et reculée de la ville; les battants de bois en avaient été ôtés pour être brûlés sans doute, et les attaches de fer arrachées par quelque bohémien qui comptait les vendre. Nous entrâmes dans la rue; portes et fenêtres étaient ouvertes. Nous vîmes des maisons dont le portail, soutenu par des colonnes de la renaissance, était décoré d'un écusson baronial; nous vîmes des hôpitaux où il n'y avait plus ni gardiens ni malades, ni gémissements ni derniers soupirs. Nous vîmes un ancien château taillé dans le roc, sans doute en mémoire de ces paroles évangéliques: « Heureux l'homme qui a bâti sa maison sur le rocher! » Mais le rocher, arrondi en tours, taillé en appartements, creusé en poternes, avait manqué par sa base, et le château monolithe était tombé tout d'une pièce, comme si la main d'un géant l'eût renversé.

La seule chose qui se fût conservée à peu près intacte,

c'était le cimetière. Près du château, sur une esplanade qui domine toute la vallée, on a creusé dans la pierre calcaire des centaines de tombes de grandeurs différentes, et destinées à tous les âges. Il y en a pour le fils et pour la mère, pour le vieillard et pour l'enfant. Ces tombes ont-elles servi, et une main sacrilége en a-t-elle soulevé le couvercle et dispersé les ossements, ou bien sont-elles vierges encore? et le fossoyeur, plus prodigue que la mort n'était avare, lui a-t-il donné tous ces cercueils juste au moment où elle ne devait plus trouver de cadavre à y coucher?

Je m'assis au milieu de cet étrange cimetière, les pieds pendants dans une tombe, et je restai les yeux fixés sur cette ville extraordinaire, habitable et qui n'est point habitée, morte et conservant les apparences de la vie, enfin pareille à un trépassé revêtu de ses habits, debout et fardé. Alors, il me vint une de ces tristesses profondes et infinies, plus mélancoliques que celles qui ont des larmes, plus éloquentes que celles qui ont des paroles, plus déchirantes que celles qui ont des sanglots.

J'en fus tout à coup tiré par le son d'une cloche. Je me levai comme un homme qui ouvre les yeux, demandant l'explication de ce songe qui continuait après le réveil; mais mon guide ne put me la donner, et il me fallut en aller chercher l'éclaircissement à sa source. Je m'acheminai donc vers l'église; la porte en était ouverte comme toutes les autres portes. Je montai une dizaine de marches qui conduisent à son péristyle. J'entrai. Après que j'eus vainement tenté de tremper mes doigts dans son bénitier séché, et comme si Dieu eût voulu m'inonder en un seul jour de toutes les poésies de la mort, le spectacle le plus triste qui se puisse voir s'offrit tout à coup à mes yeux.

Au pied de l'autel, dans une bière découverte, le front ceint d'une couronne blanche, les mains croisées sur la poitrine, était couchée une petite fille de neuf ou dix ans; aux deux côtés du cercueil se tenaient à genoux ses deux sœurs, dans un coin pleurait sa mère, et le frère tintait lui-même la cloche pour appeler Dieu à cette cérémonie funèbre, où manquait le prêtre. Une douzaine de mendiants, qui forment toute la population des Baux, était dispersée dans le reste de l'église.

Il n'y eut pas de messe pour le salut de l'âme de cette pauvre enfant, il n'y eut que des prières basses, des soupirs et des sanglots; puis quatre pauvres, qui avaient mis leurs plus beaux habits pour cette solennité funèbre, portèrent le cercueil à bras, et, accompagnés du reste du cortége, sortirent de l'église, s'acheminèrent vers la haute ville, entrèrent dans l'hôpital, et, s'approchant d'une tombe creusée, posèrent la bière à côté d'elle. Aussitôt la mère s'avança, embrassa encore une fois sa fille; les deux jeunes sœurs en firent autant, et puis le frère, qui, étant le dernier, recouvrit le visage de la morte. Un homme prit alors, derrière une pierre, un marteau, des clous et une planche, et cloua le couvercle du cercueil, puis on le descendit dans la fosse. La terre roula dessus avec ce bruit dont l'écho profond est dans l'éternité ; et, lorsque la dernière pelletée de terre l'eut recouverte, les jeunes filles s'approchèrent et jetèrent sur la tombe des bouquets de fleurs blanches qu'elles avaient cueillies aux environs. Je n'avais pas de bouquet; je jetai ma bourse. Un des mendiants la prit et la présenta à la mère, qui ne me remercia point, mais qui pleura plus fort.

Je sortis de l'hôpital. Devant sa façade, qui date de la renaissance, et dont l'entablement croule malgré les neuf colonnes qui le soutiennent, s'étend une plate-forme de laquelle on embrasse un immense paysage; au sud, la mer bleue et immense, tachetée de voiles blanches ; au levant, la plaine où Marius battit les Cimbro-Teutons, dominée par le mont Victoire, au haut duquel il éleva les trophées ramassés sur le champ de bataille; au nord et à l'occident, l'hôpital et la ville.

C'était, comme on le voit, un beau et vaste paysage au milieu duquel se dressait un immense souvenir. Le génie de Rome avait eu là une de ses plus belles fêtes. Deux cent mille barbares, couchés dans cette vallée, lui avaient fait une hécatombe, et leurs cadavres laissés sans sépulture, lavés par la pluie, brûlés par le soleil, se décomposèrent lentement sur cette terre, qui dut à la corruption de leurs fétides lambeaux son nom antique de *Campi putridi*, et son nom moderne de Pourrière. Mais bientôt la nature répara tous ces désastres, le sol poussa, là où il avait été si largement engraissé, de plus puissantes herbes et de plus riches épis ; et, lorsque la moisson fut faite, il ne resta plus sur ce champ funèbre, qui avait été le cimetière d'un peuple, que d'immenses ossements blanchis, dont les paysans firent de pâles clôtures pour leurs vignes.

Un autre jour, dans un autre moment peut-être, je serais descendu de mon rocher dans cette plaine. J'aurais marché jusqu'à ce que je trouvasse les rives du Canus; puis j'eusse cherché sur la sainte montagne, que le matelot provençal, debout sur le pont de son navire, montre de loin aux voyageurs, les restes de cette pyramide où d'énergiques bas-reliefs représentaient Marius debout sur des boucliers portés par ses soldats, et proclamé imperator. Je me serais fait raconter par quelque paysan, comme un événement de la veille, cette bataille qui date de deux mille ans. Il m'eût dit alors, tant les traditions de cette grande défaite sont présents encore aux lieux qui la virent s'accomplir, comment le général romain conduisait avec lui une prophétesse syrienne, nommée Martha, en l'honneur de laquelle il donna son nom au village de Martigues, et qui, la veille de la bataille, avait parcouru dans une litière dorée les rangs de l'armée, à qui elle avait promis la victoire. Il m'eût indiqué l'endroit où Marius, à ses soldats mourant de soif et qui lui demandaient à boire, dit, montrant le fleuve devant lequel étaient rangés les ennemis : « Vous êtes hommes, et voilà de l'eau; » et où les soldats burent avidement, le même soir, cette eau rougie et ensanglantée. Enfin, il m'eût raconté cette fête qui se perpétua dans le pays, en souvenir de cette victoire; de sorte que, lorsque le mois de mai revenait, chaque année on voyait accourir au temple bâti par Marius les populations voisines, et entrer dans la maison païenne une procession de chrétiens et de chrétiennes portant des bannières ornées de croix, et couronnés, les hommes de branches d'arbre en signe de triomphe, et les femmes de guirlandes de fleurs en signe de fête; puis sur quelques murs croulants du bourg de Pourrière, il m'eût fait voir les armes de la commune, qui, jusqu'à la Révolution, furent un général romain porté sur le bouclier de deux soldats.

Mais, à cette heure, j'avais une autre pensée; ce n'était point de la mort d'une armée et de la tombe d'un peuple que mon esprit était occupé : je ne voyais que la mort d'une mendiante et la tombe d'un enfant; si bien qu'il me prit envie, non pas d'aller chercher de la poésie et de l'histoire sur ce même champ de bataille, mais du recueillement et de la religion dans cette petite église. Je m'acheminai donc vers elle, et la retrouvai vide et silencieuse. Je cherchai son coin le plus obscur, et, m'appuyant contre une colonne, je tombai dans une de ces rêveries saintes, qui, lorsque les paroles manquent aux lèvres, deviennent la prière du cœur.

Je ne sais le temps que je restai ainsi, pris de ce vertige religieux auquel je suis si accessible, que, dans la chartreuse de Grenoble et chez les capucins de Syracuse, il m'arriva de quitter précipitamment ces hauteurs saintes, tant je me sentais prêt à me précipiter dans le cloître; mais ce temps dut être long, car je ne me réveillai de cette espèce d'extase que lorsque mon guide vint me dire que la nuit arrivait, et que, par conséquent, il était temps de retourner à Arles.

Au moment de quitter cette église, je fus pris du désir d'en emporter quelque chose. Il en est ainsi de toutes les émotions profondes que nous éprouvons, au moment où elles nous possèdent et nous étreignent; nous désirons les perpétuer, et nous comprenons que le seul moyen d'arriver à ce but est de les raviver par la vue d'un objet qui nous les rappelle, tant nous sentons notre pauvre cœur faible pour conserver à lui seul un souvenir; mais en même temps je songeai que ce vol religieux fait à une église, tout pur qu'il devait être aux yeux de Dieu, qui savait dans quelle intention intime et pieuse je le commettais, n'en était pas moins un vol fait dans la maison du Seigneur, et, par conséquent, un sacrilége. Alors, il me vint une pensée qui conciliait mon envie avec mon remords; c'était de laisser à la place de la chose prise une valeur quadruple dont profiterait le premier pauvre qui viendrait prier. Je portai alors une main sur un petit saint de bois tout vermoulu; mais, en fouillant de l'autre à ma poche et en la trouvant vide, je me rappelai que j'avais donné ma bourse à la mère de la petite mendiante que j'avais vu enterrer. J'allais reposer mon saint sur l'autel, lorsque l'aspect de mon guide me tira de ma perplexité. Je lui demandai s'il avait de l'argent sur lui. Il me donna dix francs; c'était tout ce qu'il possédait. Je les mis à la place de la statuette, et, quelque peu rassuré par cet échange, je l'emportai avec moins de crainte.

Maintenant, dois-je passer du récit à la confession? dois-je, au risque d'éveiller sur les lèvres de quelques-uns de mes lecteurs le sourire dédaigneux et méprisant de la philosophie voltairienne, raconter à tous ce que je ne devrais dire qu'à un prêtre, peut-être? Oui, car quelques esprits poétiques et religieux me comprendront; d'ailleurs, toute autopsie est curieuse, et surtout celle que l'on fait sur un corps vivant.

J'ai dit que, grâce aux dix francs que j'avais laissés à sa place, j'avais emporté le saint avec moins de crainte. Cependant cette espèce d'achat était loin de me rassurer, soit que cette suite d'objets qui s'étaient, depuis le matin, déroulés devant mes yeux, soit que cette cérémonie simple, mais profondément triste, qui était arrivée jusqu'à mon cœur, eût exalté mon esprit, et que mon esprit se fût affaibli de son exaltation même. Je quittai l'église témoin de mon action, — je ne sais comment qualifier la chose, ne la pensant pas coupable, et cependant ne la croyant pas innocente, — avec une grande terreur dans l'âme. La nuit, qui approchait rapidement, contribuait encore à augmenter cette impression inqualifiable. Je descendis avec mon conducteur la route qui mène à Maussane, et j'arrivai dans ce village sans avoir échangé un mot avec lui.

Notre voiture nous y attendait, Boyer attela le cheval. Pendant ce temps, j'aperçus mon fusil, que j'avais laissé le matin dans la cheminée, et, craignant un accident que je n'eusse pas craint dans toute autre circonstance, je ne voulus pas l'emporter chargé, de peur que les cahots du cabriolet ne le fissent partir. Je sortis en conséquence dans le jardin pour le tirer en l'air; mais, au moment où j'épaulais, l'idée me vint, pour la première fois peut-être, à moi, chasseur depuis mon enfance, que les canons pouvaient crever et m'emporter une main. Je ris de cette idée. Je rapprochai mon fusil de mon épaule une seconde fois et j'appuyai mon doigt sur la gâchette; mais le coup ne partit pas; le chien n'était pas armé, je crus cette circonstance un avertissement : je fis jouer la bascule de mon fusil, tirai mes deux cartouches du canon, les mis dans ma carnassière, et rentrai dans la cuisine.

J'y trouvai Boyer, qui avait fini son opération. Le cheval et le cabriolet attendaient à la porte. Je sortis pour monter en voiture; mais, au moment de mettre le pied sur le marchepied, mes craintes superstitieuses me revinrent. Je pensai au chemin bordé de précipices que nous allions parcourir; je pensai, comme je l'avais pensé à propos de mon fusil, que, si l'action que j'avais commise était mauvaise, Dieu pouvait mettre à sa suite une punition au lieu de l'autre; et, ne voulant pas le tenter, je fis signe au cabriolet de marcher devant, et je le suivis par derrière. De temps en temps, Boyer, qui ne comprenait rien à cette manie de marcher seul quand je pouvais paresseusement être voituré près de lui, s'arrêtait, et me demandait si je ne voulais pas monter. Constamment je lui répondis que non; et cependant j'étais fatigué, plus encore par l'émotion que par le voyage, aussi moralement que physiquement.

Nous nous trompâmes de route à Saint-Martin ou à Fonvielle, je ne sais; de sorte qu'au lieu de revenir par le grand Barbegal, nous revînmes par le Castelet. Nous nous engageâmes dans une espèce de petite forêt où j'eus à peine fait un quart de lieue, qu'en montant sur une éminence, je me trouvai près d'une ruine. Boyer me dit que c'était celle de l'abbaye de Montmajour, dont nous avons parlé dans notre précis historique sur Arles. Vu de nuit, ce monument était magnifique, et la clarté de la lune était assez grande pour qu'on en pût distinguer les détails. Je m'avançai alors pour m'engager sous ses voûtes croulantes; mais la même pensée à laquelle j'étais en proie me revint à l'esprit et m'arrêta sur le seuil; une pierre pouvait se détacher du haut de ces voûtes et me briser le front.

En arrivant à Arles, je m'enfermai dans ma chambre. Je tirai le saint de ma carnassière, je le mis sur la commode, je m'agenouillai devant lui, et je fis une prière, ce qui ne m'était pas, je dois l'avouer, arrivé depuis longtemps. Le lendemain, Boyer emporta mon saint, afin de le joindre à différents objets glanés sur ma route, et qui devaient d'Avignon retourner directement à Paris. Si je l'eusse conservé parmi mes bagages, je n'aurais probablement pas osé continuer mon chemin.

Maintenant, j'avoue qu'il y a peut-être une grande fatuité de courage à moi d'avoir raconté cette histoire; mais je la devais au lecteur; car, comme anatomie du cœur humain, elle est peut-être, sinon la plus intéressante, du moins la plus curieuse de tout mon voyage.

Nous consacrâmes le reste de la journée à prendre des vues de la ville et des croquis de monuments, et le lendemain, avant le jour, nous nous mîmes en route pour Marseille.

XXVI

CRAU ET CAMARGUE

Deux moyens sont offerts au voyageur pour aller d'Arles à Marseille, la route de mer et la route de terre. La route de mer, par le bateau à vapeur et le golfe de Lyon; la route de terre, par le coche et le canal de Bouc. Peut-être trouvera-t-on que le nom donné à cette dernière route ne se justifie pas très-exactement; mais elle s'appelle comme cela : les voies du Seigneur sont profondes.

Un jour, j'allai voir chez madame Saqui une pantomime appelée *le Bœuf enragé* : c'était un fort joli ouvrage, d'un grand goût littéraire, remarquable par son haut style et par ses belles pensées, et qui m'avait été fort recommandé par le *Journal des Débats*; mais, de la première à la dernière scène, j'attendis vainement l'intéressant animal qui avait donné son nom à l'ouvrage.

La toile tombée, je sortis, et, en sortant, je demandai à l'ouvreuse :

— Voudriez-vous me dire, ma bonne femme, pourquoi la pièce que je viens de voir s'appelle *le Bœuf enragé?*

— Parce que c'est son titre, me répondit l'ouvreuse.

Je rentrai chez moi très-satisfait de l'explication.

Comme on nous donna un fort mauvais déjeuner à bord du coche, nous demandâmes où nous pourrions dîner : on nous répondit que nous pourrions dîner à la ville de Bouc. Nous ignorions tout ce qu'il y avait de fantastique dans la ville de Bouc; nous montâmes donc sur le toit de notre coche, forts satisfaits de savoir que nous dînerions.

Le but de notre ascension était de voir le paysage; car la terre du canal, ayant été rejetée à droite et à gauche, forme un talus qui fait que, tant qu'on reste sur le pont, on croit voyager dans une ornière.

Le paysage, au reste, sans être varié, est curieux; car on a à droite la Camargue, où, d'après le proverbe, *les chasseurs ne trouvent pas une pierre à jeter à leurs chiens*, et à gauche la Crau, qui est littéralement pavée de cailloux.

La *Camargue*, ou champ de Marius : *Caii Marii ager* (l'étymologie en vaut bien une autre), la Camargue est le delta du Rhône : cela veut dire que les géographes lui ont trouvé la forme d'un D grec (Δ), et cela avec aussi juste raison que Polybe avait trouvé à l'Italie la forme d'un triangle, Pline celle d'une feuille de chêne, et M. Piquet celle d'une botte. C'est une immense plaine marécageuse, que la mer a visitée il y a quelque deux mille ans, et qu'elle semble avoir abandonnée d'hier. D'innombrables troupeaux de chevaux blancs et de taureaux noirs, plus sauvages et plus ébouriffés les uns que les autres, y enfoncent jusqu'au jarret dans un sol tout bourgeonné de plantes épaisses, d'un vert foncé, et qui, de place en place, se panache de grandes fleurs jaunes et rouges, de roseaux tranchants, élevés, et de tamaris tortueux. De temps en temps, au milieu de ces marais Pontins de la France s'élève une pauvre maison, où le chasseur perdu dans ces solitudes est sûr de trouver l'hospitalité du désert. Le paysan n'a qu'un peu de pain et un peu d'eau ; mais de ce pain et de cette eau la moitié est à celui qui a faim et qui a soif.

La Camargue, tout inhabitée et inhabitable qu'elle est, a cependant ses traditions religieuses et ses souvenirs historiques : les unes se rattachent au village des Saintes-Maries, que, par abréviation, on appelle le village des Saintes, et les autres aux chevaliers de Saint-Jean de Jérusalem.

Le village des Saintes-Maries, que l'on nommait autrefois Notre-Dame-de-la-Mer, doit son nouveau nom au roi René. Le roi René, en sa qualité de poëte, connaissait la vieille légende provençale qui dit qu'après la mort du Christ, les Juifs mirent dans une barque Marie-Madeleine, les deux Marie, Marthe, Marcelle, leurs servantes, Lazare et Maximin, et, profitant d'un orage, poussèrent cette barque à la mer pour les faire périr tous ensemble. Mais Dieu n'abandonne point ses serviteurs. La mer se calma, un doux vent poussa l'embarcation loin du rivage. Pendant tout le temps de la traversée, qui dura un mois, deux fois par jour le Seigneur fit pleuvoir sa manne. Enfin, un beau soir, les saints hommes et les saintes femmes abordèrent à la pointe la plus avancée de la Camargue, dans un pauvre village habité par quelques pêcheurs. Marie-Madeleine se dirigea vers la Sainte-Beaume, Marthe, vers Tarascon, où nous avons vu son tombeau en passant ; saint Maximin prit le chemin d'Arles, et saint Lazare celui de Marseille. Quant aux deux Marie et à Marcelle, elles restèrent au village de Notre-Dame-de-la-Mer, où elles moururent après en avoir converti les habitants à la foi chrétienne.

Le roi René non-seulement connaissait cette légende, mais il l'avait mise en vers, il l'avait mise en musique, il l'avait mise en tableau, lorsqu'une nuit, voulant lui donner une preuve non équivoque de leur reconnaissance, les saintes femmes de Notre-Dame-de-la-Mer lui apparurent, et lui ordonnèrent de se mettre en quête de leurs reliques, dont elles lui donnèrent l'adresse exacte, de les tirer de terre, et de leur faire bâtir un tombeau digne d'elles. Comme on le pense bien, le bon roi René ne se le fit pas dire deux fois. Au point du jour, il monta à cheval, suspendit à son côté cette bourse qu'il emportait toujours pleine et qu'il rapportait toujours vide, prit son album pour croquer, chemin faisant, quelque joli visage de paysanne, et s'achemina vers Notre-Dame-de-la-Mer.

Il va sans dire que le roi René trouva les reliques à l'endroit indiqué. Ce fut à cette occasion que le bon roi changea le nom de Notre-Dame-de-la-Mer en celui des Saintes-Maries, plus approprié désormais au trésor qu'il possédait.

La nouvelle de la découverte que l'on venait de faire se répandit par toute la France, par toute l'Italie et par toute l'Espagne, si bien que de tous côtés les pèlerins abondèrent, que chaque maison se changea en auberge, et que chaque aubergiste devint millionnaire. La fortune ascendante du village saint dura jusqu'à la moitié du XVI° siècle; mais à cette époque la Réforme arriva : le doute suivit la Réforme, l'indifférence suivit le doute. Les habitants, lorsque éclata la révolution française, comptaient sur la persécution : la persécution les oublia. De ce jour, ils furent véritablement ruinés.

Et, en effet, malgré l'exposition annuelle des reliques saintes, qui autrefois faisait d'un seul jour de fête la fortune de toute l'année, le pauvre village s'en va mourant, faute de pèlerins, si bien qu'il en est revenu à ses premiers moyens d'existence, c'est-à-dire que les aubergistes se sonts refaits pêcheurs; et encore, depuis l'établissement des bateaux à vapeur, la mer est-elle devenue tellement avare de poissons, qu'elle ne fournit plus à ces malheureux que d'insuffisantes ressources. Ils y restent hâves et affamés, parce que le toit qu'ils habitent est le toit de leurs pères, parce qu'ils y sont nés et qu'ils doivent y mourir. Mais, lorsqu'une maison tombe, on ne la relève pas : la famille qui l'habitait se disperse et s'en va mendiant; si bien que peu à peu le village s'efface, que, dans cinquante ans, il ne restera plus que l'église, et, dans trois ou quatre siècles, que la légende.

Pendant que nous étions à Arles, il s'était passé au village des Saintes-Maries un fait assez curieux, et qui donnera une idée de l'esprit des bonnes gens qui l'habitent.

L'église des Saintes, près de laquelle est un puits miraculeux, creusé par elles, et qui donne d'excellente eau, quoique à cent pas à peine de la mer, a pour curé un bon vieillard, dont le frère a servi autrefois en qualité de timonier sur les bâtiments de l'État : son temps fini, le brave marin revint, buvant sec, fumant fort, et n'ayant pour faire face à ces habitudes assez dispendieuses qu'une petite pension de deux cent cinquante francs. Quoique le curé, de son côté, eût à peine de quoi vivre, il prit son frère chez lui, à la seule condition qu'il ne jurerait plus. Le timonier promit à son frère tout ce qu'il voulut ; mais, comme l'habitude est une seconde nature, le marin n'en jura que plus fort. Les premières fois, le curé le reprit, puis il se contenta de faire des signes de croix ; puis il ne fit plus rien du tout, s'en remettant religieusement à l'indulgence de Dieu, qui ne punit que l'intention. Or, son frère était un cœur d'or, qui n'avait jamais eu une mauvaise intention de sa vie.

Les choses allèrent ainsi cinq ou six ans : au bout de six ans, le bedeau mourut. Or, comme le défunt cumulait les fonctions de bedeau, de chantre et de sacristain, la place qu'il laissait vacante était une fort bonne place, qui rapportait cent francs de fixe, sans compter les baptêmes, les mariages et les enterrements.

Le curé réfléchit que cent cinquante ou deux cents francs de plus amèneraient force douceurs dans son petit intérieur, et offrit la place à son frère. Le frère accepta, à la condition que le curé lui commanderait le service en termes maritimes, toujours en vertu de cet axiome qu'une habitude est bien plus facile à prendre qu'à perdre. Le curé ne vit rien là qui dût fâcher Dieu, et, grâce à cette concession, dès le dimanche suivant, le timonier, revêtu de la chape et la crosse à la main, se promena gravement de l'avant à l'arrière, et, quand vint le moment de chanter l'épître, passa fort adroitement l'Évangile de bâbord à tribord. Cela gêna bien pendant quelque temps le bon curé d'entendre appeler la sacristie la chambre du capitaine, et le tabernacle la soute au pain; mais il s'y habitua, comme il s'était habitué à tant d'autres choses. Quant à Dieu, la preuve qu'il trouva tout cela bon, c'est qu'il bénit le ménage fraternel en envoyant aux habitants du presbytère une excellente santé.

Les deux frères vivaient ainsi depuis quinze ans, à peu près, lorsqu'un matin une affaire appela le bon curé à Arles; il s'informa si aucun enfant n'était sur le point de venir au monde, et si aucune jeune fille n'était au moment de se marier. La réponse fut négative, de sorte que le bon curé vit qu'il pouvait s'absenter sans inconvénient. Il y avait bien un malade, mais le médecin lui promit de le faire durer jusqu'à son retour. Le curé partit donc parfaitement tranquille.

Le même soir, le malade mourut.

Grand embarras, comme on le comprend, dans le village des Saintes. Le trépassé, qui n'avait pas voulu attendre le curé pour mourir, ne pouvait pas l'attendre pour être enterré, car le curé ne devait revenir que dans trois ou quatre jours. L'envoyer chercher était à peu près impossible; le village des Saintes ne communique, par l'entremise d'Arles, avec le reste de la terre qu'au moyen d'un messager qui va dans la ville de Constantin une fois la semaine. Or, le curé avait justement attendu le jour de cette communication, afin de profiter du cheval du messager, et il était parti en croupe derrière lui.

Les parents du mort allèrent donc trouver le frère du curé, pour lui exposer leur pénible situation. L'ex-timonier les laissa aller jusqu'au bout ; puis, lorsqu'ils eurent fini :

— N'est-ce que cela ? leur dit-il.

— Dame, nous trouvons que c'est bien assez, répondirent les parents.

— Le défunt n'était pas camisard ? demanda le bedeau.

— Il était catholique comme vous et nous.

— Eh bien, alors, envoyez-moi quelqu'un pour me sonner la messe et dire les répons. Je l'enterrerai, et aussi bien que mon frère, je vous en réponds.

— Tiens, au fait ! dirent les parents, nous n'y avions pas pensé ; c'est juste.

Et ils s'en allèrent chercher le mort, tandis que le digne marin revêtait les habits sacrés dans la chambre du capitaine. La messe fut dite, le mort fut enterré ; le village tout entier assista à la cérémonie et pria religieusement sur la tombe, et pas un des assistants ne s'en formalisa, ni pour lui-même, ni pour le mort.

Quand le curé revint, il demanda des nouvelles du malade.

— Le malade, répondit le timonier, il est à fond de cale.

Tout fut dit : le bon curé ne se montra pas plus susceptible que les autres, et parut, au contraire, enchanté, en cas d'absence ou de maladie, d'avoir quelqu'un qui pût le suppléer dans ses fonctions.

Sautons quatorze siècles et passons des Saintes-Maries au chevalier Dieudonné de Gozon.

Les chevaliers de Saint-Jean de Jérusalem, qui, comme

on le sait, avaient été fondés par Gérard Tenque, gentilhomme provençal, dont nous retrouverons plus tard le berceau aux Martigues, habitaient au xiv° siècle l'île de Rhodes, dont ils portaient aussi le nom. Or, Rhodes vient du mot phénicien *Rod*, qui veut dire serpent. Ce nom, comme on le pense bien, avait une cause, et cette cause, c'était la quantité innombrable de reptiles que de temps immémorial renfermait la patrie du colosse.

Il est juste de dire cependant que les serpents avaient fort diminué depuis deux cents ans que les moines guerriers s'étaient établis dans l'île, attendu que, dans leurs moments perdus, et pour s'entretenir la main, les chevaliers leur faisaient une rude chasse. Il résulta de cette activité que la commanderie se croyait à peu près délivrée de ses ennemis, lorsqu'un jour un dragon apparut, d'une grandeur si gigantesque et d'une forme si monstrueuse, que, près de lui, le fameux serpent de Régulus n'était qu'une couleuvre.

Les chevaliers furent fidèles à leurs traditions, si dangereux qu'il fût de les suivre. Plusieurs se présentèrent pour combattre le monstre, et sortirent tour à tour de Rhodes pour l'aller relancer dans la vallée où il avait sa caverne. Mais, de tous ceux qui sortirent, pas un ne revint; et, en ce cas comme toujours, la perte tomba sur les plus vaillants. Le grand maître, Hélion de Villeneuve, fut si désespéré du résultat des premières tentatives, qu'il défendit, sous peine de dégradation, qu'aucun des chevaliers qui étaient sous ses ordres combattît le serpent, disant qu'un pareil fléau ne pouvait être suscité que par Dieu, et que, par conséquent, c'était avec les armes spirituelles, et non avec les armes temporelles, qu'il le fallait combattre. Les chevaliers cessèrent donc leurs entreprises, au grand désappointement du monstre, qui commençait à s'habituer à la chair humaine, et qui fut forcé d'en revenir tout bonnement à celle des bœufs et des moutons.

Sur ces entrefaites arriva à Rhodes un chevalier de la Camargue, nommé Dieudonné de Gozon : c'était un chevalier tout à la fois d'une grande bravoure et d'une grande prudence, mais qui ne s'était jamais battu qu'en Occident; de sorte qu'il résolut, à l'endroit du serpent, de donner à ses compagnons un échantillon de ce qu'il savait faire; mais, comme, ainsi que nous l'avons dit, c'était un homme aussi sage que brave, il résolut de ne pas risquer imprudemment sa vie, comme avaient fait de la leur ceux qui avaient, jusque-là, tenté l'aventure; et, avant de combattre, il voulut bien savoir à quel ennemi il avait à faire.

En conséquence, Dieudonné de Gozon prit sur le monstre les renseignements les plus exacts qu'il put se procurer, et il apprit qu'il habitait un marais à deux lieues de la ville. Vers les onze heures du matin, c'est-à-dire au moment le plus chaud de la journée, il sortait de sa caverne et venait dérouler au soleil ses immenses anneaux, restait jusqu'à quatre heures à l'affût de sa proie, puis, cette heure arrivée, rentrait dans sa caverne pour n'en sortir que le lendemain.

Ce n'était point assez, Gozon voulut voir le serpent de ses propres yeux. En conséquence, il sortit un matin de

Rhodes, et s'achemina vers le marais, muni, au lieu d'armes, d'un crayon et d'une feuille de papier. Arrivé à un millier de pas de la caverne, il chercha un lieu sûr, d'où il pût tout voir sans être vu, et, l'ayant trouvé, il attendit, son crayon et son papier à la main, qu'il plût au serpent de venir prendre l'air. Le serpent était très-exact dans ses habitudes; à son heure ordinaire, il sortit, se jeta sur un bœuf qui s'était aventuré dans ses domaines, l'engloutit tout entier dans son vaste estomac, et, satisfait de sa journée, s'en vint digérer au soleil, à cinq cents pas de l'endroit où Gozon était caché.

Gozon eut donc tout le temps de faire son portrait: le serpent posait comme un modèle; aussi reproduisit-il avec une fidélité scrupuleuse les moindres détails de sa personne; puis, le dessin terminé, le chevalier se retira avec la même précaution et s'en revint à Rhodes.

Ses camarades lui demandèrent s'il avait vu le serpent. Gozon leur montra son dessin, et ceux qui n'avaient fait même que l'entrevoir reconnurent qu'il était de la plus grande exactitude.

Le lendemain, Gozon sortit de nouveau de Rhodes, et retourna à sa cachette. Le soir, il revint à la même heure que la veille. Les autres chevaliers lui demandèrent ce qu'il avait fait, et il répondit qu'il avait fait quelques corrections à son dessin de la veille. Les chevaliers se mirent à rire.

Le surlendemain, mêmes sorties, mêmes précautions, et au retour même réponse. Les chevaliers crurent leur camarade fou, et ne s'en occupèrent plus.

Ce manége dura trois semaines; au bout de trois semaines, le jeune chevalier savait son serpent par cœur. Alors, il demanda au grand maître un congé de six mois, et, l'ayant obtenu, il s'en revint en son château de Gozon, qui était situé sur le petit Rhône, en Camargue.

A son retour, chacun lui fit grande fête, et surtout deux magnifiques dogues qu'il avait : c'étaient des chiens de la plus grande race, habitués à tenir les taureaux en arrêt, tandis que l'intendant de Gozon les marquait avec un fer rouge. Gozon, de son côté, leur fit grande fête, car il avait ses vues sur eux, et, comme il craignait qu'ils n'eussent dégénéré en son absence, il les lança sur deux ou trois taureaux qu'ils coiffèrent à la minute.

Le même jour, Gozon, sûr d'avoir en eux deux auxiliaires comme il les lui fallait, se mit à l'œuvre.

Grâce au dessin qu'il avait pris sur les lieux, et enluminé d'après nature, Gozon fit un serpent si parfaitement exact, que c'était la même taille, les mêmes couleurs, le même aspect; alors, à l'aide d'un mécanisme intérieur, il lui donna les mêmes mouvements; puis, son automate achevé, il commença l'éducation de son cheval et de ses chiens.

La première fois qu'ils virent le monstre, tout artificiel qu'il était, le cheval se cabra et les chiens s'enfuirent. Le lendemain, chevaux et chiens furent moins effrayés; cependant ni les uns ni les autres ne voulurent approcher de l'animal. Le surlendemain, le cheval vint à la distance de cinquante pas du monstre, et les chiens lui montrèrent les dents. Huit jours après, le cheval foulait le serpent sous ses pieds, et les deux dogues donnaient dessus comme sur le taureau.

Cependant Gozon les exerça deux mois encore, habituant ses chiens à faire leur prise sous le ventre, car il avait remarqué que, sous le ventre, le serpent n'avait pas d'écailles. A cet effet, il mettait de la chair fraîche dans l'estomac de son automate, et les chiens, qui savaient que leur déjeuner les attendait là, allaient le chercher jusqu'au fond de ses entrailles. Au bout de deux mois, il n'avait plus rien à leur apprendre; d'ailleurs, si bien raccommodé qu'il fût tous les jours, le monstre commençait à s'en aller par morceaux.

Le chevalier partit pour Rhodes, où, après une traversée d'un mois, il aborda heureusement. Il y avait un peu moins de six mois qu'il en était parti.

En mettant le pied dans le port, il demanda des nouvelles du monstre. Le monstre se portait à merveille; seulement, comme de jour en jour les troupeaux et le gibier devenaient plus rares, il étendait maintenant ses excursions jusque sous les murs de la ville. Le grand maître Hélion de Villeneuve avait ordonné des prières de quarante heures. Mais les prières de quarante heures n'y faisaient pas plus que si elles eussent été de simples *Ave Maria* ; de sorte que l'île de Rhodes était dans la désolation la plus profonde.

Le chevalier, monté sur son cheval et suivi de ses deux dogues, s'en alla droit à l'église, où il fit ses dévotions, et où il resta en prières depuis sept heures du matin jusqu'à midi, laissant ses chiens sans manger, et donnant au contraire force avoine à son cheval; puis, à midi, c'est-à-dire à l'heure où le monstre avait l'habitude de faire sa sieste, il sortit de la ville et se dirigea vers le marais, suivi de ses chiens, qui hurlaient lamentablement, tant ils enrageaient de faim.

Mais, comme je l'ai dit, le monstre s'était fort rapproché de la ville; de sorte que le chevalier eut à peine fait un mille hors des portes, qu'il le vit bayant au soleil et attendant une proie quelconque. Aussi, à peine de son côté le monstre eut-il vu le chevalier, qu'il releva la tête en sifflant, battit des ailes et s'avança rapidement contre lui.

Mais la proie sur laquelle il comptait était de difficile digestion, car à peine les deux dogues l'eurent-ils vu qu'ils crurent que c'était leur serpent de carton, et que, se souvenant qu'il avait leur déjeuner dans le ventre, au lieu de fuir, ils se jetèrent sur lui et l'attaquèrent avec acharnement. De leur côté, le cheval et le chevalier faisaient de leur mieux, l'un ruant des quatre pieds, l'autre frappant des deux mains; de sorte que le malheureux serpent, qui ne s'était jamais vu en pareille aventure, voulut fuir vers sa caverne; mais il était condamné; un coup d'estoc du chevalier le jeta sur le flanc, en même temps qu'un coup de pied du cheval lui brisait l'aile, et que les deux dogues lui fouillaient l'un l'estomac pour lui manger le cœur, et l'autre les entrailles pour lui manger le foie. En même temps, les habitants de la ville, qui étaient montés sur les remparts, et qui, d'où ils étaient, voyaient le combat, battirent des mains à l'agonie du monstre. Les applaudissements encouragèrent le chevalier, qui sauta à terre, coupa la tête du serpent, et, l'ayant attachée en guise de trophée à l'arçon de son cheval, rentra dans la ville de Rhodes, triomphant comme le jeune David, et fut reconduit au palais des chevaliers, accompagné de toute la population. Ses deux chiens le suivaient en se léchant le museau.

Mais, arrivé à la commanderie, il trouva le grand maître Hélion de Villeneuve qui l'attendait, et qui, au lieu de le féliciter sur son courage, lui rappela l'ordonnance qu'il avait rendue, et qui défendait à aucun chevalier de Saint-Jean de se mesurer contre le monstre; puis, en vertu de cette ordonnance à laquelle le chevalier avait si heureusement contrevenu, il l'envoya en prison en disant que mieux valait que tous les troupeaux et la moitié des habitants de l'île fussent mangés qu'un seul chevalier de l'ordre manquât à la discipline. En conséquence de cet axiome, dont les Rhodiens contestaient la vérité, mais dont le chevalier fut obligé de subir l'application, le grand maître envoya Gozon au cachot, assembla le conseil, qui, séance tenante, condamna le vainqueur à la dégradation; mais, comme on le comprend bien, à peine le jugement fut-il rendu, que la grâce ne se fit point attendre. Gozon fut réhabilité, réintégré dans son titre et comblé d'honneur; puis, quelques mois après, Hélion de Villeneuve étant mort, il fut élu grand maître à sa place. Ce fut à compter de ce moment que Gozon prit pour armes un dragon, armes qui furent conservées par sa famille jusqu'au commencement du xviie siècle, époque à laquelle cette famille s'éteignit.

Quant au cheval et aux deux dogues, ils furent nourris tout le temps de leur vie aux frais de la commune de Rhodes et empaillés après leur mort.

Voilà pour la Camargue; maintenant passons à la Crau.

La Crau est la plaine où eut lieu la lutte d'Hercule avec les peuples qu'il voulait civiliser, lutte dans laquelle le vainqueur de l'hydre était tout près de succomber, lorsque Jupiter vint à son secours en faisant pleuvoir sur les assaillants une telle grêle de pierres, qu'aujourd'hui encore, c'est-à-dire quatre mille ans après le combat, la plaine provençale s'appelle la Crau, du mot celtique *craïg*, qui signifie caillou, ou, disent d'autres savants, car les savants disent toujours deux choses, du verbe *kradro*, qui veut dire *je crie*, et qui imite le grincement d'un pas ferré glissant sur les pierres dures. Quoi qu'il en soit, il est de fait que le sol est entièrement couvert de ces cailloux si rares en Camargue; mais aussi faut-il dire qu'entre les cailloux, pousse, excitée par les sels marins que le vent lui apporte, une herbe si fine et si savoureuse, que les pâturages peuvent le disputer aux prés salés de la Normandie: aussi les pâturages, dont, au premier coup d'œil, un métayer de la Beauce ou de la Champagne ne voudrait pas pour cinquante francs l'arpent, sont-ils des propriétés d'un revenu d'autant plus sûr, qu'il n'y a pas d'avances à faire, que le gazon de la Crau ne craint ni grêle ni gelée. Comme dans le paradis terrestre, l'herbe y pousse toute seule; il n'y a qu'à la laisser pousser.

Au reste, c'est quelque chose d'étrange à la vue que cette vaste plaine qui a ses mirages et ses ouragans comme le désert : c'est là que ce bon mistral, avec lequel nous avions fait connaissance à Avignon, a établi sa résidence. Comme rien ne s'oppose à ses rafales, il s'y déploie dans toute sa majesté ; aussi, à ses premières haleines, troupeaux, chiens et bergers, qui connaissent leur ennemi, se hâtent-ils de se rapprocher, de se serrer les uns contre les autres, et d'opposer une masse compacte à toutes ses attaques. Alors, le mistral gémit, siffle, rugit, éclate ; tantôt il parcourt la Crau sous la forme d'un tourbillon, et alors les pierres s'élèvent en tournoyant comme une trombe ; tantôt il s'élance en rafales étroites, et alors il chasse les pierres devant lui comme des feuilles ; tantôt enfin il rase la terre comme une vaste herse de bronze, et alors, s'il trouve isolés moutons, bergers ou cabanes, il les emporte, les roule, les meurtrit, les brise, les anéantit : on dirait que dans sa course il les dévore, car on ne retrouve pas même, lorsqu'il est rentré dans ses montagnes, les débris des choses que sa colère a enveloppées en passant dans les plis de son terrible manteau.

Aussi, chez les anciens, le mistral passait-il pour un dieu, et Sénèque, qui en énumère les salutaires influences, raconte-t-il qu'Auguste lui éleva un temple.

Au reste, il était pour le moment sans doute retiré dans ses cavernes du mont Ventoux, car nous traversâmes toute la Crau sans en entendre parler. Vers les deux heures de l'après-midi, notre coche s'arrêta ; nous descendîmes à terre, et, comme nous demandions dans quel but on nous avait déposés là, notre patron nous répondit que nous étions arrivés à la ville de Bouc.

Nous regardâmes autour de nous, et nous vîmes trois maisons; deux étaient fermées et une ouverte. Nous nous acheminâmes vers celle qui était ouverte, et nous la trouvâmes habitée par un aubergiste qui jouait tout seul au billard; sa main droite avait fait défi à sa main gauche et était en train de la peloter, quoiqu'elle lui rendît six points.

Nous demandâmes à ce brave homme s'il y aurait moyen d'avoir à dîner: il nous répondit que rien n'était plus facile, pourvu que nous eussions la complaisance d'attendre une heure. Nous lui demandâmes ce que nous pourrions faire pendant ce temps-là. Il nous répondit que nous pourrions visiter la ville.

— Quelle ville? demandai-je.

— La ville de Bouc, répondit l'aubergiste.

Je crus que j'avais passé près d'elle sans la voir; je retournai sur le seuil de la porte, je regardai tout autour de moi: il n'y avait que les deux maisons fermées, et, aussi loin que la vue pouvait s'étendre, pas le plus petit monticule derrière lequel pût se cacher, non pas une ville, mais un plan en relief. Je rentrai, et trouvai Jadin qui lisait un papier imprimé collé contre le mur.

— Il faut, lui dis-je, que Bouc soit quelque ville souterraine, comme Herculanum, ou cachée dans la cendre comme Pompéi, car je n'en ai pas aperçu de vestige.

— Eh bien, je l'ai découverte, moi, me dit Jadin.

— Et où est-elle?

— La voilà, me dit-il.

Et il me montra du doigt l'imprimé.

Je m'approchai et je lus :

« Napoléon, par la grâce de Dieu, empereur des Français, roi d'Italie, etc., etc. ;

» Avons ordonné et ordonnons ce qui suit :

» Il sera élevé une ville et creusé un port entre la ville d'Arles et le village des Martigues. Cette ville et le port s'appelleront la ville et le port de Bouc.

» Notre ministre des travaux publics est chargé de l'exécution de la présente ordonnance.

» Donné en notre château des Tuileries, le 24 juillet 1811.

» Signé : NAPOLÉON. »

Au-dessous de l'ordonnance était le plan.

— Voilà, me dit Jadin.

Et, en effet, dans un de ces rares moments de repos que lui donnait la paix, Napoléon avait reporté ses yeux de la carte d'Europe sur la carte de France, et, posant le doigt sur les bords de la Méditerranée entre la Crau et la Camargue, à six lieues d'Arles et à dix lieues de Marseille, il avait dit :

— Il faudrait là une ville et un port.

Aussitôt sa pensée, recueillie au vol, avait pris un corps, et s'était représentée à lui, le lendemain, sous la forme d'une ordonnance au bas de laquelle il avait mis son nom.

Alors, on avait fait un plan et envoyé des ingénieurs. Puis la campagne de Russie était venue, suivie des désastres de Moscou, et, comme on manquait d'hommes, attendu la grande consommation qu'en avait fait l'hiver, les ingénieurs furent rappelés : ils avaient eu le temps de creuser un canal et de tracer le plan de la ville; puis un spéculateur précoce avait bâti trois maisons, dont deux étaient fermées faute de locataires, et dont la troisième, transformée en auberge, était habitée par notre hôte.

C'était cette ville qui n'existait pas qu'il nous avait offert de visiter.

J'eus un instant de terreur; l'idée m'était venue que le dîner pourrait bien être aussi fanstatique que la ville. Je ne fis qu'un saut de la chambre à la cuisine : la broche tournait et les casseroles étaient sur le fourneau. Je m'approchai de l'un et de l'autre, pour m'assurer si ce n'était pas le fantôme d'un gigot et l'ombre d'une perdrix que j'avais devant les yeux : cette fois, c'était bien une réalité.

— Ah! ah! c'est vous, me dit l'hôte en remontant le tournebroche; patience, patience! Faites un tour dans la grande rue, je vous rejoins en face du théâtre.

Je crus qu'il était fou; mais, comme j'ai autant de respect pour les insensés que de mépris pour les imbéciles, je pris Jadin par le bras et nous sortîmes cherchant la grande rue. Nous ne fûmes pas longtemps à la trouver. A quelques pas de la maison, il y avait une perche, au bout de cette perche un écriteau, et sur cet écriteau : *Grande-Rue* ou *Rue du Port*; nous y étions.

Nous nous y engageâmes. Au bout de cent pas, nous trouvâmes un autre écriteau sur lequel il y avait : *Théâtre de Sa Majesté l'impératrice Marie-Louise*. Nous nous arrêtâmes ; c'était là, selon toutes les probabilités, que nous avait donné rendez-vous notre aubergiste.

En effet, cinq minutes après, nous le vîmes paraître.

Le brave homme fut d'une complaisance merveilleuse : je n'ai jamais vu cicérone plus érudit. Pendant deux heures, il nous promena dans les quatre coins de la ville, et nous fit tout voir, depuis les abattoirs jusqu'au jardin des plantes, nous indiquant chaque bâtiment dans ses moindres détails et ne nous faisant pas grâce d'une fontaine. Heureusement, j'avais pris mon fusil, si bien que, tout en parcourant la ville, je tuai une couple de cailles à la Bourse et un lièvre à la Douane.

C'est une ville magnifique que Bouc ; seulement, elle a le malheur contraire à celui du cheval de Roland : le cheval de Roland n'avait qu'un seul vice, celui d'être mort ; la ville de Bouc n'a qu'un seul défaut, celui de ne pas être née. A cela près, il n'y a pas un reproche à lui faire ; je dirai même plus, c'est qu'on y dîne mieux que dans beaucoup d'autres villes qui, pour la désolation des voyageurs, ont le malheur d'exister.

XXVII

LÉ MARTIGAO

A mon premier coup de fusil, notre cicérone m'avait fait observer qu'il y avait un règlement de police qui défendait de chasser dans l'intérieur des villes ; mais, comme, nonobstant l'avis, cinq minutes après j'avais redoublé, il n'avait pas cru devoir insister davantage ; seulement, d'après les résultats, il avait remarqué que j'étais assez bon tireur, et s'était promis de faire tourner à son profit la preuve d'adresse que j'avais eu l'imprudence de lui donner.

Aussi, quand nous demandâmes notre compte, après avoir dévoré le dîner, à l'exception d'un certain plat dans lequel nous n'avions pas pu mordre, et que nous avions passé à Milord, lequel, à son tour, après quelques efforts impuissants, y avait renoncé :

— Ces messieurs sont chasseurs? dit notre hôte.

— Mais comme vous avez pu le voir, répondis-je.

— Si ces messieurs voulaient me faire l'honneur de coucher chez moi, je leur offrirais pour demain matin une chasse comme ils n'en ont jamais vu.

— Diable! fis-je.

— Farceur ! dit Jadin.

— Non, messieurs, c'est comme j'ai l'honneur de vous le dire.

— Quelle est cette chasse? demandai-je.

— Une chasse aux macreuses, sur les étangs de Berre.

— Et la macreuse elle-même, qu'est-ce que c'est que cela ?

— C'est l'oiseau que je vous ai servi en salmis.

— Et dont Milord n'a pas voulu manger; c'est un joli animal que la macreuse !

— Ces messieurs savent qu'on ne chasse pas pour le gibier lui-même, mais pour le plaisir de le tuer.

— C'est juste, répondis-je. Eh bien, après?

— Eh bien, demain, il y a grande chasse aux Martigues. En partant d'ici à six heures du matin, ces messieurs arriveront à temps pour s'embarquer. Je leur donnerai une lettre pour mon cousin, qui est adjoint de la ville de Berre.

— Un autre floueur comme toi, dit Jadin.

— Plaît-il? demanda l'aubergiste, qui avait entendu, mais qui n'avait pas compris.

— Rien, repris-je. Et vous dites donc?

— Eh bien, monsieur, je dis que, quand vous repasserez par la ville de Bouc, vous me donnerez des nouvelles de votre chasse.

— Il tient à sa ville, dit Jadin.

— Mais que ferons-nous, d'ici à ce soir?

— Monsieur n'est-il pas artiste? demanda l'aubergiste en saluant agréablement Jadin.

— Pour vous servir, mon brave homme.

— Eh bien, monsieur, d'ici à ce soir, pourra faire une vue du port.

— Tiens! au fait, dis-je à Jadin, voilà notre besogne toute tracée. Moi, je mettrai mes notes au courant, et, comme il faut que nous partions demain à cinq heures, nous nous coucherons de bonne heure.

— Comme vous voudrez, dit Jadin; mais je vous préviens que nous sommes dans un coupe-gorge.

— Eh bien, c'est convenu, nous restons, dis-je à l'aubergiste. Allez faire votre lettre et couvrez nos lits.

Malgré la prédiction de Jadin, la nuit se passa sans accident. A cinq heures du matin, notre hôte nous réveilla.

— Eh bien, notre lettre? lui demandai-je.

— Ma foi, monsieur, dit l'aubergiste, j'ai réfléchi que ce n'était pas aujourd'hui jour de coche, et que, par conséquent. il ne passerait probablement pas de voyageurs dans la ville de Bouc. J'ai fait mettre le cheval à la voiture, j'ai décroché mon fusil, et, si ces messieurs ne me jugent pas indigne de leur société et veulent permettre que je les conduise, je leur offrirai deux places dans la voiture : ils arriveront aux Martigues plus frais et plus dispos que s'ils avaient fait la route à pied.

— Eh! eh! fis-je.

— Mon brave homme, dit Jadin en s'approchant de l'aubergiste, je vous dois une réparation pour vous avoir mal jugé. Donnez-moi une prise.

— Et faites tirer une bouteille de vin de Cahors, ajoutai-je.

L'hôte offrit une prise à Jadin et s'en alla tirer la bouteille demandée.

— Eh bien, que dites-vous de notre hôte? demandai-je à Jadin.

— Mais je le porte dans mon cœur, lui et sa ville.

Dix minutes après, nous roulions sur la route des Martigues, où nous arrivâmes au point du jour.

Je n'ai jamais vu d'aspect plus original que celui de cette petite ville, placée entre l'étang de Berre et le canal de Bouc, et bâtie non pas au bord de la mer, mais dans la mer. Martigues est à Venise ce qu'est une charmante paysanne à une grande dame; mais il n'eût fallu qu'un caprice de roi pour faire de la villageoise une reine.

Martigues fut, assure-t on, bâti par Marius. Le général romain, en l'honneur de la prophétesse Martha, qui le suivait comme chacun sait, lui donna le nom qu'elle porte encore aujourd'hui. L'étymologie peut n'être point fort exacte; mais, comme on le sait, l'étymologie est, de toutes les serres chaudes, celle qui fait éclore les plus étranges fleurs.

Ce qui frappe d'abord dans Martigues, c'est sa physionomie joyeuse; ce sont ses rues, toutes coupées de canaux et jonchées de cyathées et d'algues aux senteurs marines; ce sont ses carrefours, où il y a des barques comme autre part il y a des charrettes. Puis, de pas en pas, des squelettes de navire surgissent; le goudron bout, les filets sèchent. C'est un vaste bateau où tout le monde pêche, les hommes au filet, les femmes à la ligne, les enfants à la main; on pêche dans les rues, on pêche de dessus les ponts, on pêche par les fenêtres, et le poisson, toujours renouvelé et toujours stupide, se laisse prendre ainsi au même endroit et par les mêmes moyens depuis deux mille ans.

Et cependant, ce qui est bien humiliant pour les poissons, c'est que la simplicité des habitants de Martigues est telle, que, dans le patois provençal, leur nom *lé Martigao* est proverbial. *Lé Martigao* sont les Champenois de la Provence; et, comme, malheureusement, il ne leur est pas né le moindre la Fontaine, ils ont conservé leur réputation première dans toute sa pureté.

C'est un Martigao, ce paysan qui, voulant couper une

branche d'arbre, prend sa serpe, monte à l'arbre, s'assied sur la branche, et la coupe entre lui et le tronc.

C'est un Martigao qui, entrant dans une maison de Marseille, voit pour la première fois un perroquet, s'approche et lui parle familièrement comme on parle en général à un volatile.

— S... cochon, répond le perroquet avec sa grosse voix de mousquetaire aviné.

— Mille pardons, monsieur, dit le Martigao en ôtant son bonnet; je vous avais pris pour un oiseau.

Ce sont trois députés martigaos qui, envoyés à Aix pour présenter une requête au parlement, se font indiquer, aussitôt leur arrivée, la demeure du premier président et sont introduits dans l'hôtel. Conduits par un huissier, ils traversent quelques pièces dont le luxe les émerveille; l'huissier les laisse dans le cabinet qui précède la salle d'audience, et, étendant la main vers la porte, il leur dit : « Entrez, » et se retire. Mais la porte que leur avait montrée l'huissier était fermée hermétiquement par une lourde tapisserie, ainsi que c'était la coutume de l'époque; de sorte que les pauvres députés, ne voyant, entre les larges plis de la portière, ni clef, ni bouton, ni issue, s'arrêtèrent très-embarrassés, et ne sachant comment faire pour passer outre. Ils tinrent alors conseil, et, au bout d'un instant, le plus avisé des trois dit :

— Attendons que quelqu'un entre ou sorte, et nous ferons comme il fera.

L'avis parut bon, fut adopté, et les députés attendirent.

Le premier qui vint fut le chien du président, qui passa sans façon par-dessous le rideau.

Les trois députés se mirent aussitôt à quatre pattes, passèrent à l'instar du chien, et, comme leur requête leur fut accordée, leurs concitoyens ne doutèrent pas un instant que ce ne fût à la manière convenable dont ils l'avaient présentée, plus encore qu'à la justice de la demande, qu'ils devaient leur prompt et entier succès.

Il y a encore une foule d'autres histoires non moins intéressantes que les précédentes; par exemple, celle d'un Martigao qui, après avoir étudié le mécanisme d'une paire de mouchettes, afin de se rendre compte de l'utilité de ce petit ustensile, mouche la chandelle avec ses doigts et dépose proprement la mouchure sur le récipient; mais je craindrais que quelques-unes de ces charmantes anecdotes ne perdissent beaucoup de leur valeur par l'exportation.

Tant il y a que, sur les lieux, elles ont une vogue charmante, et que, depuis l'époque de sa fondation, qui remonte, comme nous l'avons dit, à Marius, Martigues défraye d'histoires et de coq-à-l'âne toutes les villes, libéralité dont, à ce que m'assurait notre aubergiste, elle commence tant soit peu à se lasser.

Martigues a pourtant fourni un saint au calendrier : ce saint est le bienheureux Gérard Tenque, de son vivant épicier dans la ville de Marius. Étant allé pour son commerce à Jérusalem, il fut indigné des mauvais traitements que les pélerins éprouvaient dans les saints lieux; dès lors, il résolut de se dévouer au soulagement de ces pieux voyageurs, après avoir fait à la chrétienté le sacrifice de sa boutique, qui, comme on le voit par le voyage que Gérard avait entrepris, devait avoir une certaine importance. En conséquence, il céda son fonds, réalisa son bien; puis, faisant, de l'argent que lui rapporta cette double vente, une masse première, il se mit immédiatement en mesure de doubler et de tripler cette masse en allant quêter pour les pauvres, le bourdon à la main, auprès des négociants d'Alexandrie, du Caire, de Jaffa, de Beyrouth et de Damas, avec lesquels il était en relations d'affaires. Dieu bénit son intention et permit qu'elle eût le saint résultat que Gérard s'était proposé. En effet, sa quête ayant été plus abondante qu'il ne l'espérait lui-même, Gérard Tenque fit construire un hospice destiné à recueillir et à héberger tous les chrétiens que leur dévotion pour les saints lieux attirerait en Judée. La première croisade le surprit au milieu de cette pieuse fondation, à laquelle la conquête de Godefroi de Bouillon donna bientôt une immense importance, et dont les priviléges et les statuts, confirmés par lettres de Rome, devinrent ceux des chevaliers de Saint-Jean de Jérusalem. Ainsi, cet ordre magnifique, qui n'admettait dans ses rangs que des chevaliers de la plus haute noblesse et du plus grand courage, avait eu pour fondateur un pauvre épicier.

Dans le partage des reliques qui s'était fait entre les chrétiens après la prise de Jérusalem, Gérard Tenque avait obtenu, pour sa part, la chemise que portait la sainte Vierge le jour où l'ange Gabriel vint la saluer comme mère du Christ. La relique était d'autant plus précieuse, que, comme preuve d'authenticité, la chemise était marquée d'une M, d'un T et d'une L, ce qui voulait incontestablement dire : « *Marie* de la *tribu* de *Lévy*. »

Après sa mort, Gérard Tenque fut canonisé ; aussi, lorsque l'île de Rhodes fut reprise par les infidèles, les chevaliers, qui ne voulaient pas laisser les saints ossements de leur fondateur entre les mains des infidèles, exhumèrent son cercueil et le transférèrent au château de Manosque, dont la seigneurie appartenait à l'ordre de Malte. Là, le commandeur, qui, pour l'incrédulité, était une espèce de saint Thomas, sachant que la chemise de la Vierge avait été enterrée avec le défunt, fit ouvrir le cercueil, afin de s'assurer de l'identité des reliques qu'on lui donnait en garde : le corps était parfaitement conservé et la chemise était à sa place.

Alors, le commandeur jugea avec beaucoup de sagacité que, puisque le bienheureux Gérard était canonisé, il n'avait pas besoin d'une aussi importante relique que celle qu'il avait accaparée, et qui, après avoir efficacement, sans doute, contribué à son salut, pouvait, non moins efficacement encore, contribuer au salut des autres. Or, comme charité bien ordonnée est de commencer par soi-même, le bon commandeur s'appropria la chemise, qu'il fit mettre dans une très-belle châsse, et qu'il transporta en son château de Calissane en Provence, où elle fit force miracles. Au moment de mourir, à son tour, le commandeur, qui naturellement mourait sans postérité, ne voulut pas exposer une si sainte relique à tomber entre les mains de collatéraux, et la légua à la principale église de la ville murée, la plus proche de son château, attendu qu'un si précieux dépôt ne pouvait pas être confié à une ville ouverte.

On comprend que, lorsque la teneur du testament fut connue, il fit un grand bruit dans les cités avoisinantes; chaque ville envoya ses géomètres, qui mesurèrent, la toise à la main, à quelle distance elle était du château de Calissane. La ville de Berre fut reconnue être celle qui avait les droits les plus incontestables à la sainte relique, et la chemise miraculeuse lui fut adjugée par l'archevêque d'Arles, au grand désespoir de Martigues, qui avait perdu d'une demi-toise.

A partir de ce moment, c'est-à-dire de la moitié du XV° siècle, à peu près, la bienheureuse chemise fut exposée tous les ans, le jour de sainte Marie; mais, à l'époque de la Révolution, elle disparut sans qu'on ait jamais pu savoir ce qu'elle était devenue.

Notre hôte achevait justement cette histoire édifiante comme nous arrivions au bord de l'étang de Berre; nous y trouvâmes, non pas une troupe de chasseurs, non pas une réunion de barques, mais une armée et une flotte

Notre hôte connaissait une partie des chasseurs; il n'eut donc pas besoin de se mettre en quête de son cousin, qui, du reste, au milieu de cette multitude, n'aurait pas été facile à retrouver. Chacun lui fit fête et l'invita à venir dans sa barque; et, comme nous étions avec lui, nous eûmes notre part des invitations; nous suivîmes sa fortune, et, dans le bateau où il entra, nous entrâmes.

C'était, comme je l'ai dit, une véritable flotte. Je comptai quatre-vingts embarcations; quant aux équipages, je ne pus les énumérer qu'approximativement. Notre canot, qui était un des moins chargés, était monté de six hommes. Au milieu du cercle se distinguait par son pavillon la barque amirale, laquelle, au moyen de signaux, correspondait avec les deux barques qui formaient les deux extrémités du croissant : une ligne de chasseurs se prolongeait, en outre, sur le rivage, et des gamins avec des pistolets se tenaient dans l'étang, ayant de l'eau jusqu'au ventre.

Il était d'avance convenu, pour éviter les rixes par lesquelles se terminent presque toujours les parties de plaisir de ce genre, que le gibier serait exactement distribué par chaque bateau. L'amiral, qui était un ancien marin, avait remis une copie de cette décision à chacun des maires assistant à la chasse, et chaque maire l'avait lue à haute voix à ses administrés; tout le monde avait promis de s'y conformer, puis chacun avait pris sa place avec l'intention de n'en rien faire.

Au premier coup d'œil, je compris parfaitement le plan de bataille : la tactique consistant tout bonnement à embrasser l'étang dans toute sa largeur, et à pousser devant soi les macreuses, qui, n'osant passer entre les bateaux, nagent tant qu'elles peuvent nager; mais, à la fin, elles se trouvent acculées au rivage, et, comme les barques continuent d'avancer, force est aux pauvres bêtes de s'enlever et de passer par-dessus la tête des chasseurs. C'est dans ce moment qu'elles essuient le feu, après lequel elles vont s'abattre à l'autre extrémité de l'étang; alors, la même manœuvre recommence jusqu'à ce qu'elle amène le même résultat; et cela dure ainsi tant qu'il reste du jour au ciel, de la force aux rameurs, ou des macreuses sur 'étang.

Au reste, si les pauvres oiseaux, trop tourmentés, prennent un grand parti, s'enlèvent et disparaissent, — ce qui n'arrive jamais qu'après qu'ils ont fait cinq ou six vols d'un bout à l'autre du lac, — cette disposition n'a rien d'inquiétant; on est sûr de les retrouver, le lendemain, sur l'étang de Fos ou de Marignane. En sa qualité d'oiseau aquatique, la macreuse a beaucoup de la stupidité du poisson.

A peine chacun eut-il pris sa place, que l'amiral, à l'aide d'un porte-voix, donna le signal du départ; au même instant, toutes les barques se mirent en mouvement et s'avancèrent avec une régularité parfaite. Cependant, comme, si nombreux que nous fussions, nous ne pouvions pas barrer l'étang dans toute sa largeur, attendu qu'il a près de trois lieues, tout à coup l'amiral cria : « Halte! » Un gros de macreuses s'écartait du cercle et menaçait de nous échapper. Une vingtaine de barques se détachèrent, et, à l'aide d'une manœuvre habile, gagnèrent sur les fuyardes, qu'elles forcèrent de rentrer dans la ligne.

Pendant cette évolution, nous étions restés immobiles, et notre hôte, qui, comme on a pu le voir, était fort lettré, avait profité de notre immobilité pour nous faire remarquer, sur la langue de terre derrière laquelle menaçaient de passer les macreuses, trois rochers d'inégale grosseur qu'on appelle les Trois-Frères ; ce nom leur venait, nous dit-il, de l'anecdote suivante :

Trois fils de fermier, dont le premier était aveugle, le second borgne, et le troisième fort clairvoyant, avaient hérité de leur père toute la récolte qu'on venait de recueillir. Celui des trois frères qui avait ses deux yeux fit trois parts du blé que le défunt avait laissé en héritage ; une grosse part pour lui, une part moyenne pour le borgne, et une toute petite part pour l'aveugle. Mais un tel partage était trop injuste pour que le ciel le permît ; en conséquence, il changea en pierre les trois tas de blé, et ce sont les trois roches que l'on voit, et auxquelles, en commémoration de cet événement miraculeux, on a donné le nom de Trois-Frères.

Nous demandâmes à notre hôte quelle était la moralité de l'apologue, et il allait nous l'expliquer, lorsque, malheureusement pour l'édification de nos lecteurs, le porte-voix de l'amiral se fit entendre, nous ordonnant de continuer notre marche. L'escadre était ralliée ; la manœuvre avait été magnifique. Cela me rappela que Claude Forbin était de Gardanne, et le bailli de Suffren de Saint-Cannat. Selon les probabilités, ils avaient fait tous deux leur premier apprentissage de marin à la chasse des macreuses.

Nous continuâmes donc d'avancer, selon que l'ordre en avait été donné, et, à mesure que nous avancions, nous voyions devant nous s'épaissir les rangs des malheureuses bêtes, si bien qu'il semblait qu'on eût étendu sur la surface de l'étang un immense tapis. Jamais, depuis la fameuse destruction du gibier du Raincy, où l'on tua, entre autres choses, onze mille lapins, je n'avais vu grouiller dans un si petit espace une si grande quantité d'animaux. Bientôt l'étang ne leur offrit plus qu'une surface trop étroite, et la moitié des macreuses se mit à courir sur le dos des autres ; enfin une d'elles se décida à s'envoler, quelques autres la suivirent, puis un grand nombre, puis la masse tout entière, qui s'avança vers nous avec un bruit effrayant, et qui, au bout d'un instant, passa comme un nuage au-dessus de notre tête.

Alors, deux mille coups de fusil partirent presque en même temps, et une pluie de macreuses littéralement tomba du ciel.

Jamais je n'avais vu un spectacle pareil : cela me rappela le fameux passage des pigeons de Bas-de-Cuir. L'étang était jonché de morts et de mourants que chacun tirait à soi. Comme on avait dit que le gibier devait être partagé en portions égales, chacun en fourrait dans ses poches, dans son pantalon, dans ses manches. Notre hôte avait l'air d'un sac de noix.

A quatre pas de nous, un bateau chavira. Cet accident vait été causé par une lutte : la lutte continua dans l'eau. Je m'aperçus alors que cette chasse était excellente, non pas pour les plus adroits, mais pour les plus alertes, et que le gibier appartenait non pas à ceux qui en tuent davantage, mais à ceux qui en ramassent le plus.

A l'extrémité de la ligne, deux bateaux se fusillaient ; quelques grains de plomb perdus vinrent jusqu'à notre barque ; les autres avaient été interceptés par ceux qui se trouvaient entre nous et les combattants. Les uns se frottaient le derrière, les autres secouaient les doigts, tous juraient comme des damnés: les macreuses était vengées.

Les maires mirent leur écharpe tricolore; les gendarmes, échelonnés sur les deux bords de l'étang, tirèrent leur sabre; l'amiral cria : « Bas les armes! » avec son plus gros porte-voix; mais, tant qu'il resta un seul cadavre de macreuse sur la surface de l'étang, il n'y eut pas moyen d'arrêter le désordre. Quant à moi, j'avais ostensiblement coulé deux balles dans mon fusil, et déclaré que je rendrais en gros ce qu'on m'enverrait en détail.

Enfin il en fut pour nous à peu près comme il en avait été pour le Cid : le combat finit, non pas faute de combattants, mais faute de morts. Sans compter celles qu'on ne voyait pas, chaque bateau pouvait contenir l'un dans l'autre, de vingt à vingt-cinq macreuses.

Alors, on reprit son rang, on fit volte-face, et on s'avança, avec un acharnement que la chaleur du combat avait redoublé, vers les fugitives, qui étaient allées se remettre à l'autre bout de l'étang. Mais, cette fois, malgré tous les efforts de la barque amirale, chacun rama pour son compte, et, malgré les cris des retardataires, les plus robustes arrivèrent les premiers; la boucherie recommença aussitôt, et, pour être moins en règle que la précédente, elle ne fu pas moins meurtrière.

Cela dura ainsi depuis sept heures du matin jusqu'à trois heures de l'après-midi. Nous avions des macreuses jusqu'aux genoux; Milord avait disparu sous une couche de volatiles, comme Tarpéia sous les boucliers des Sabins.

Nous débarquâmes, horriblement fatigués de notre expédition navale. Nos compagnons de bateau nous offrirent alors, on ne peut plus courtoisement, de prendre notre part de la masse commune, à laquelle nous avions, au reste, honorablement contribué; mais l'essai que nous avions fait la veille nous avait dégoûtés à tout jamais de la macreuse. Nous fîmes donc généreusement l'abandon de notre part à notre hôte, en plaignant les malheureux voyageurs qui s'arrêteraient pendant la semaine dans la ville de Bouc. Cependant, comme nos compagnons insistaient, et que nous craignions qu'ils ne tinssent notre refus à mépris, Jadin choisit parmi les cadavres un de ceux qui avaient le moins souffert pour en faire une de ces natures mortes qu'il peint si admirablement.

Puis, comme en ce moment la voiture de Marseille passait, nous montâmes, Jadin, Milord, la macreuse et moi, dans le coupé, qui heureusement était vide.

A neuf heures du soir, notre voiture nous descendit à l'hôtel des *Ambassadeurs*.

XXVIII

MARSEILLE ANTIQUE

En arrivant, mon premier soin avait été d'écrire à Méry; aussi, le lendemain, à sept heures du matin, fus-je éveillé par lui.

Mes lecteurs connaissent Méry, ou par ses ouvrages ou

de sa personne. Ceux qui ne le connaissent que littérairement l'aiment pour ses ouvrages, ceux qui le connaissent personnellement l'aiment pour ses ouvrages et pour lui-même.

C'est que Méry est une de ces créatures à part que Dieu a faites en souriant, et dans lesquelles il a mis tout ce qu'il y a de bon, d'élevé et de spirituel dans les autres hommes. Méry, c'est un cœur d'ange, c'est une tête de poëte, c'est un esprit de démon.

Il y a vingt ans que Méry a pris une plume pour la première fois. Que quelqu'un se lève et dise : « J'ai à me plaindre de cette plume. » Aussi Méry, avec autant de talent que qui que ce soit, avec plus d'esprit que quiconque je connaisse, n'a pas un ennemi dans le monde, même parmi les sots. C'est miraculeux !

C'est qu'avec le droit de prendre une si grande place, il se contente d'une si petite ! Un coin au soleil de Provence, la tête à l'ombre d'un pin, les pieds au bord de la mer, un manteau sur les épaules, hiver comme été, c'est tout ce qu'il lui faut.

Aussi, quelle quiétude d'âme ! quelle sérénité d'esprit ! quelle bienveillance de cœur ! C'est le philosophe antique avec la foi du chrétien.

D'ailleurs, pourquoi Méry ne croirait-il pas et n'espérerait-il pas ? Y a-t-il quelqu'un qui ait cru en lui, qui ait espéré en lui, et qui ait été trompé ?

Avec quelle joie nous nous revîmes ! car, si je l'aime beaucoup, je crois que, de son côté, il m'aime un peu.

Cependant mon pauvre Méry était tant soit peu embarrassé; il n'ignorait pas que je faisais un voyage pittoresque, et il ne savait que me montrer à Marseille.

En effet, Marseille, ville ionienne, contemporaine de Tyr et de Sidon, toute parfumée des fêtes de Diane, tout émue des récits de Pythéas; Marseille, cité romaine, amie de Pompée, ennemie de César, toute fiévreuse de la guerre civile et toute fière de la place que lui a donnée Lucain; Marseille, commune gothique, avec ses saints, ses évêques, avec les fronts rasés de ses moines et les fronts chaperonnés de ses consuls; Marseille, fille des Phocéens, émule d'Athènes, sœur de Rome, comme elle le dit elle-même dans l'inscription dont elle se ceint la tête; Marseille n'a rien ou presque rien gardé de ses différents âges.

Elle avait un ancien souvenir qui était pour elle presque une chose sainte : c'était, rue des Grands-Carmes, n° 54, une maison qu'avait habitée Milon, l'assassin de Clodius, exilé à Marseille malgré la défense de Cicéron. Cette maison conservait, en commémoration de cet événement, au-dessus de la porte, un buste que le peuple dans son ignorance appelait *le saint de pierre*, et qui est relégué aujourd'hui dans le coin de je ne sais quel grenier.

Voici l'histoire du personnage que représentait ce buste.

L'an 700 de la fondation de Rome, Clodius demandait la préture.

Clodius était le même qui, quelques années auparavant, s'était introduit dans la maison de César, tandis que Pompéia, sa femme, célébrait les mystères de la Bonne Déesse, et qui, reconnu sous les habits féminins dont il s'était couvert, avait été dénoncé par Aurélie.

II.

C'était une accusation qui entraînait tout bonnement la peine de mort; mais Clodius était riche : il venait d'acheter une maison quatre millions huit cent mille sesterces, et il n'y a pas de peine de mort pour un homme qui peut payer une maison trois millions trente-sept mille huit cent trente-trois francs.

Clodius acheta des témoins. Un chevalier, nommé Cassinius Schola, déposa qu'il était avec lui à Intéramne, tandis qu'Aurélie prétendait l'avoir vu à Rome.

Clodius acheta les juges; mais, comme les juges pouvaient prendre l'argent et condamner tout de même, ce qui s'était vu, il leur fit remettre des tablettes de cire de différentes couleurs, afin qu'il sût bien ceux qui avaient mis l'*absolvo* et ceux qui avait mis le *condemno*.

Clodius fut renvoyé de la plainte; ce qui n'empêcha point César de répudier sa femme, en disant que la femme de César ne devait pas même être soupçonnée. Pauvre César!

Donc, Clodius demandait la préture. On voit qu'il avait des antécédents qui plaidaient pour lui.

En même temps, Annius Milon demandait le consulat; et, comme, fort riche aussi de son côté, il avait des chances pour l'obtenir, cela gênait fort Clodius, qui sentait très-bien que sa préture serait nulle si Milon était consul. J'ai oublié de dire qu'il y avait une vieille haine entre Clodius et Milon : Clodius avait fait exiler Cicéron, Milon l'avait fait revenir de l'exil. Aussi Clodius poussait-il au consulat Plautius Hypsæus et Métellus Scipion. Des deux côtés, l'argent avait été semé à pleines mains; mais, comme Milon avait pour lui les honnêtes gens et que Clodius avait pour lui la canaille, toutes les chances, comme on le voit, étaient pour Plautius Hypsæus et Métellus Scipion.

Sur ces entrefaites, Milon se décida à se rendre à la ville de Lanuvium, où il avait à élire un flamine. Le 13 des calendes de février, vers les deux heures de l'après-midi, il se dirigea donc vers la porte Appienne ; car Lanuvium était située à la droite de la route de Naples, près de la colline de Mars ; et, comme, pour quiconque avait un concurrent, les routes n'étaient pas sûres aux environs de Rome, il se fit accompagner d'une centaine d'esclaves, qu'il mit encore, pour plus grande sûreté, sous les ordres d'Eudamus et de Birria, qui étaient deux fameux gladiateurs. Or, les gladiateurs, c'étaient les sbires de ce temps-là. Quant à Milon, il était dans son char avec sa femme Fausta et son ami Marcus Fufius.

On marchait depuis une heure et demie, à peu près, sans que rien fût arrivé encore, lorsqu'en approchant d'Albano, on aperçut une autre troupe d'une trentaine de personnes qui se tenait sur un des côtés de la route, tandis qu'un homme à cheval, qui paraissait être le maître, était descendu de la voie Appia, et causait près d'un petit temple de la Bonne Déesse avec les décurions des Ariciens ; trois hommes qui paraissaient de sa suite formaient un groupe séparé. L'homme à cheval était Claudius, qui revenait d'Aricie, où il avait grand nombre de clients. Les trois hommes formant un groupe séparé étaient ce même Cassinius Schola qui avait déposé pour lui dans l'affaire de

Pompéia, et Pomponius et Clodius, son neveu, deux plébéiens, deux hommes nouveaux, quelque chose comme nos agents de change; les autres étaient des esclaves.

Les deux troupes se croisèrent; Milon et Clodius échangèrent un regard de haine. Cependant tous deux se continrent, et Milon était déjà à cinquante pas en avant, à peu près, lorsque Birria, qui marchait le dernier, tout en causant avec Eudamus et en jouant du bâton à deux bouts avec son javelot, atteignit du bois de son arme un esclave de Clodius qui n'avait pas jugé à propos de lui faire place. L'esclave tira son épée en appelant ses camarades à son secours. Eudamus et Birria, de leur côté, crièrent aux armes; Clodius s'avança insolemment pour châtier celui qui avait osé frapper un homme qui lui appartenait. Mais, au moment où il tirait son épée, Birria le prévint en lui traversant l'épaule d'un coup de javelot. Clodius tomba, et on l'emporta dans une taverne qui était près de la route.

Au bruit qu'il avait entendu derrière lui, Milon avait arrêté son char, et se retournait pour demander ce qui était arrivé, lorsqu'il vit accourir, tout effaré, Fusténus, le chef de ses esclaves.

— Qu'y a-t-il? demanda Milon.

— Il y a, répondit Fusténus, que je crois que Birria vient de tuer Clodius.

— Par Jupiter! dit Milon, ce sont de ces choses dont il faut être sûr. Retourne t'assurer de ce qu'il en est, et reviens me dire qu'il est mort.

Fusténus repartit tout courant.

— Le maître ordonne qu'on l'achève, dit-il à Eudamus et à Birria.

Comme on le voit, Fusténus était un homme précieux et qui comprenait à demi-mot. Eudamus et Birria, de leur côté, ne se le firent pas dire deux fois; ils s'élancèrent avec toute la troupe qu'ils commandaient vers la taverne où l'on avait porté Clodius. Les esclaves de celui-ci voulurent le défendre; mais ils étaient trop inférieurs en nombre: onze se firent tuer; il est vrai que c'était pour eux une manière d'être libres; les autres se sauvèrent.

Clodius fut arraché du lit où il était couché, et reçut deux autres blessures, toutes deux mortelles; puis on le traîna mourant sur la grande route, où on l'acheva; puis Fusténus lui arracha son anneau, qu'il apporta à Milon, en lui disant:

— Cette fois-ci, maître, il est bien mort.

Et, satisfait de cette assurance, Milon continua sa route sans s'inquiéter autrement du cadavre.

Le sénateur Lentius Tédius, qui revenait de Rome, le trouva, le reconnut, le fit mettre dans sa litière et revint à la ville à pied; puis il le fit porter à sa belle maison du mont Palatin, la même que, quelque temps auparavant, comme nous l'avons dit, Clodius avait achetée près de cinq millions de sesterces. En un instant la nouvelle de son assassinat se répandit, et le peuple, guidé par les cris de Fulvie, sa femme, qui, penchée sur le corps tout sanglant, s'arrachait d'une main les cheveux, et de l'autre montrait les blessures de son mari à la foule accourue de tous les coins de Rome au mont Palatin.

La nuit se passa ainsi, la foule augmentant sans cesse, et, vers le matin, elle devint si considérable, que plusieurs personnes furent étouffées. En ce moment, deux tribuns du peuple arrivèrent : c'étaient Munitius Plaucus et Pomponius Rufus. A leur vue, les vociférations contre le meurtrier redoublèrent, car on les savait des amis de Clodius. Aussi, au lieu de calmer tous ces furieux, donnèrent-ils l'exemple, et, faisant emporter le cadavre tel qu'il était, ils le portèrent sur les rostres, afin qu'il fût mieux vu de la multitude ; puis, de là, ils le descendirent dans la curie Hostilie, où, le peuple lui ayant fait à la hâte un bûcher avec les tables et les chaises des tribunaux, et avec les livres d'un libraire dont la boutique se trouvait près du lieu de cette scène, ils y mirent le feu.

Or, comme il faisait un grand vent, la flamme se communiqua à la curie, et, de la curie, à la basilique Porcia, qui toutes deux furent incendiées. Puis, pour faire jusqu'au bout à Clodius des funérailles dignes de lui, le peuple s'en alla piller la maison de Milon et celle de Lépidus, l'inter-roi. Il va sans dire que Hypsæus et Scipion, ces candidats qui étaient opposés à Milon, étaient bien pour quelque chose dans tout cela.

Cependant, si odieux que fût l'assassinat de Clodius, la façon dont il était vengé parut plus odieuse encore aux bons citoyens. Milon, voyant que ses ennemis avaient eu l'imprudence de faire oublier son crime par leurs excès, revint à Rome, et y annonça sa présence en faisant publier qu'il continuerait de poursuivre le consulat, et en faisant distribuer dans les tribus mille as par tête à l'appui de sa prétention : mille as faisaient à peu près cinquante à cinquante-cinq francs ; près d'un million y passa.

La distribution fut trouvée médiocre ; aussi, Milon, au lieu d'être nommé consul, fut-il ajourné à comparaître, le 6 des ides d'avril, devant le quésiteur Domitius, comme accusé de violence et de brigue.

L'accusateur et l'accusé avaient chacun dix jours pour préparer, l'un son accusation, l'autre sa défense.

Les débats durèrent trois jours ; ils eurent lieu, comme d'habitude, sur le Forum. Pendant trois jours, Rome fut pleine de telles rumeurs, et les juges furent poursuivis de telles menaces, que, le jour où le jugement devait être rendu, le grand Pompée, qu'on avait nommé consul provisoire, fut obligé de prendre lui-même le commandement de la force armée, et, après avoir fait garder toutes les issues du Forum, de venir se placer de sa personne, avec une troupe de soldats d'élite, au temple de Saturne.

Milon avait naturellement choisi Cicéron pour défenseur, et comptait sur son éloquence ; mais, comme il comptait beaucoup moins sur son courage, il l'avait fait conduire au Forum dans une litière fermée, de peur que la vue de tout ce peuple et de tous ces soldats ne le troublât et ne lui ôtât de ses moyens. Mais ce fut bien pis quand Cicéron sortit de sa cage, et que, sans préparation aucune, il se trouva au milieu de toute cette foule qui lui criait que c'était Milon qui avait tué Clodius, mais que c'était lui, Cicéron, qui avait conseillé le meurtre. Peu s'en fallut qu'il ne perdît la tête ; et la chose serait probablement arrivée si Pompée, pour laisser toute latitude à la défense, n'avait ordonné de chasser du Forum à coups de plat d'épée ceux qui avaient insulté l'orateur.

Mais le mal était fait : une fois troublé, Cicéron se remettait difficilement. D'ailleurs, son grand moyen, à lui, c'était l'ironie ; il avait sauvé un plus grand nombre d'accusés par le ridicule qu'il avait su répandre sur ses adversaires que par l'intérêt qu'il avait répandu sur ses clients. Or, pour trouver de ces bons mots qui percent un homme de part en part, il faut avoir l'esprit libre, et telle n'était pas, il s'en faut, la situation où se trouvait Cicéron ; aussi son discours fut-il embarrassé, froid et languissant. Tout le monde l'attendait à la péroraison ; la péroraison fut plus faible que le discours. Il en résulta que Milon fut condamné à la majorité de trente-huit voix contre treize.

Il est vrai que les amis de Clodius avaient été plus généreux que Milon ; car ils avaient distribué, pendant les quatre jours qu'avait duré le procès, près de trois millions.

Les votes recueillis, le quésiteur Domitius se leva d'un air triste et solennel, dépouilla sa toge en signe de deuil ; puis, au milieu du plus profond silence :

— Il paraît, dit-il, que Milon a mérité l'exil, et que ses biens doivent être vendus ; il nous plaît, en conséquence, de lui interdire l'eau et le feu.

Des battements de mains insensés, des cris d'une joie furieuse accueillirent ce jugement, tandis que, d'un autre côté, les amis de Milon conspuaient les juges ; il y en eut même un qui s'approcha du quésiteur, et qui, faisant allusion aux trois millions répandus par les partisans de Clodius, lui dit en lui montrant les soldats :

— Vous avez demandé des gardes, n'est-ce pas, pour qu'on ne vous volât point l'argent que vous venez de gagner?

Quant à Milon, il fut reconduit chez lui par une nombreuse escorte que lui donna Pompée, fit à la hâte tous ses préparatifs de voyage, et partit le même jour pour Marseille.

On devine que l'illustre exilé fut bien reçu dans la ville grecque; mais rien ne console de l'exil. Aussi, lorsque, quelque temps après son arrivée, Milon reçut le discours corrigé que lui envoya Cicéron, ne put-il s'empêcher, en voyant la différence qui existait entre la harangue écrite et celle que l'orateur avait prononcée, de lui répondre avec une certaine amertume ces seules paroles : *Cicero, si sic egisses, barbatos pisces Milo non ederet.*

Ce qui voulait dire : « Cicéron, mon ami, si tu avais parlé comme tu as écrit, Milon serait consul à Rome au lieu de manger à Marseille des poissons barbus. »

Milon ne mourut point à Marseille : il fut tué en Calabre, dans la guerre entre César et Pompée. La tradition veut pourtant que cette maison de la rue des Grands-Carmes soit la sienne et que ce buste soit le sien. Quelques archéologues avaient bien cru reconnaître dans ce buste une effigie de saint Victor; mais leurs antagonistes leur avaient répondu victorieusement en leur demandant ce qu'avait à faire avec saint Victor la louve romaine que l'on voyait sculptée au-dessous de la niche, et ces délicates feuilles d'acanthe, si élégamment travaillées, que le ciseau qui les avait sculptées portait dans son travail même la date du siècle d'Auguste. Enfin le peuple, qui en sait plus que tous les antiquaires venus et à venir, a consacré cette tradition, qui n'a pu sauver la maison de la rue des Grands-Carmes de ce charmant badigeon jaune en si grande faveur près des conseils municipaux.

Une des ruines qui datent de la même époque est la porte Joliette, qui n'a point été démolie parce qu'elle sert à l'octroi. Les étymologistes veulent à toute force que ce nom de porte Joliette lui vienne de *porta Julii*, attendu, disent-ils, que ce fut par cette porte que César entra dans la ville après que Trébonius l'eut mise à la raison. Il y avait sur cette porte des bas-reliefs et des inscriptions qui eussent pu raconter ce grand événement; mais ils ont été rongés par cet âpre vent de la mer qui réduit toute pierre en poudre, et il ne reste plus que l'anneau corrodé d'où pendait la herse qui se leva devant César.

Ajoutez à ces deux souvenirs quelques arceaux de l'ancien palais des Thermes, qui forment aujourd'hui, sur la place de Lenche, la boutique d'un tonnelier, et vous aurez énuméré tout ce que Marseille comptait de ruines romaines.

C'est peu de chose, comme on le voit, lorsqu'on s'est appelé Massilia, et qu'on est si près du pont du Gard, de la Maison carrée et de l'arc de triomphe d'Orange.

XXIX

MARSEILLE GOTHIQUE

Marseille n'est guère plus riche en monuments du moyen âge qu'en ruines antiques. Quand on a vu le clocher des Accouls, l'abbaye de Saint-Victor, les ruines de la tour Sainte-Paule, l'hôtel de ville et le fort Saint-Nicolas, on a vu tout ce qui reste debout à Marseille du IV° siècle au XVII°.

Le clocher des Accouls est le dernier débris de l'église de Notre-Dame de las Accoas, détruite à l'époque de la Révolution. C'est une flèche romane lourde et massive, qui ne rappelle aucune tradition remarquable, et devant laquelle on passe sans même s'y arrêter.

Il n'en est point ainsi de la vieille abbaye de Saint-Victor, qui est à la fois un monument curieux et vénéré; elle est bâtie à l'endroit même où Cassien, qui arrivait des déserts de la Thébaïde, retrouva dans un caveau le cadavre de saint Victor. Ce caveau était au milieu d'un vaste cimetière. Cassien fonda l'église que nous voyons aujourd'hui, et que le XIII° siècle crénela; quant à sa fondation première, elle remonte à l'an 410.

C'est dans les caveaux de Saint-Victor qu'est la bonne Vierge noire, la plus vénérée des madones marseillaises dont les fonctions principales sont de faire tomber la pluie dans les grandes sécheresses. Une fois par an, le jour de la Chandeleur, on la transporte dans l'église, on la revêt de sa plus belle robe, on lui met sur la tête sa couronne d'argent, et on l'expose à la vénération des fidèles. En général, on attribue cette image à saint Luc; c'est une fort sainte origine, mais qu'il ne faut point accepter comme parole d'Évangile. Ceux qui ferment les yeux de la foi pour ne regarder que la bonne Mère noire, comme l'appelle familièrement le peuple marseillais, lui assignent pour date la fin du XIII° siècle ou le commencement du XIV° siècle.

Quant à la tour Sainte-Paule, elle aussi était crénelée, comme l'abbaye de Saint-Victor, car elle aussi était de vieille date. Il y a vingt ans qu'elle était encore haute et fière, comme au temps du connétable de Bourbon; un souvenir patriotique aurait dû la protéger. C'était sur sa plate-forme que l'on braquait cette fameuse couleuvrine qui contribua à faire lever le siége aux Espagnols, et fournit au joyeux marquis de Pescaire l'occasion de dire un de ses plus jolis mots. Mais les conseils municipaux sont féroces à l'endroit des jolis mots et des vieux murs; ils ne comprennent ni les uns ni les autres, et il leur semble que tout ce qu'ils ne comprennent pas les insulte. La vieille tour, quoiqu'elle comptât à peu près mille ans d'existence, était lente à mourir. Le temps, qui s'était usé dessus, la respectait forcément. Le conseil municipal sonna ses trompettes, et la tour féodale tomba pour se relever manufacture de savon.

C'était pourtant un beau souvenir à conserver que celui de cette tour devant laquelle recula ce fameux connétable de Bourbon, qui devait prendre Rome. Sa vengeance avait tenu parole ; il rentrait en France avec ce fameux étendard emblématique qui représentait un cerf ailé et des épées flamboyantes. Il rentrait en France, réuni aux Génois, aux Florentins, aux Milanais, aux Vénitiens, au roi d'Angleterre Henry VIII, au pape Adrien VI et à l'empereur Charles-Quint ; et, après avoir chassé les Français de la Lombardie, il avait pris, au lieu de tous ses autres titres que lui avait enlevés François 1er, le titre de comte de Provence, et il marchait sur Marseille en réclamant son comté.

De leur côté, une foule de gentilshommes français étaient venus se jeter dans Marseille ; mais, surpris à l'improviste, n'ayant point eu le temps de réunir d'armée, ils n'apportaient que le secours individuel de leur courage. C'était le maréchal de Chabannes, qui devait mourir à Pavie plutôt que de se rendre ; c'était Philippe de Brion, comte de Chabot ; c'était l'ingénieur Miradel.

Marseille, réduite à ses propres forces, résolut au moins de les employer toutes, et, se rappelant qu'elle avait résisté à César, elle ne désespéra point de vaincre le connétable. En conséquence, elle organisa une milice bourgeoise qui s'éleva à plus de neuf mille hommes ; elle rasa tous les faubourgs, sans épargner ni les églises ni les couvents ; le fort et les remparts furent réparés ; et l'enthousiasme était tel, que les femmes aidèrent aux travailleurs.

On en était là, lorsque, du côté de la mer, on entendit le grondement du canon. C'était la Fayette à la tête de l'escadre française, qui en venait aux mains avec Hugues de Moncade, commandant l'escadre espagnole, et qui lui coulait trois galères. Cet avantage était de bon augure; aussi les Marseillais en reprirent-ils un nouveau courage.

Au commencement de juillet 1525, on entendit dire que Charles de Bourbon avait culbuté les troupes de Ludovic de Grasse, seigneur du Mas, et avait passé le Var. Quelques jours après, on entendit dire que Honoré de Puget, seigneur de Prat, premier consul de la ville d'Aix, avait apporté les clefs de la ville à Charles de Bourbon, qui l'avait nommé viguier; enfin, le 13 août, on aperçut à la tête d'une petite troupe Charles de Bourbon lui-même; il venait reconnaître Marseille.

— Peste! lui dit Pescaire, son lieutenant, en voyant les dispositions prises, il paraît que nous n'aurons pas si bon marché de Marseille que d'Aix.

— Bah! répondit Bourbon avec un geste de mépris, au premier coup de canon, vous verrez les bourgeois nous apporter les clefs de la ville.

— Nous verrons, dit Pescaire.

Pescaire était le saint Thomas de l'expédition; seulement, au lieu de se convertir, il devenait de jour en jour plus incrédule.

Le 19, le connétable conduisit devant Marseille toute son armée; elle se composait de sept mille lansquenets, de six mille fantassins espagnols, de deux mille italiens, et de six cents chevau-légers. Le marquis de Pescaire se logea avec les siens à l'hôpital Saint-Lazare; le connétable et les lansquenets se logèrent à Porte-Galle, et les Espagnols au chemin d'Aubagne. Il fut décidé que la tranchée s'ouvrirait le 23. Le connétable, en conséquence, invita, pour le 23, Pescaire à venir entendre la messe sous sa tente, et à déjeuner avec lui.

Pescaire, qui était à la fois dévot et gourmand, fut exact au rendez-vous. On commença par la messe, que l'aumônier du connétable célébra devant un petit autel improvisé; les deux chefs des assiégeants l'écoutaient agenouillés de chaque côté de l'autel. Tout à coup on entendit un coup de canon, et le prêtre, qui, en ce moment, levait l'hostie, tomba tout sanglant sur l'autel, sans avoir même le temps de pousser un cri.

— Qu'est-ce que cela? demanda Bourbon.

— Rien, monseigneur, répondit Pescaire; ce sont les bourgeois de Marseille qui vous apportent les clefs de leur ville.

On ramassa le prêtre, il était mort. La messe était finie; les deux chefs allèrent déjeuner.

Au reste, Bourbon ne devait pas faire plus de façon pour lui que pour les autres. Lorsqu'il fut frappé à son tour de la balle qui le tua, il se coucha dans le fossé, se fit jeter sur le corps son manteau blanc, et, montrant la brèche à ses soldats, il leur dit :

— Allez toujours.

Le même jour, la tranchée fut ouverte, et on commença de canonner la ville. De son côté, l'artillerie marseillaise fit merveille, et surtout la fameuse couleuvrine, qui parlait plus haut et qui portait plus loin qu'aucune autre; aussi, lorsqu'on eut reconnu la supériorité de cette pièce, lui donna-t-on les pointeurs les plus habiles, de sorte qu'elle fit force ravages dans les rangs ennemis.

Quelques jours se passèrent à faire le plus de bruit possible en dessus, et le moins de bruit possible en dessous ; c'est-à-dire qu'en même temps qu'ils ouvraient la tranchée, les Espagnols minaient comme des taupes. Mais, de leur côté, les Marseillais réparaient les murailles et contre-minaient de leur mieux ; et, dans cette double défense, ils furent si bien secondés par les femmes de la ville, que cette partie des murailles conserva le nom de *tranchée des Dames*.

Enfin, le 25 septembre, la brèche fut praticable. Aussi Bourbon, contre l'avis de Pescaire, résolut-il de donner l'assaut. Ce qui déterminait le connétable, c'est qu'il était urgent d'en finir par un coup d'éclat. Il était convenu avec les alliés que, pendant qu'il envahirait le midi de la France, les Espagnols feraient irruption par la Guienne, l'Angleterre par la Picardie, et l'Allemagne par la Bourgogne. Mais Henry VIII et Charles-Quint avaient manqué de parole, et, conduit par sa haine, Charles de Bourbon s'était trouvé seul au rendez-vous. D'une autre part, il avait appris que les maréchaux de Chabannes et de Montmorency venaient de combiner leurs opérations avec le comte de Carces, et qu'ils se préparaient à venir au secours de Marseille avec de nombreuses troupes et une formidable artillerie. De plus, on avait toujours manqué de vivres et on commençait à manquer de munitions. Pendant la journée du 25, Bourbon fit donc toutes ses dispositions pour donner l'assaut, et Marseille pour le recevoir; de chaque côté, le coup était décisif.

Au moment du coucher du soleil, les Espagnols, conduits par Bourbon, s'avancèrent vers la brèche. Quant à Pescaire, comme il avait désapprouvé cette tentative, il regarda donner l'assaut en se croisant les bras.

La lutte fut horrible : trois fois Bourbon, au milieu des boulets, de la flamme, de la fumée, des pierres, des poutres et de la poix bouillante, ramena les Espagnols sur la brèche, trois fois ils furent repoussés. Bourbon voulut tenter un quatrième assaut; mais il était nuit close, et il lui fut impossible de les rallier.

Dans la nuit, il apprit que l'avant-garde de l'armée française était à Salon; il ne fallait plus songer qu'à se retirer. A trois heures du matin, le connétable donna l'ordre de la retraite.

Au jour, les Marseillais virent fuir leurs ennemis. Alors, la ville tout entière accourut sur les remparts, battant des mains et poursuivant les Espagnols de ses huées. De son côté, la couleuvrine faisait de son mieux, et elle tira tant que les ennemis furent à sa portée.

Ainsi, ce bal sanglant se fermait au son de la même musique qui l'avait ouvert, et c'est cependant cette tour vénérable, sur laquelle on avait placé la pièce principale de l'orchestre, que le conseil municipal a abattue. Dieu lui fasse paix dans ce monde et dans l'autre !

A l'hôtel de ville au moins, on n'a que gratté ; là, il y avait l'écusson de France, fait par Puget. Ce pauvre Puget n'avait pas pu prévoir quel sort nos révolutions réservaient à son œuvre, et il avait mis sur l'écusson ces trois fleurs de lis qui avaient été les armoiries de saint Louis, de François 1er et de Louis XIV. Il avait cru que les victoires de Mansourah, de Marignan et de Denain les avaient arrosées d'un assez glorieux sang pour qu'elles eussent pris à tout jamais racine sur la terre de France. Puget s'était trompé, et son écusson, gratté par la main du peuple, attend sur son champ, sans couleurs et sans armoiries, les couleurs et les armoiries nouvelles qu'il plaira à la France de se choisir. *Deus dedit, Deus dabit.*

La première chose que l'on aperçoit en montant l'escalier de l'hôtel de ville de Marseille, c'est la statue de l'assassin Libertat, que son nom, dans lequel l'ignorance du peuple vit un symbole, protégea contre toutes les attaques.

C'était vers la fin de l'année 1595 ; il y avait, par conséquent, un an que Henri IV était entré à Paris ; tous les capitaines de la Ligue s'étaient ralliés à lui, toutes les villes de France avaient reconnu son pouvoir, et il ne restait de rebelles, parmi les capitaines, que d'Épernon, Casaulx et un lieutenant inconnu nommé Laplace ; et, parmi les villes, que Grasse, Brignoles et Marseille.

Henri IV avait vaincu Mayenne au combat de Fontaine-Française, et s'était réconcilié avec le pape Clément VIII. Ces deux nouvelles répandues en même temps, l'une par Charles de Lorraine, duc de Guise, fils du Balafré, qu'il avait nommé gouverneur en Provence, et l'autre par monseigneur Acquaviva, vice-légat à Avignon, avait fait grand bien à la cause du Béarnais ; aussi Aix, Arles, Moustiers,

Riez, Aups, Castellane, Ollioules, le Bausset, Gemenos, Cegreste et Marignane avaient-elles ouvert leurs portes aux cris de « Vive le roi! » Restaient, comme nous l'avons dit, Brignoles, que tenait d'Épernon; Grasse, que tenait Laplace, et Marseille, que tenait Casaulx.

Un matin, un capitaine nommé Granier entra dans la chambre de Laplace comme celui-ci déjeunait.

— Compagnon, lui dit-il, il faut mourir.

Et, joignant en même temps l'action à l'exhortation, il lui planta un poignard dans la poitrine. Il n'y avait rien à répondre à cela. Laplace ouvrit les bras, poussa un soupir, et mourut. Les consuls, ayant appris cet événement, parcoururent aussitôt la ville en criant : « Vive le roi! » puis, comme ils aperçurent le duc de Guise qui s'avançait à la tête de son avant-garde, ils coururent au-devant de lui, et lui ouvrirent les portes au milieu des plus ardentes acclamations.

Il ne restait donc plus que Brignoles et Marseille.

D'Épernon s'était vu abandonné successivement par tous ses capitaines et par une partie de ses soldats : de dix mille hommes qu'il avait amenés avec lui, à peine lui en restait-il quinze cents; mais, comme l'entêtement faisait le fond de son caractère, il avait résolu de tenir jusqu'au bout; ce qui faisait le désespoir de Brignoles et de ses environs. Un paysan du Val, nommé Bergne, résolut de délivrer le pays de ce ligueur enragé.

D'Épernon avait pris son logis chez un nommé Roger. La communauté du Val devait deux charges de blé à ce même Roger, qui, attendu que les provisions de bouche n'abondaient pas, réclama le blé au jour dit. C'était justement ce qu'attendait Bergne. Il porta les deux charges de blé chez Roger, et leur substitua deux charges pareilles de poudre, lia les deux sacs de la même façon qu'on avait l'habitude de lier les sacs de blé ; seulement, dans la ligature, il prépara un artifice qui devait, au moment où l'on dénouerait la corde, mettre le feu à cette espèce de machine infernale ; puis il chargea tranquillement son double sac sur un mulet, et s'en alla le déposer, à l'heure du dîner du duc, dans le vestibule placé précisément au-dessous de la salle où d'Épernon prenait son repas. On offrit à Bergne d'attendre que messire Roger, qui était absent, rentrât pour lui donner son reçu ; mais Bergne, qui voyait un domestique s'approcher du sac, et qui était pressé de s'en aller, dit qu'il viendrait le chercher un autre jour, gagna la porte, et, dès qu'il en eut franchi le seuil, s'enfuit à toutes jambes.

Il était à peine au bout de la rue, qu'une explosion effroyable se fit entendre.

La maison tout entière s'écroula. D'Épernon, resté à cheval sur une poutre, en fut quitte pour quelques meurtrissures.

Cependant, comme la chose pouvait se renouveler, et qu'il devait s'attendre à ne pas être toujours si heureux ; comme, d'ailleurs, il était enfin dégoûté de cette guerre inutile, toute semée de trahisons ouvertes et de périls cachés, d'Épernon abandonna à son tour la Provence.

Restèrent donc seulement, pour faire face à la puissance croissante de Henri IV, Marseille et Casaulx.

Comme tous les hommes qui, apparus tout à coup, ont joué pendant un instant un grand rôle politique, puis sont rentrés dans le néant sans avoir eu le temps de dire leur dernier mot, Casaulx fut jugé fort sévèrement, non-seulement par la postérité, mais encore par ses contemporains. Les uns disaient qu'exploitant les anciens souvenirs de la ville municipale, Casaulx voulait briser les liens qui retenaient Marseille au royaume, et en faire une cité libre, une république commerçante comme Gênes et Florence; ce que permettait de réaliser la position topographique de la ville. Quant à lui, dans ce cas, ses espérances auraient été ou le bonnet du doge, ou la bannière du gonfalonier.

D'autres disaient, au contraire, — et, à l'appui de l'opinion de ceux-ci, le président de Thou a joint l'autorité de la sienne, — d'autres disaient que Casaulx n'était qu'un ligueur obstiné qui sacrifiait la ville à son ambition, ambition mesquine qui se bornait au titre de grand d'Espagne et à la possession de quelque marquisat en Calabre; et, il faut l'avouer, le président de Thou pourrait bien avoir raison.

Quoi qu'il en soit, Casaulx était maître absolu de Marseille. Il avait des gardes du corps, il levait des contributions, il confisquait les biens des royalistes, il établissait des octrois; enfin, sa marine (car il avait une marine) ayant pris un bâtiment parti de Livourne, qui portait, de la part du jeune duc de Toscane, des meubles, de l'argenterie et des bijoux au roi de France, Casaulx garda le tout pour lui, sans en rendre compte à la commune. Il est vrai que le tout était évalué à cent quatre-vingt mille francs; ce qui n'est peut-être pas une excuse, mais ce qui est au moins une raison.

Casaulx tenait donc Marseille en état de guerre ouverte quand le reste de la Provence était pacifié. Cela convenait fort au doge de Gênes et au roi d'Espagne; aussi Jean-André Doria lui envoya-t-il quatre galères qui lui amenaient chacune cent soldats; et Charles II, qu'à grand tort, dans les arbres généalogiques, on appelle le dernier mâle de la maison d'Autriche, s'engagea-t-il à ne laisser jamais Marseille manquer d'hommes et d'argent, si Casaulx voulait s'engager à ne jamais reconnaître pour roi Henri de Bourbon, à n'ouvrir les portes qu'aux soldats espagnols, et à ne former aucune alliance sans l'autorisation de la cour de Madrid.

Casaulx promit tout ce qu'on voulut, et, pour preuve qu'il était prêt à tenir tout ce qu'il avait promis, il fit en grande pompe brûler sur la place de la Bourse l'effigie de Henri IV.

Cependant tout le monde, à Marseille, n'était point de l'avis de Casaulx, et parfois les opinions contraires s'exprimaient de façon à ne laisser aucun doute sur leur énergie. Un soir que Casaulx se promenait sur la place Neuve, quatre coups de feu partirent des fenêtres d'une maison, et tuèrent Jean Altovétis, son cousin. Comme il commençait à faire nuit, les assassins purent se sauver.

Un autre conspirateur, nommé d'Atria, eut moins de chance, et paya de sa vie une tentative du même genre. Celui-là, qui était un moine, eut l'idée de faire sauter le consul. A cet effet, il s'associa à un autre moine nommé Brancoli, et tous deux résolurent de profiter d'une des fêtes de Noël, et de choisir le moment où Casaulx viendrait adorer le saint sacrement dans l'église des Prêcheurs. Un pétard devait être placé sous le banc où il avait l'habitude de s'agenouiller. Malheureusement, Brancoli confia le complot à son beau-frère Béquet. Béquet courut chez Casaulx, et avoua tout, à la condition qu'il ne serait rien fait à Brancoli. Casaulx tint parole; il pardonna à Brancoli, mais fit pendre d'Atria, ordonna que son corps fût jeté dans un bûcher; puis, lorsque son corps fut consumé; il en dispersa les cendres au vent.

Ces deux tentatives étaient peu rassurantes pour ceux qui pouvaient avoir quelque envie de s'engager dans une nouvelle conspiration; cependant il y eut un homme nommé Libertat qui ne désespéra point d'arriver à un résultat plus satisfaisant.

Comme Casaulx, Libertat a été jugé de deux façons différentes: les uns ont voulu en faire un véritable ami de l'indépendance marseillaise, qui, à l'exemple de Lorenzino de Médicis, aurait feint toute sorte de complaisances et d'amitiés pour le consul, afin de prendre son temps, et, par conséquent, d'être plus certain de réussir; les autres n'ont vu dans Libertat qu'un assassin gagé qui avait fait ses conditions d'avance, et qui ne s'était engagé à commettre le crime que décidé par l'espoir d'une belle récompense. Il faut encore avouer, à la honte de l'humanité, que les derniers pourraient bien avoir raison. En effet, les conditions de cet assassinat étaient que Libertat recevrait la charge de viguier, le commandement de la porte Réale, celui du fort de Notre-Dame de la Garde, celui de deux galères, soixante mille écus comptant, une terre de deux mille écus de rente, une abbaye de quinze cents écus, et les droits d'entrée sur l'épicerie et sur la droguerie. A côté de la part du lion, il y avait d'autres parts faites pour les assassins subalternes. Quant à Marseille, elle conserve-verait ses immunités; une chambre souveraine de justice y serait établie, et une amnistie générale y serait proclamée.

Le duc de Guise, avec lequel on avait arrêté ces différentes conditions, fut informé que tout était prêt et qu'on n'attendait qu'une occasion favorable.

Enfin, le 17 janvier 1596 fut choisi pour le jour de l'exécution, et le duc de Guise en reçut avis, pour qu'il pût se tenir prêt à entrer dans la ville.

Le 16, les conjurés communièrent dans l'église des religieuses de Sion, et prièrent longtemps devant le saint sacrement, qu'ils avaient fait tirer du tabernacle, *afin*, dit le chroniqueur, *de recommander leur affaire à Dieu.*

Le duc de Guise fut exact au rendez-vous. Il arriva jusque sous les remparts dans la nuit du 16 au 17; mais il y était à peine, qu'un religieux minime, ayant aperçu, des fenêtres de son couvent, une grosse troupe de soldats dont les armes brillaient dans l'obscurité, accourut tout essoufflé près de Casaulx, et le prévint que les ennemis rôdaient autour des murailles et allaient sans doute tenter quelque surprise.

Casaulx, qui était un peu souffrant, et qui, d'ailleurs, peut-être, n'ajoutait pas une foi entière au discours du moine, envoya Louis d'Aix pour reconnaître cette troupe. Louis d'Aix sortit par la porte Réale, dont la garde était confiée à Libertat. A peine fut-il sorti, que Libertat abattit le trébuchet derrière lui, de telle manière qu'il ne pût rentrer.

Louis d'Aix ne poussa pas loin son exploration nocturne; il ne tarda pas, en effet, à se heurter contre une troupe de soldats royalistes qui était sous le commandement du seigneur d'Alamannon. Aux premiers coups de feu qui furent échangés, les canons du rempart se mirent de la partie. Le duc de Guise crut que tout était perdu; mais Libertat trouva le moyen de lui dire qu'il tînt bon et que tout ce vacarme ne signifiait rien. Le duc de Guise suivit à la lettre l'avis. Louis d'Aix, repoussé avec sa troupe, voulut rentrer dans la ville, dont il trouva la porte fermée. Il allait être pris, lorsqu'un pêcheur lui jeta une corde. Louis d'Aix, qui était poursuivi de près, s'y cramponna de toutes ses forces. Le pêcheur tira la corde à lui, et, après de grands efforts, finit par amener le viguier sur la muraille.

Le jour parut; Libertat regarda autour de lui, et vit que, selon son ordre, tous les conjurés à peu près l'avaient rejoint. C'étaient ses deux frères, ses deux cousins, Jean Laurens, Jacques Martin, Jean Viguier, et deux autres. Alors, dit le chroniqueur, Pierre Libertat, qui avait besoin de Casaulx, le fit prier de se rendre sans retard à la porte Réale, attendu que, l'ennemi se montrant sur tous les points, il croyait sa présence nécessaire pour entretenir le courage du soldat.

Casaulx, qui n'avait conçu aucun soupçon, appela ses gardes du corps, et, leur ayant ordonné de s'armer, s'achemina avec eux vers la porte Royale, sans même prendre la précaution de s'armer lui-même. Alors, un soldat, le voyant venir de loin, dit à Libertat, qui regardait d'un autre côté :

— Capitaine, voici M. le consul Casaulx.

Libertat se retourna vers le consul, et le vit effectivement s'avancer vers lui : il marchait entre deux pelotons d'une vingtaine d'hommes chacun, et venait d'un grand pas. Mais Libertat était si impatient, qu'il ne put attendre que Casaulx l'eût joint; il marcha droit à lui, et, arrivé en face du premier peloton de mousquetaires, il mit l'épée à la main. Cette action parut étrange au brigadier qui les conduisait; aussi voulut-il arrêter Libertat en lui présentant la pointe de sa hallebarde; mais Libertat saisit la hallebarde par le bois, et, d'un coup de son épée, fendit la tête au brigadier. Au même instant, cinq ou six mousquetades éclatèrent; mais, quoique tirées presque à bout pourtant, aucune d'elles ne le blessa. Alors, appelant à lui ses amis, il se jeta aussitôt dans les rangs des gardes du corps, qui, se rompant devant lui, lui ouvrirent un passage jusqu'au consul. Celui-ci, tout ébloui de ce feu et de ce bruit, tira à moitié son épée en reculant devant Libertat, et en lui disant :

— Que voulez-vous de moi, capitaine?

— Je veux vous faire crier : « Vive le roi ! » dit Libertat.

Et, en même temps, il le frappa à la poitrine d'un tel coup, que l'épée traversa tout le corps du consul et sortit sanglante entre les deux épaules.

Si effroyable que fût cette blessure, Casaulx ne fut pas tué roide; car, étant tombé d'abord la face contre terre, il se releva sur un genou. En ce moment, Barthélemy Libertat, frère de Pierre, lui donna un coup de pique derrière le cou; cette fois, Casaulx tomba pour ne plus se relever.

Le même jour, le duc de Guise prit possession de la ville de Marseille au nom du roi Henri IV, après avoir juré le maintien des privilèges de la commune, *ainsi que tous les gouverneurs avaient accoutumé de faire.*

De son côté, Libertat reçut ce qui lui avait été promis, grades, honneurs, argent, terres et abbaye. On fit même plus, on lui tailla une statue de marbre : c'est cette statue en face de laquelle on se trouve en entrant dans l'hôtel de ville de Marseille. Mais ce qu'il y a de plus curieux dans cette statue, c'est qu'aujourd'hui encore, elle tient à la main l'épée avec laquelle Pierre Libertat a tué Casaulx.

Comme l'hôtel de ville ne renferme, d'ailleurs, rien de remarquable, on peut se dispenser de monter plus haut que les dix premières marches.

Après la Ligue vint la Fronde; Marseille se divisa en deux partis, les *canivets* ou *mazarinistes*, c'est-à dire partisans du roi, et les *sabreurs*, ou partisans des princes. De 1651 à 1657, on se sabra et on s'arquebusa dans les rues de Marseille. Enfin on souffla à Louis XIV que tout le mal venait de ce que, les Marseillais nommant leurs consuls eux-mêmes, ces consuls étaient naturellement portés à l'indulgence envers leurs compatriotes; or, l'indulgence, comme on sait, est un pauvre remède en fait de guerre civile.

C'étaient là de ces avis comme il faisait bon en donner au roi Louis XIV. Aussi fut-il parfaitement de l'opinion de Louis de Vento, qui lui conseillait de casser les consuls élus par le peuple et d'en nommer d'autres lui-même. Le roi demanda une liste. Louis de Vento présenta Lazare de Vento-Labane, Boniface Pascal et Joseph Fabre pour consuls, et Jean Descamps pour assesseur. Louis XIV signa de confiance, et chargea Louis de Vendôme, duc de Mercœur, pair de France, son gouverneur en Provence, de veiller à l'exécution de l'ordonnance qu'il venait de rendre.

La précaution n'était point inutile. Les nouveaux consuls, s'étant rendus à l'hôtel de ville pour prendre la place de leurs prédécesseurs, furent hués par toutes les rues où ils passèrent; mais, se sentant fortement soutenus, ils ne se découragèrent point, et, comme des corsaires avaient été vus le long des côtes, ils saisirent ce prétexte pour faire prier le chevalier de Vendôme, fils du duc de Mercœur, d'entrer dans le port avec sa galère. C'était un moyen d'introduire des soldats dans la ville, au mépris de ses priviléges.

La ville, indignée, se souleva tout entière. Il en est ainsi de toutes ces têtes provençales pleines de mistral et de soleil, une étincelle y met le feu, et, en Provence, tout feu est un incendie.

Gaspard de Nioselle prit la direction de la révolte :
c'était un homme de cœur et qui jouissait d'une grande
popularité. Aussi dix ou douze de ces beaux noms marseillais, si sonores dans la langue et si retentissants dans
l'histoire, accoururent à son premier appel et se réunirent à lui. Le 13 juillet 1658, pendant que les consuls sont
en séance, on veut forcer l'hôtel de ville; des coups de
fusil sont échangés; Nioselle reçoit une légère blessure
qui exaspère ses partisans. L'hôtel de ville allait être
pris, lorsque les consuls envoient un médiateur aux insurgés. Ce médiateur était Fortia de Piles. Il s'engage, au
nom des consuls, à ce que la galère sera renvoyée. Tout
se calme, et chacun rentre chez soi.

Le 19, on apprend à la Bourse qu'au lieu de renvoyer
la galère, les consuls ont fait demander de nouveaux renforts; en même temps, le bruit se répand que Nioselle
vient d'être arrêté. A ces deux nouvelles, l'émeute, à
peine éteinte, reprend feu. La présence de Nioselle, au lieu
de calmer les esprits, les exaspère. Il se met à la tête des
révoltés avec son frère le commandeur de Cugex. Les portes se ferment, les bourgeois se rassemblent en armes, les
femmes se mettent aux fenêtres et les excitent; les soldats que les consuls appellent à leur aide sont repoussés.
Fortia de Piles, qui veut une seconde fois se présenter
comme parlementaire, a son valet tué à ses côtés. On
marche sur l'hôtel de ville; l'hôtel de ville est enveloppé
de la fumée des mousquets et sillonné par les balles. L'un
des consuls se déguise en abbé et se sauve; les deux autres attachent des serviettes au bout de leur canne, en

signe qu'ils se rendent à discrétion. Les soldats sont chassés de la ville dans la galère; la galère à son tour est chassée du port; elle double la Tête-du-More, et gagne la haute mer aux applaudissements de toute la ville.

Nioselle était tout-puissant à Marseille; il se servit de cette autorité pour mettre la ville sur le pied de défense le plus respectable qu'il put. Mais, de son côté, le duc de Mercœur avait fait bonne diligence; un corps de troupes royales s'était avancé jusqu'à Vitroles, un autre aux Pennes, un troisième à Aubagne; et le chevalier Paul de Vendôme vint bloquer le port avec six vaisseaux. Marseille était cernée par terre et par mer.

Cependant, cette fois encore, les choses s'arrangèrent : le duc de Mercœur était de l'avis d'Alexandre VI, qui ne voulait pas la mort du pécheur, mais qui voulait qu'il vécût et qu'il payât. Mazarin, en outre, comme on sait, lui permettait encore de chanter; il fallait que le pécheur fût bien endurci pour se plaindre.

Non-seulement le pécheur se plaignit, mais à peine le duc de Mercœur eut-il cessé de peser sur lui par sa présence, qu'il se révolta de nouveau. A la place des consuls nommés par le roi, on nomma François de Bausset, Vacer et Lagrange; l'avocat de Loule eut le chaperon d'assesseur. Comme on le voit, il n'y avait rien de fait, et tout était à recommencer.

Le 16 octobre 1659, la Gouvernelle, lieutenant des gardes du duc de Mercœur, arriva à Marseille; il était porteur d'un décret de prise de corps du parlement d'Aix contre Gaspard de Nioselle. Il venait de lire ce décret aux consuls, lorque les partisans de Nioselle s'élancèrent dans la chambre des séances, déchirèrent le décret du parlement d'Aix, et arrachèrent les moustaches de la Gouvernelle. Cette fois, c'était trop fort : Louis XIV décida qu'il viendrait lui-même mettre tous ces mutins à la raison.

En effet, le 12 du mois de janvier 1660, le roi passa le Rhône à Tarascon, et, le 17, accompagné de la reine mère, du duc d'Anjou, de Mademoiselle, du cardinal Mazarin, du prince de Conti, du comte de Soissons et de la comtesse Palatine de Nevers, il faisait son entrée à Aix par la porte des Augustins.

Marseille savait qu'avec Louis XIV il n'y avait point à plaisanter. Son entrée au parlement, tout botté et tout éperonné, avait eu un grand retentissement par toute la France, et, encore à cette heure, c'était non pas le fouet, mais l'épée à la main que Sa Majesté se présentait.

Comme Nioselle était le plus coupable, on le força de se cacher; il trouva, avec deux de ses amis, un refuge dans le souterrain des Capucines; puis on envoya au roi, afin de le désarmer, Étienne de Puget, évêque de Marseille.

Étienne de Puget parut très-flatté du choix que ses compatriotes avaient fait de lui ; mais, comme il avait, à l'endroit de la révolte même pour laquelle il allait demander grâce, quelques peccadilles à se reprocher, il résolut d'intéresser le roi en ajoutant une vingtaine d'années à son âge. Il y réussit en se couvrant la tête d'une immense calotte, en imprimant à ses jambes un tremblement continuel, et en condamnant sa figure à une certaine grimace qu'il avait étudiée devant le miroir, et qui avait l'avantage d'en faire ressortir toutes les rides. Ces précautions prises, il se présenta devant le roi.

Le jeu fut si bien joué, que Louis XIV en fut dupe; il s'approcha tout près de l'évêque, baissa la tête pour l'entendre; car le pauvre prélat était si courbé et avait la voix si faible, que ses paroles ne pouvaient monter jusqu'à l'oreille du roi. Aussi le roi, attendri, ordonna-t-il qu'on présentât un fauteuil à l'ambassadeur. L'ambassadeur fit quelques façons pour la forme; mais, enchanté, au fond, de son succès, il finit par s'asseoir sur son siége, où, une fois établi, un si violent accès de toux prit le pauvre vieillard, que la cour crut qu'il allait passer dans une quinte, et que plusieurs abbés de la suite de Mazarin, voyant une belle occasion d'obtenir de l'avancement, s'approchèrent du cardinal et lui demandèrent la survivance de l'évêque. Au premier, Mazarin ne dit rien; au second, il se contint encore; mais, au troisième, il appela son capitaine des gardes, et, lui montrant l'évêque, qui, plié en deux dans son fauteuil, continuait de jouer son rôle avec le plus grand succès :

— Monsou de Bézemaux, lui dit-il avec cet accent italien qui donnait un si plaisant relief à ses facéties habituelles, faites-moi le plaisir de touer monsou de Pouzet.

Chacun resta frappé de stupeur; Bézemaux fit un geste instinctif de refus. L'évêque bondit de son fauteuil sur ses pieds. Louis XIV seul, qui s'attendait à quelque plaisanterie, se mit à sourire; les solliciteurs eux-mêmes eurent l'air de trouver que cette façon de faire vaquer la prélature était bien expéditive.

— Messious, dit alors Mazarin, eh! qué voulez-vous qué ze fasse? Il faut bien qué ze commande de le touer, puisque vous n'avez pas la patience d'attendre qu'il soit mort.

Malgré la bonne humeur de Mazarin, qui lui avait fait une si belle peur, l'évêque ne put rien obtenir de positif. Louis XIV dit qu'il verrait sur les lieux mêmes ce qu'il y avait à faire, et il envoya, pour l'annoncer à Marseille, le duc de Mercœur avec sept mille hommes.

La manière dont le duc de Mercœur accomplit sa mission n'était point rassurante. Les consuls étaient venus au-devant de lui jusqu'à Avenc, et il leur avait donné l'ordre d'aller l'attendre à l'hôtel de ville. En entrant à Marseille, le duc de Mercœur avait marqué certaines places, et à ces places à l'instant même on avait dressé des potences; puis il s'était rendu à la maison commune, était entré dans la salle des délibérations municipales au milieu de ses gardes, et, voyant les consuls qui l'attendaient debout et la tête découverte, il leur avait dit :

— Messieurs, je vous crois plus malheureux que coupables; mais vous êtes tombés dans la disgrâce du roi. Sa Majesté ne veut plus que vous soyez consuls, ni qu'à l'avenir il y ait de magistrats de ce nom; elle a résolu de changer la forme du gouvernement de la ville, m'ayant commandé de vous déposer et de remettre votre autorité aux mains de M. de Piles, pour commander aux habitants et aux gens de guerre qui y sont et y seront en garnison jusqu'à ce que Sa Majesté ait réglé la forme du gouvernement politique.

Lorsqu'il eut fini ce discours, le duc de Mercœur fit un signe au capitaine de ses gardes, qui s'approcha des consuls et leur prit des mains les chaperons de velours cramoisi liserés de blanc, insigne de leur charge. Ainsi dépouillés, les consuls se retirèrent, et, comme ils se retiraient, le duc leur dit encore que toutes les autres charges municipales, même celles de capitaines de quartier, étaient maintenues, et que les soldats payeraient ce qu'ils prendraient. Le même jour, en signe que les ordres du roi étaient exécutés, il envoya les quatre chaperons à Mazarin. Puis les soldats campèrent dans les rues. On scia par le milieu tous les canons de bronze, et même cette vieille couleuvrine de glorieuse mémoire devant laquelle avait reculé Bourbon. Enfin, on pratiqua une brèche dans la muraille, le roi ayant déclaré qu'il voulait entrer dans Marseille comme dans une ville prise d'assaut.

En effet, le roi, après avoir visité la Sainte-Baume, après s'être montré resplendissant comme le soleil, qui était sa devise, à Toulon, à Hyères, à Soliès, à Brignoles et à Notre-Dame-de-Grâce, se voila le front du nuage de sa colère, et, le 2 mars 1660, à quatre heures de l'après-midi, se présenta à cheval devant la brèche.

Arrivé là, il jeta les yeux sur la porte, toute honteuse du dédain royal dont elle venait d'être l'objet, et, voyant au-dessus d'elle une grande plaque de marbre noir, sur laquelle était écrit en lettres d'or : *Sub cujus imperio summa libertas* (1), il demanda ce que c'était que cette inscription.

(1) Sous quelque empire que ce soit, liberté entière.

On lui répondit que c'était la devise de Marseille.

— Sous mes prédécesseurs, c'est possible, répondit Louis XIV, mais pas sous moi.

A ces mots, il fit un geste, et la plaque fut arrachée.

Le roi s'arrêta jusqu'à ce que son ordre fût exécuté, puis il se remit en chemin. Sur la brèche, il trouva de Piles à genoux; le nouveau gouverneur venait lui présenter sur un plat d'argent les clefs d'or de la ville. Le roi fit un geste pour les prendre; puis, les reposant aussitôt sur le bassin :

— Gardez-les, de Piles, lui dit-il; vous les gardez fort bien; je vous les donne.

Derrière le roi, marchait un capitaine provençal nommé Waltrick, à la tête de deux compagnies; mais celui-ci se fit ouvrir la porte; et, comme on lui faisait l'observation que la brèche avait été faite pour qu'il y passât :

— Ce serait insulter ma patrie, répondit-il; cette brèche peut être bonne pour un roi; mais nous, autres capitaines et gens d'armes, nous ne passons que par des brèches faites à coups de canon.

Le roi alla loger dans l'hôtel de Riquetti de Mirabeau; c'était l'aïeul du Mirabeau qui devait, un siècle après, ébranler si violemment cette monarchie que Louis XIV croyait éternelle. Quant à l'hôtel, c'était le même qui existe encore sur la place de Lenche, et qui sert aujourd'hui d'hospice aux *enfants de la Providence*.

Sur toute la route, le roi n'avait rencontré que des hommes; pas un visage féminin ne s'était montré. Le jeune roi et ceux qui l'accompagnaient, sans excepter le cardinal, avaient si bonne réputation, qu'il en était ainsi à toutes les entrées royales. Les femmes et les filles en étaient aussi désespérées que le roi et ses courtisans; mais, à cette époque, les pères et les maris n'entendaient point encore raison là-dessus.

Nioselle fut condamné à avoir la tête tranchée; l'arrêt portait, en outre, que lui et sa postérité seraient dégradés de la noblesse; que le bourreau briserait ses armes; que l'on raserait sa maison, et que, sur l'emplacement de cette maison, une pyramide infamante serait élevée.

Cet arrêt fut fidèlement exécuté, à l'exception cependant de la partie la plus importante : quoiqu'on eût mis la tête de Nioselle à prix à la somme de six mille livres, nul ne se souilla d'une délation, et Nioselle parvint à gagner Barcelone, où il resta exilé cinquante-cinq ans.

Au bout de cinquante-cinq ans, Louis XIV, vieux et tout près de mourir, lui pardonna. Nioselle rentra dans sa patrie, vit raser la pyramide qui déshonorait son nom, fut réintégré dans sa noblesse, et mourut la même année, comme s'il n'eût attendu que sa réhabilitation pour mourir.

Quant à Louis XIV, un jour qu'il se promenait à Marseille, et qu'il voyait toutes les charmantes maisons qui entourent la ville, riant au soleil et étalant leurs murs blancs, leurs toits roses et leurs contrevents verts, sous les quelques pins qui les couvrent, il demanda comment, dans le langage du pays, on nommait ces jolies demeures.

— On les nomme des bastides, répondit Fortia de Piles.

— C'est bien, dit Louis XIV. Eh bien, moi aussi, je veux avoir une bastide à Marseille. Duc de Mercœur, cherchez-moi un emplacement ; je me charge de vous envoyer un architecte.

L'emplacement fut choisi en face de la tour Saint-Jean, bâtie par le roi René. L'architecte fut Vauban ; la bastide s'appela le fort Saint-Nicolas.

Sur la première pierre, qui fut posée en grande pompe, on grava l'inscription suivante, que nous traduisons du latin en français, pour la plus grande commodité de nos lecteurs :

De peur que la fidèle Marseille, trop souvent en proie aux criminelles agitations de quelques-uns, ne perdît enfin la ville et le royaume, ou par la fougue des plus hardis, ou par une trop grande passion de la liberté, Louis XIV, roi des Français, a pourvu à la sûreté des grands et du peuple en construisant cette citadelle. Le roi l'a ordonné ; Jules Mazarin, cardinal, après la paix signée aux Pyrénées, l'a conseillé ; Louis de Vendôme l'a exécuté.

1660.

Le fort Saint-Nicolas fut démoli en 1789 : c'était l'année fatale aux bastides (1).

1) Tous ces détails sont empruntés à la belle *Histoire de Provence* de M. Louis Méry le poëte. Tout à l'heure, nous allons faire mieux que lui emprunter des détails, nous allons lui prendre une chronique tout entière.

Outre son *Histoire de Provence* en quatre volumes, œuvre d'archéologue et d'érudit, M. Louis Méry a encore publié deux volumes de chroniques, œuvre de poëte et de romancier. Nous renvoyons nos lecteurs à ces deux ouvrages, que, par patriotisme sans

XXX

LE PRADO

Il y aurait bien encore quelques souvenirs sanglants et terribles, pareils à celui que nous venons d'évoquer, et qui datent de 1815, à mettre sous les yeux de nos lecteurs; mais ces souvenirs-là sont trop près de nous. Nous sauterons donc à pieds joints par-dessus, pour arriver plus vite à la Marseille d'aujourd'hui.

Autrefois, la première chose que l'on disait à l'étranger qui arrivait à Marseille, et qui voulait manger des *clovis* et de la *bouillabaisse,* les deux mets nationaux des Phocéens, c'étaient ces mots sacramentels : « Connaissez-vous Policar? » et l'étranger répondait : « Oui, je connais Policar; » car Policar était connu du monde entier.

Qui a fait descendre Policar du haut de sa grandeur, qui a renversé la statue du piédestal? C'est ce que j'ignore; mais ce que je sais, c'est que, lors de mon dernier voyage, quand j'ai parlé de Policar, tout le monde m'a ri au nez j'ai voulu insister, car je me rappelais Policar avec reconnaissance. Alors, quelqu'un m'a demandé si je revenais d'Astrakan.

Sous peine d'être berné comme Sancho, il fallait en res-

doute, M. Louis Méry a voulu publier dans sa ville natale, et q par cette raison, ne sont point aussi connus à Paris qu'ils méri raient de l'être.

ter là; cependant, au bout d'un instant, comme je tenais à manger des clovis et de la bouillabaisse, je me hasardai à dire :

— Eh! mais, alors, où irons-nous?

— Au Prado, pardieu!

Je compris que c'était le Prado qui avait remplacé Policar.

En attendant l'heure de nous rendre au lieu indiqué, nous allâmes faire un tour sur le port.

Le port de Marseille est le plus curieux que j'aie vu, non pas à cause de son panorama, qui s'étend de Notre-Dame de la Garde à la tour Saint-Jean, non pas à cause de ses colibris, de ses perroquets et de ses singes, qui, sous ce beau ciel méridional, se croient encore dans leur patrie, et font, du chant, de la voix et du geste, mille gentillesses à ceux qui passent, mais parce que le port de Marseille est le rendez-vous du monde entier : on n'y rencontre pas deux personnes vêtues de la même manière, on n'y rencontre pas deux hommes parlant la même langue.

L'eau du port est bien sale, c'est vrai; mais, au-dessus de cette eau, qui n'en est que meilleure, à ce qu'assurent les Marseillais, pour la conservation des navires, il y a un ciel si bleu, semé de si beaux goëlands le jour, et de si belles étoiles la nuit, que l'on peut bien prendre sur soi de ne pas regarder à ses pieds quand on a une si belle chose à voir au-dessus de sa tête.

C'est dans ce port qu'on a jeté les cadavres des mamelouks en 1815. Ces pauvres mamelouks! savez-vous ce qu'ils avaient fait?

Napoléon les avait ramenés de cette vieille terre d'Égypte, où ils avaient servi sous Ibrahim et sous Mourad-Bey; puis, en dédommagement de la patrie qu'ils avaient perdue, il leur avait donné un beau soleil, frère de leur soleil, et une petite pension qui leur assurait une vie douce et une mort tranquille. Aussi, ces vieux enfants d'Ismaël aimaient fort Napoléon.

Lorsqu'il tomba en 1814, ils versèrent de grosses larmes: on les vit pleurer, et on leur fit un crime de leur reconnaissance. Ces pauvres gens ne pouvaient plus sortir sans être assaillis d'injures et de pierres; ils s'étaient pourtant aux trois quarts francisés; ils portaient des redingotes et des pantalons; ils n'avaient gardé que leur turban : la coiffure est toujours la dernière à rompre avec la nationalité.

Les mamelouks ôtèrent enfin leur turban et mirent des chapeaux. Certes, on aurait dû leur tenir compte de ce sacrifice : point. On les reconnut à leurs vieilles moustaches blanches, et l'on continua de leur jeter des pierres.

Ils auraient pu couper leurs moustaches; mais ce fut au-dessus de leurs forces : ils préférèrent s'enfermer chez eux. Pendant quelque temps, on alla crier : « Vive le roi ! » à leur porte et casser leurs carreaux; mais enfin les esprits se calmèrent et on les laissa à peu près tranquilles.

Un beau jour, on apprit que Napoléon était débarqué au golfe Juan : les mamelouks regardèrent par le trou de leur serrure. Huit jours après, on apprit qu'il était à Lyon : les mamelouks mirent le nez à leur fenêtre. Trois semaines après, on apprit qu'il était entré à Paris: les mamelouks revêtirent leur vieux cafetan de bataille, ces vieux cafetans qui avaient vu Embabeh, Aboukir et Héliopolis, et se promenèrent dans les rues de Marseille, où, depuis un an, ils n'osaient plus se montrer.

Puis, lorsqu'ils rencontraient quelqu'un de ceux qui les avaient insultés, ils s'arrêtaient devant eux ou devant elles, car les femmes s'en étaient mêlées; ils frisaient leurs vieilles moustaches blanches, puis ils disaient en secouant la tête et avec un sourire goguenard :

— Napoleoné, il ô piou fort qué tout.

Voilà ce qu'ils avaient fait, ces pauvres mamelouks : ils furent tous assassinés pour ce crime; mais, aussi, pourquoi diable étaient-ils reconnaissants? Pareille catastrophe n'est arrivée ni au prince de Talleyrand ni au duc de Raguse.

Le grand avantage du port de Marseille, c'est d'offrir en tout temps une promenade constamment sèche, pavée de briques posées sur champ, ce qui est inappréciable, surtout lorsqu'on arrive de Lyon; et, de plus, de l'ombre l'été et du soleil l'hiver; ce qui est inappréciable partout et toujours, de quelque pays qu'on arrive, ou vers quelque pays que l'on retourne.

Quel dommage que l'eau de ce port soit si sale, et qu'on y ait jeté les cadavres des mamelouks!

Du port, nous allâmes au Musée.

Sous ce nom de *Musée*, dont le titre solennel se lit sur une porte qui fait face au marché des Capucins, sont comprises l'académie de Marseille, sœur honnête de l'académie de Lyon; la bibliothèque, dont Méry est le gardien; le cabinet d'histoire naturelle, le cabinet des médailles, l'école de dessin, l'école d'architecture, et enfin la galerie de tableaux.

Le tout est enfermé dans le vieux couvent des Bernardins.

La bibliothèque contient cinquante mille volumes et huit à dix mille manuscrits. La collection des livres s'était arrêtée à la fin du XVIII° siècle : l'académie de Marseille avait probablement jugé que rien ne s'était écrit depuis cette époque qui méritât d'être lu. Méry s'occupe de la remettre au courant, au grand scandale des académiciens provençaux. Il y perdra sa place probablement : tant mieux ! cela lui fera peut-être refaire quelque *Villéliade*.

En échange, le cabinet d'histoire naturelle s'enrichit tous les jours. Il n'y a pas de vaisseau arrivant du pôle arctique ou du pôle antarctique, de Calcutta ou de Buenos-Ayres, de la Nouvelle-Hollande ou du Groënland, qui ne lui apporte son tribut. Il en résulte que les différents règnes y sont fort à l'étroit, et qu'on a recommandé aux capitaines de ne plus rapporter, autant que possible, que des ouistitis, des sardines et des colibris.

Quant à l'école de dessin, elle porte le nez au vent et le poing sur la hanche : cela tient à ce qu'elle a produit Paulin Guérin, Beaume et Tanneur.

En échange, sa sœur, l'école d'architecture, a l'oreille basse : la pauvre vieille n'a produit que Puget, et elle attend toujours quelque chose de mieux.

La galerie de tableaux est magnifique; peu de villes de

province possèdent une collection aussi riche que Marseille : il est vrai que Marseille, depuis la prise d'Alger, est devenue une capitale.

Le local où les tableaux sont placés rappelle fort, à la première vue, la chapelle Sixtine : même défaut dans la manière dont la lumière leur arrive à travers d'avares fenêtres, mais aussi même silence et même recueillement; si bien que je crois qu'au fond les tableaux y gagnent; en regardant bien, on y voit toujours.

Il y a dans le musée de Marseille douze ou quinze tableaux de premier ordre : un paysage d'Annibal Carrache, une grande *Assomption* d'Augustin Carrache, un tableau de Pérugin, comme il n'y en a ni à Paris ni à Florence; deux toiles immenses de Vien, un superbe portrait attribué à Van Dyck, deux tableaux de Puget, qui, après avoir fait trembler le marbre, essayait parfois de faire vivre la toile; un Salvator Rosa, un Michel-Ange Caravage, une *Pêche miraculeuse* de Jordaens, un Guerchin d'une couleur magnifique; enfin, le chef-d'œuvre du musée, — la célèbre *Chasse* de Rubens.

Quand on aura vu tout cela, on jettera un coup d'œil sur un *Mercure*, qu'il faudra aller chercher dans un coin de la salle du fond. Ce n'est qu'une copie, il est vrai, mais une copie de Raphaël par M. Ingres.

En sortant du Musée, nous revînmes prendre une voiture place Royale. Cette course me permit de voir la fontaine qui fait l'ornement de la place. Comme le fameux lac dont parle Hérodote, il ne lui manque qu'une chose, c'est de l'eau. Méry l'appelle la fontaine Hydrophobe ; le nom pourra bien lui rester. Je demandai à en voir d'autres : celle-là m'avait fait de la peine.

Méry ordonna au cocher de nous conduire d'abord à la rue d'Aubagne ; là, j'eus ce que je demandais, c'est-à-dire une fontaine coulant à pleins bords ; celle-là est dédiée au *poeta Sovranno*, comme l'appelle Dante, et on y lit cette simple inscription : *Les descendants des Phocéens à Homère*. Un magnifique plateau s'étend au-dessus de la fontaine, qui coule dans un lavoir troyen. On se croirait aux portes Scées, sur les bords du Simoïs : c'est un chapitre de l'*Odyssée* en action.

Je m'aperçois que je viens de copier, ou à peu près, quatre lignes dans l'album des étrangers. Ces diables de Marseillais ont tant d'esprit et de poésie, qu'ils en fourrent partout, même dans les guides, ce qui ne s'est jamais vu nulle part. « Un peu plus de froideur dans ces têtes-là, disait David en parlant des Provençaux, et ils seraient presque tous des hommes de génie. »

Nous passâmes auprès de la pyramide de la place Castellane. Je ne présume pas qu'elle soit élevée dans un autre but que de faire un pendant quelconque à l'arc de triomphe de la porte d'Aix. L'une vaut à peu près l'autre ; seulement, l'arc de triomphe a sur la pyramide le désavantage d'être couvert de sculptures, ce qui gâte un peu la pierre, quand cela ne l'embellit pas beaucoup.

A cent pas de la place Castellane, on se trouve hors de Marseille, sur un beau boulevard où il y aura de l'ombre dans vingt ans si les arbres poussent ; en attendant, il y a force poussière. La poussière est le fléau de Marseille ;

on a de la poussière dans les yeux, dans la bouche, dans les poches. On en prend son parti quand on est philosophe ; mais on ne s'y habitue pas, fût-on optimiste.

C'est que toutes ces montagnes qui environnent Marseille sont véritablement calcinées par le soleil. Je ne sais pas où diable Lucain avait vu la fameuse forêt sacrée dans laquelle César fit faire ses machines de guerre, ni Guillaume de Tyr ces bois magnifiques où les croisés coupèrent les mâts de leurs vaisseaux. Peut-être aussi est-ce à la grande consommation qu'ils en ont faite autrefois qu'est due la pénurie actuelle; mais je sais qu'aujourd'hui on trouverait difficilement à y tailler une botte d'allumettes.

En revanche, il y a de magnifiques vallées de sable, dans le genre de celles qui conduisent au lac Natroun.

Quand la girafe aborda à Marseille, elle était souffreteuse : les savants déclarèrent qu'elle avait le mal de mer; mais son conducteur secoua la tête, et expliqua tout bonnement, en éthiopien, que ce qu'on prenait pour le mal de mer était le mal du pays. Comme les savants n'avaient pas entendu un mot de ce qu'avait répondu le cornac, ils firent une grimace, inclinèrent la tête, réfléchirent un instant, et répondirent qu'il pourrait bien avoir raison. L'Éthiopien, voyant qu'on était de son avis, prit son animal par la corde, et, à midi sonnant, sous un soleil de trente-cinq degrés, il longea le bord de la mer, et alla s'enfoncer dans les gorges du mont Redon.

A peine la girafe se trouva-t-elle au milieu de ces rocs nus et pelés, qu'elle releva la tête, ouvrit ses naseaux, frappa le sol du pied, et, voyant jaillir autour d'elle un sable aussi brûlant que le sable natal, elle se crut revenue dans le Darfour ou le Kordofan, et bondit si folle et si joyeuse, qu'elle tira sa corde des mains de son conducteur, lui sauta par-dessus la tête, et disparut derrière un rocher.

Le pauvre Éthiopien accourut tout penaud à Marseille. Cette fois, les savants, le voyant tout seul, comprirent qu'il revenait sans la girafe. De là à la probabilité qu'il l'avait perdue, il n'y avait qu'un pas : la science le fit avec toute sa certitude ordinaire.

On demanda au commandant de la garnison deux régiments; les deux régiments cernèrent le mont Redon, et retrouvèrent la girafe couchée tout de son long dans ce beau sable africain qui lui avait rendu la vie. La girafe se trouvait trop bien là pour se laisser rattraper sans essayer de fuir; mais elle avait affaire à un habile stratégiste. Le colonel commandant l'expédition était de Gemenos; il connaissait, en conséquence, tous les défilés du mont Redon. Après avoir fait des prodiges de légèreté, la pauvre bête, retrouvant partout le pantalon garance, fut forcée de se laisser reprendre; elle se rendit donc de bonne grâce à son Éthiopien, qui la ramena en triomphe à Marseille.

Jamais elle ne s'était mieux portée; un jour passé dans les sables du mont Redon avait suffi pour lui rendre la santé.

En tournant l'angle d'un mur, nous nous trouvâmes en face de la mer; dès lors, nous ne vîmes plus rien qu'elle.

C'est que, de la plage du Prado, surtout, elle est magnifique.

Quant à moi, je n'y pus résister; je laissai Méry commander les clovis et la bouillabaisse à *la Muette de Portici*, et je me jetai dans un bateau.

Ce bateau était à un pêcheur qui allait justement retirer ses filets ; outre la promenade, j'avais la pêche.

Tout en allant à nos bouées, le pêcheur me dit les noms de tous ces caps et de tous ces promontoires, noms sonores, empruntés presque tous à la langue ionienne, et qui, à défaut de chronique, attesteraient l'origine des anciens possesseurs de cette terre.

Au fond de l'horizon se levait sur son rocher, au milieu de la mer, le phare de Planier. Mon pêcheur, tout en ramant, me raconta que ce phare venait d'être, il y a quelques mois, témoin d'un accident horrible. Un bâtiment chargé de sucre avait été jeté contre le rocher qui en fait la base, s'était ouvert et avait coulé à fond; l'équipage s'était sauvé, mais toute la cargaison avait fondu.

— Diable! répondis-je touché de la perte qu'avaient faite les armateurs et le capitaine, c'est un grand malheur.

— Oh! oui, c'est un grand malheur, me répondit mon homme. Imaginez-vous, monsieur, que, pendant plus de six semaines, à trois lieues à la ronde, on ne voyait plus un merlan. Il paraît que ces *béteils*-là, ça ne peut pas sentir l'eau sucrée,

Pour ce brave homme, la perte du sucre n'était quelque chose que parce qu'elle avait, pendant six semaines, éloigné les merlans.

Heureusement, le premier filet que nous tirâmes nous donna la preuve que les merlans étaient revenus : il en contenait trois, dont un gros comme la cuisse.

Les autres renfermaient des loups, des rougets, des surmulets, des sépillons et des dorades; il y avait de tout, jusqu'à une langouste, qui était venue pour manger très-probablement les prisonniers, et qui se trouvait fort exposée, par un revirement de fortune, à être mangée avec eux.

Nous revînmes avec notre pêche, qui passa immédiatement de la barque dans la casserole et dans la poêle; puis Méry me présenta à Courty, le propriétaire de l'établissement somptueusement appelé *la Muette de Portici*.

Courty paraissait fort troublé; on lui avait parlé de moi comme d'un fin gastronome, ce qui m'avait donné dans son esprit un bien autre relief que si on m'avait présenté tout bonnement comme l'auteur d'*Antony* et de *Mademoiselle de Belle-Isle*.

Or, Courty est un cuisinier artiste, digne d'être placé dans un pays plus appréciateur de la science approfondie par Brillat-Savarin que ne l'est Marseille. A Marseille, sauf quelques exceptions, on n'éprouve pas le besoin de dîner; pourvu que l'on mange, cela suffit.

Courty est donc perdu dans un monde où il reste incompris; ce qui ne l'empêche pas de chercher de temps en temps quelque plat inconnu. Sous ce rapport, il est de l'avis de M. Henrion de Pansey, qui disait que la découverte d'un nouveau plat était plus utile à l'humanité que la découverte d'une nouvelle étoile. « Car des étoiles, d.

dédaigneusement Courty, il y en aura toujours assez pour ce que nous en faisons. » Cela est d'autant plus vrai qu'il y a beaucoup plus d'étoiles encore à Marseille qu'à Paris.

Courty se surpassa. Je regrettai de ne pas être à la hauteur de la réputation qu'on m'avait faite auprès de lui. Mes éloges lui ouvrirent le cœur; il me conta ses peines. *La Muette de Portici* a près d'elle une malheureuse guinguette ouverte à tout venant, à cause de la modicité de son prix, et tout le monde y va, même ceux-là qui ne devraient pas y aller.

Cela tient peut-être aussi à ce que, chez Courty, il y a de l'ombre et des fleurs, choses dont les Marseillais n'ont pas l'habitude.

Pendant que nous dînions, un ami de Méry vint s'asseoir à côté de nous, et nous offrir pour le soir une *pêche au feu*. C'était une trop bonne fortune pour que nous la refusassions. En attendant, Méry lui demanda pour moi la permission d'aller visiter sa maison, bâtie sur un modèle si antique et surtout si étranger, qu'on est convaincu à Marseille que, comme celle de Notre-Dame de Lorette, elle a traversé la mer. Aussi l'appelle-t-on *la maison phénicienne.*

C'était, en effet, une maison tout orientale, comme on en trouve aussi quelques-unes à Florence, avec deux étages pleins et des colonnes qui soutiennent un toit qui fait double terrasse; sous le toit, terrasse pour le jour; sur le toit, terrasse pour la nuit. La petite maison de Marseille a, de plus, de sa base à la moitié de sa hauteur, une treille toute courante qui lui sert de cuirasse, verte au printemps, rouge à l'automne, et la moitié de l'année chargée de raisins magnifiques.

Après nous avoir fait voir sa maison, M. Morel nous présenta à sa famille, qui se composait de trois ou quatre filles, toutes plus belles les unes que les autres, de presque autant de gendres et du double de petits-enfants.

Tous demeurent ensemble dans cette petite maison phénicienne, qui me paraît une des plus heureuses maisons de Marseille.

Et cependant, M. Morel allait abattre cette jolie petite maison pour faire bâtir une bastide comme toutes les bastides; c'est-à-dire quelque chose de carré, avec des trous percés régulièrement, qu'on tient ouverts le jour et fermés la nuit, tandis qu'à mon avis on devrait faire tout le contraire. M. Morel, au grand désespoir de Méry, allait mettre le marteau dans la pauvre maison phénicienne, lorsque, dans un vieux coffre qu'on n'avait pas ouvert depuis deux cents ans, une fille de M. Morel trouva un vieux manuscrit écrit sur du vieux parchemin, d'une toute petite écriture d'une forme si biscornue, que, M. Morel ni ses gendres n'y comprenant rien, il fallut envoyer chercher Méry pour la lire.

M. Morel espérait que c'était quelque titre de propriété qui allait doubler son revenu territorial : c'était tout bonnement une chronique du temps du connétable, et relative à la maison phénicienne.

La maison phénicienne avait joué son rôle pendant le siège de Marseille. Or, du moment que la maison phénicienne devenait une maison historique, il n'y avait plus, comme on le comprend bien, moyen de la démolir; aussi resta-t-elle debout, à la grande joie de Méry.

Je demandai à M. Morel la faveur de lire cette chronique; mais, comme il est encore pêcheur plus passionné qu'ardent archéologue, il me dit qu'il me la donnerait après l'expédition. En effet, la nuit était venue avec cette rapidité toute particulière aux climats méridionaux, et à peine le temps nécessaire nous restait-il pour nos préparatifs.

Chacun se mit à l'œuvre, hommes et femmes, moi comme les autres. Mon habit pincé me gênait, on m'apporta une veste de M. Morel. J'aurais pu y loger Méry avec moi; mais Méry était déjà logé dans son manteau, et, quand Méry est logé dans son manteau, il est indélogeable.

Vers les neuf heures du soir, tout fut prêt. Un des gendres de M. Morel se chargea d'alimenter le feu qui brûlait à la proue dans un réchaud de fer; deux autres prirent des tridents pour harponner le poisson, et se placèrent à bâbord et à tribord. M. Morel et moi, nous en fîmes autant; car, malgré mes réclamations, on m'avait placé dans la partie active. Méry se plaça à la poupe, au milieu des dames, qui ajoutèrent à son manteau leurs châles et leurs burnous. Jadin, le crayon à la main, s'assit sur une des banquettes, avec Milord entre ses jambes. L'homme aux merlans se plaça sur l'autre banquette, un aviron de chaque main. Courty, qui devait rester sur le rivage, poussa la barque, et tout l'équipage se trouva à flot.

En ce moment, Jadin eut une scène affreuse avec Milord

qui voulait absolument aller manger le feu. Il en résulta des aboiements éclatants, qui, n'étant pas dans le programme de la pêche, pendant laquelle, au contraire, on doit garder le plus profond silence, se terminèrent par des gémissements sourds, lesquels prouvaient que Jadin avait employé à l'endroit de Milord les grands moyens, c'est-à-dire le talon de la botte.

Néanmoins, comme cet épisode n'avait point attiré le poisson, nous doutâmes pendant quelque temps du succès de notre pêche. Aucun poisson ne se montrait, et pourtant on apercevait, à travers trois ou quatre pieds d'eau, le fond de la mer, comme s'il n'eût été séparé de nous que par une simple gaze. Tout à coup un des gendres de M. Morel piqua son harpon, et le retira avec une espèce de serpent qui se tortillait au bout : c'était un congre de trois ou quatre pieds de long. Je trouvai l'animal fort laid, et me promis bien de n'en point prendre de pareils.

Cela prouvait, au reste, que nous entrions dans les domaines habités.

Le fond de la mer, vu ainsi de nuit à la lueur tremblante d'un feu de sapin, est une des choses les plus curieuses qui se puissent imaginer : il a, comme la terre, ses endroits couverts et ses sables arides ; ses longues algues sombres, où les poissons se détachent comme s'ils étaient d'or ou d'argent, et ses plaines découvertes, où voyagent, pesamment chargés de leur énorme bagage, les nautiles, les bernard-l'ermite et les oursins, laissant derrière eux la trace du chemin qu'ils ont parcouru. Puis, si quelque rocher se présente, au milieu des moules et des huîtres qui y ont établi leur domicile sédentaire, on est sûr de voir quelque polype au gros ventre, aux yeux à fleur de tête et aux longs bras tremblants, dont chaque extrémité va cherchant la proie que sa gueule béante s'apprête à engloutir. Tout cela suivait, selon ses instincts, sa vie mystérieuse et sous-marine, à laquelle nous venions apporter un si grand trouble avec le feu et le fer.

Cependant le bateau se remplissait; M. Morel et ses gendres piquaient à qui mieux mieux, et m'excitaient à en faire autant; mais j'attendais, en faisant signe de la tête que je me tenais prêt. Quant au bateau, il continuait, poussé par le doux mouvement des rames, à voguer dans un cercle de lumière où de temps en temps entraient de gros papillons de nuit, qui venaient étourdiment donner de la tête contre nous. Tout à coup je vis passer directement au bout de mon harpon quelque chose qui ressemblait à une poêle à frire : je donnai de toute ma force un coup en plein corps de l'animal, et je tirai de l'eau une raie de la plus belle espèce.

Je fus proclamé le roi de la pêche.

Comme, à part moi, j'attribuais bien plus au hasard qu'à l'adresse le coup magnifique que j'avais fait, je déclarai que je m'en tiendrais là; je passai mon sceptre à celui des gendres de M. Morel qui avait jusqu'alors pris soin du feu, et je me remis à mes études de mœurs conchyliologiques.

Il ne fallut pas moins pour les interrompre qu'une décision de ces dames, qui, sur les gémissements que poussait Méry, déclarèrent que le vent de la mer commençait à leur paraître un peu frais; en conséquence, on décida qu'on allait continuer la promenade sur l'Huveaume.

L'Huveaume est un ruisseau qui se jette dans la mer, et abuse de sa position topographique pour prendre le nom de fleuve; mais il y a noblesse et noblesse, disait Saint-Simon, et ce n'est pas une raison parce qu'on fait résolument comme le Rhône ou le Danube pour qu'on se croie leur égal.

Au reste, l'Huveaume n'a pas, je crois, ces hautes prétentions; il est impossible d'offrir une embouchure plus modeste, et de se perdre plus silencieusement qu'il ne le fait dans la Méditerranée : c'est tout à fait un fleuve de *Géorgiques*, un fleuve à la Théocrite et à la Virgile, un fleuve non pas pour porter des bateaux, mais pour baigner les pieds des nymphes.

Nous remontâmes donc, sous une voûte de tamaris aux troncs fantastiques et aux bras tordus, notre *fiumicello*, dont nous touchions les deux bords avec le bout de nos rames. Là, je reconnus tout le tort que j'avais eu de me moquer de l'Huveaume sans le connaître. En effet, ce ruisseau coule avec une tranquillité et une quiétude qui font plaisir à voir, et je le crois au fond beaucoup plus heureux que la Méditerranée.

Après une demi-heure d'exploration, l'Huveaume cessa de nous porter, sous prétexte qu'il n'était plus navigable. Force nous fut donc de redescendre vers la mer; mais nous n'allâmes point jusqu'à elle. Au bruit qu'elle faisait en se brisant contre son rivage, nous comprîmes qu'elle se mettait tout doucement à la tempête. Quant à notre fleuve, il était au-dessus de toutes ces vicissitudes humaines. Aussi nous laissa-t-il accoster tranquillement une de ses rives, et descendre au milieu d'un joli verger, à travers lequel nous regagnâmes la maison phénicienne.

Comme il me l'avait promis, M. Morel me remit le manuscrit trouvé par sa fille dans le vieux coffre que vous savez. Il m'accorda, de plus, la permission de le copier; ce qui fait que je suis assez heureux pour l'offrir à mes lecteurs.

Peut-être, quand j'aurai été refusé cinq ou six fois à mon tour à l'Académie française, lui devrai-je la faveur d'être reçu à l'Académie des inscriptions et belles-lettres.

XXXI

LA MAISON PHÉNICIENNE

Nous sommes au 12 septembre 1524 : Marseille se bat avec le connétable de Bourbon, cet illustre fou, qui s'en allait ravageant l'Europe pour guérir son ennui. C'est le vingt-deuxième jour de tranchée ouverte; les nobles seigneurs d'Aix et les nobles roturiers de Marseille, réunis sous les mêmes bastions, ont juré de s'ensevelir sous leurs ruines. Le connétable pousse aux murailles ses Italiens, ses Espagnols, ses lansquenets. La tour Saint-Jean, la butte des Moulins, la tour Sainte-Paule embrasent leurs batteries, et jettent des pluies de boulets, par-dessus les remparts, sur les collines du Lazaret, sur le chemin du

Cannet, où flotte la bannière du connétable, et jusqu'au pied de l'abbaye de Saint-Victor, où le marquis de Pescaire a établi son camp. Un violent orage de septembre éclate à la tombée du jour; la nuit descend avec les plus profondes ténèbres; c'est un temps comme il en faut pour les entreprises d'amour et de guerre.

Aussi le capitaine Charles de Monteoux, à la tête de mille citoyens résolus, vient-il de se faire ouvrir la porte Royale, au bout de la rue des Fabres; car il veut risquer une sortie dans les jardins et les plaines de chanvre de la Cannebière. Deux héroïques amazones le suivent: l'une est la femme, et l'autre la nièce de Charles de Laval; elles ont dans leurs fontes des pistolets richement damasquinés, et tiennent chacune à leur blanche main une épée si bien travaillée, qu'elle a plutôt l'air d'un bijou que d'une arme.

L'ennemi fuyait en désordre dans la direction de la route d'Aubagne, lorsque la cavalerie espagnole, qui gardait cette avenue, tomba sur les Marseillais, et les força de rentrer dans la ville. Pour beaucoup des nôtres (1), la retraite fut malheureusement coupée; ils arrivèrent trop tard devant la porte Royale : elle était déjà fermée, et le pont-levis laissait à découvert un fossé large et rempli d'eau. Là, quelques Marseillais furent pris; d'autres, profitant de l'obscurité, gagnèrent la campagne. De ce nombre étaient le jeune Victor Vivaux, fils du maître de

(1) Ce pronom possessif annonce que l'auteur inconnu de la chronique est un Marseillais.

l'artillerie, et les deux jeunes femmes dont nous avons déjà parlé, Gabrielle et Claire de Laval. Tous les genres de périls menaçaient les deux amazones dans cette nuit, et à travers cette armée impie, qui tuait, ravageait, déshonorait pour gagner l'enfer, et qui, trois ans plus tard, devait violer Rome au milieu de l'incendie et sur un fleuve de sang.

Gabrielle, la femme de Charles de Laval, avait trente-deux ans. Surprise à l'improviste par la proposition d'une sortie qu'avait faite le capitaine Charles de Montéoux, et qu'elle avait acceptée, elle et sa nièce, avec l'aventureuse témérité dont les femmes donnèrent tant de preuves à cette époque, elle n'avait pas voulu faire attendre le chef de l'expédition, et elle était partie vêtue comme elle était, c'est-à-dire avec une ample robe de soie à taille longue, gaufrée sur tous les plis, avec un corset de velours bien carrément dessiné sur les épaules, et se terminant en pointe au-dessous du sein. En outre, sur la lisière supérieure du corset, montait un encadrement de hautes et roides dentelles, qui laissaient à découvert un cou de cygne. La figure qui donnait la vie au beau corps et à ces étoffes avait un type merveilleux de distinction : c'était un front pur et blanc, découpé en lignes admirables; c'était un regard doux qui jaillissait de grands yeux d'un noir limpide; c'était une bouche adorable, où le sourire s'épanouissait comme dans une rose; c'était un ensemble divin qui avait été légué à Marseille par les sculpteurs de Mitylène et de Délos. Cette noble tête portait une couronne ondoyante de cheveux d'ébène, qui, sous certains jeux de lumière, semblaient recéler des reflets ardents, comme la vague de la mer, par une nuit sombre, roule des teintes de feu dans ses plis noirs et mobiles.

Quant à la jeune fille qui l'accompagnait, Claire de Laval, sa nièce, elle n'avait que vingt ans. Il paraîtrait incroyable qu'à cet âge une femme osât affronter les périls de la guerre si l'on ne savait combien, à ces époques de troubles, où la vie des hommes et l'honneur des femmes étaient perpétuellement en jeu, celles-ci montraient de bonne heure un caractère d'énergique résolution. Au reste, l'histoire de Marseille est là pour l'attester, à l'éternel honneur du beau sexe, qui fut aussi le sexe héroïque. Claire de Laval, à peu près vêtue comme sa tante, aurait pu être prise pour la sœur de Gabrielle. Elle avait des cheveux blonds, richement prodigués sur les tempes et sur les épaules; de beaux yeux druidiques, couleur de mer orageuse; un teint admirablement fondu dans le lis et la rose; un charme de figure saisissant et magnétique; enfin une grâce souveraine dans toutes les ondulations de son corps, quand elle marchait avec une étourderie charmante sur la pointe de ses brodequins, dorés comme les sandales d'une odalisque; assise et rêveuse, elle avait cette exquise nonchalance des femmes blondes, cette tranquillité radieuse qui, presque toujours, est un volcan en repos.

Leur seul compagnon, Victor de Vivaux, était un grand et leste jeune homme de vingt-quatre ans, renommé pour sa galanterie entre les plus aimables donneurs de sérénade de la place de Lenche; un franc Marseillais du moyen âge, fortement bruni sur les deux joues par le soleil des dernières messes à l'esplanade de la Major.

Les deux amazones et le jeune officier qui leur servait de guide suivirent quelque temps au grand galop la direction qu'ils avaient prise à travers terres; mais bientôt le sol se trouva tellement coupé de haies et de fossés, que leurs chevaux leur devinrent non-seulement une inutilité, mais un embarras; d'ailleurs, soit en hennissant, soit en piaffant, ils pouvaient les trahir. Les trois fugitifs mirent donc pied à terre, abandonnèrent leurs montures dans un carré de chanvre, et continuèrent leur route sans prononcer une seule parole; car de tout côté autour d'eux des fracas soldatesques annonçaient la présence de l'ennemi. Enfin les deux femmes, suivant toujours aveuglément leur guide par des sentiers non frayés, atteignirent les hauteurs qui dominent le vallon d'Auriol : là, ils tournèrent le dos à la ville, et, de sinuosités en abîmes, ils arrivèrent sur cette plage sablonneuse qui se courbe en arc du rocher Blanc au mont Redon.

Tout le monde sait que ce rivage ressemble, à s'y méprendre, aux atterrages d'une île déserte ; car, préoccupé sans cesse des chances de la guerre, le Marseillais ne songe à cultiver d'autres jardins que ceux qui s'étendent à l'ombre de ses remparts. L'Huveaume, à son embouchure, forme un delta de marécages au milieu desquels il coule à la mer; quelques cabanes de pêcheurs s'élèvent seules, à de longs intervalles, sur les cailloux de la rive. Seulement, au milieu des eaux stagnantes du petit fleuve, et à l'extrémité d'une chaussée naturelle de roches souvent couvertes par les vagues, apparaît une maison de construction isolée, qui semble protester contre la solitude, et rappeler aux marins voguant vers Planier les temps anciens, où cette plage fut visitée par les galères de Tyr et de Sidon (1).

Lorsque les fugitifs atteignirent ce rivage, la mer était assez calme malgré l'orage. Victor de Vivaux s'élança le premier sur la chaussée naturelle, en s'aidant des branches d'un tamaris échevelé; et, prêtant l'oreille aux bruits nocturnes, il n'entendit plus que le râlement de la tempête agonisante, le frôlement des saules et des roseaux, et, vers le nord, un grondement sourd parti sans doute de la coulevrine de Sainte-Paule, qui chantait un duo avec la foudre du ciel.

Il se baissa alors, et tendit la main à Gabrielle, qui en un instant, se trouva près de lui sur la chaussée; puis à Claire, pour laquelle, pendant cette fuite, on avait pu remarquer chez le jeune homme une partialité de soins toute particulière; puis, voyant les deux femmes près de lui, et jetant d'un côté les yeux sur la mer et de l'autre sur les marécages :

— Maintenant, mesdames, leur dit-il en respirant plus librement, je vous permets de parler; car nous sommes

---

(1) Tout le terrain que décrit le chroniqueur avec une affectation sensible d'actualité est le même qui est occupé aujourd'hui par la belle promenade du Prado et par l'établissement de *la Muette de Portici*. Mais nous ne sommes pas dupe de cet artifice du narrateur, qui met au présent ce qu'il aurait dû mettre au passé.

en lieu sûr : il n'y a plus ni soldats ni maraudeurs autour de nous.

— Pour moi, dit Gabrielle avec un éclat de rire, je ne pardonnerai jamais à M. le connétable de m'avoir fermé la bouche pendant deux mortelles heures; si bien que je n'ai pas même adressé le moindre compliment à l'orage, qui, cependant, autant que j'ai pu m'occuper de lui, m'a paru fort beau.

— Sainte Vierge des Carmes! s'écria Claire, dans quel pays sommes-nous tombés? sommes-nous sur terre ou sur mer?

— Rassurez-vous, mademoiselle, dit Victor, je connais les localités.

— Vous connaissez ce désert sauvage, monsieur de Vivaux?

— Sans doute, et vous allez vous orienter comme moi; car voilà la lune qui écarte ses nuages pour vous voir passer. Tenez, mesdames, regardez là-bas dans les tamaris, il y a une maison que je connais comme la mienne de l'évêché. Nous y sommes venus cent fois avec M. de Beauregard, le capitaine de la tour Saint-Jean.

— Et que veniez-vous faire ici, messieurs? dit Gabrielle accompagnant cette interrogation d'un ton à demi goguenard, pendant que Claire regardait le jeune homme avec une certaine inquiétude.

Le jeune homme comprit ce regard, et répondit en souriant aux deux femmes, quoiqu'une seule l'eût interrogé :

— Nous venions faire une chose toute simple, mesdames; nous venions inspecter au *fustié* (1). Cette petite maison appartient à M. de Beauregard; il ne se doute guère qu'elle va nous servir d'asile cette nuit.

— Et si la porte est fermée? demanda Gabrielle.

— Nous l'enfoncerons, répondit Victor.

— Oh! murmura Claire, à qui cette manière de s'impatroniser paraissait, malgré le danger, un peu sans façon.

— Que la Vierge de Bon-Secours nous garde! dit Gabrielle; il me semble que je vois luire quelque chose de sinistre là-haut.

Et, de la pointe de son épée, qu'elle n'avait point encore remise au fourreau, elle désignait la colline du nord.

Les regards se tournèrent dans cette direction, et il se fit un moment de silence.

— Chut! dit Claire en tressaillant.

— Qu'y a-t-il? demanda Victor en se plaçant instinctivement devant la jeune fille.

— J'entends du bruit, reprit Claire.

— Où? demanda Victor baissant la voix à chaque interrogation.

— Là, là, tout près de nous, dans ces algues noires, répondit Claire si bas, que, pour l'entendre, Victor fut obligé d'approcher sa joue près des lèvres de la jeune fille, et qu'il sentit son haleine.

— C'est la mer ou le vent, dit le jeune homme restant un instant incliné. Le danger n'est pas là. Il est là, ajouta-t-il à voix basse à son tour en montrant l'Huveaume.

(1) Au feu. C'était la même pêche que nous venions de faire.

— En effet, en effet, dit Claire en saisissant le bras du jeune homme. Tenez, là, là, devant nous.

Victor se retourna du côté indiqué, et, en effet, il aperçut une grande figure noire qui se levait d'entre les saules de l'Huveaume et s'avançait vers la chaussée.

— Silence! dit Victor.

Et il laissa l'apparition s'engager sur la digue étroite; puis, lorsqu'elle ne fut plus qu'à quelques pas de lui, il s'élança à sa rencontre l'épée à la main, tandis que les deux femmes s'apprêtaient, si besoin était, à prêter secours à leur défenseur.

— Qui es-tu? que veux-tu? demanda le jeune homme en appuyant son épée sur la poitrine du nouvel arrivant, qui au lieu de se défendre, tomba humblement à genoux.

— Oh! monsieur le Marseillais! répondit le bonhomme, qui, à l'accent de Victor, avait reconnu son compatriote.

— Ah! ah! dit Victor, qui venait de faire la même découverte, il paraît que nous n'avons pas affaire à un ennemi; mais n'importe! quand, par ce temps-ci, on se rencontre dans un lieu semblable, et à pareille heure, il faut se connaître. Je répéterai donc ma question. Qui es-tu? que veux-tu?

— Je suis le patron Bousquié, le pêcheur de M. de Beauregard, et je vais tirer les thys.

— Eh! pardieu! c'est vrai, dit Victor. Mesdames, ajouta-t-il en se retournant, ne craignez rien, nous sommes en pays de connaissance.

— Tiens! c'est M. Victor! dit le pêcheur avec un gros

sourire. Et moi qui ne l'avais pas reconnu! — Bonsoir, monsieur Victor!

— Bonsoir, mon ami.

— Ah bien, en voilà une merveille de vous voir, quand je vous croyais derrière les forts de la ville! Est-ce que ce serait encore une partie comme...?

— Chut! dit Victor.

— Ah! mais c'est que le temps serait drôlement choisi!

— Tu dis donc que tu allais pêcher? interrompit brusquement le jeune homme, à qui le ton qu'avait pris la conversation paraissait évidemment désagréable, et qui désirait le changer.

— Hélas! oui, je vais pêcher, répondit le patron Bousquié avec un gros soupir.

— Eh bien, qu'as-tu donc? demanda Victor. J'ai vu le temps où cette occupation était pour toi une fête.

— Oh! oui, quand je pêchais pour M. de Beauregard, ou bien pour vous, quand vous veniez avec cette petite...

— Et pour qui pêches-tu donc, maintenant?

— Pour qui je pêche? Sainte Vierge noire! je pêche pour ces gueux d'Italiens, qui viennent manger mon poisson, et qui me le payent en grands coups de manche de hallebarde.

— Comment! des Italiens viennent ici? s'écria Victor.

— S'ils viennent?... Mais ils n'y manquent pas une nuit, de venir; dans une heure, ils y seront... Tenez, ne m'en parlez pas, monsieur Victor, ce sont de vrais Turcs, des corsaires, des Sarrasins, qui cherchent gratis des femmes et des bouillabaisses; des maudits de Dieu, quoi! Ils ont

avec eux deux Allemands, habillés comme des valets de
carreau. Ceux-là n'ont pas inventé la poudre; mais ils ne
valent pas mieux, allez!

— C'est bon; assez parlé, dit Victor. Bon patron Bousquié, voilà des dames qui ont besoin de repos... Elles ont laissé la semelle de leurs bottines sur les roches, et ont leurs jolis pieds tout meurtris. As-tu dans ta cabane un bon lit d'algues sèches pour ces deux dames?

— Oh! dans ma cabane, répondit le patron Bousquié, ces dames y seraient trop mal; ce serait bon tout au plus pour les petites demoiselles que...

— Eh bien, mais alors, interrompit Victor, où ces dames vont-elles passer la nuit?

— Si la mer n'était pas si terrible, je vous dirais qu'où elles seraient le mieux, c'est chez elles. Nous monterons dans ma barque, et, comme la mer est libre depuis que la flotte de la Fayette a chassé ce damné Moncade, je me ferais fort de vous remettre dans une heure à la chaîne du port.

— Eh bien, dit Gabrielle, ceci me paraît un moyen excellent. Montons dans la barque; nous sommes braves, et nous n'aurons pas peur.

— Oh! non, madame, non, dit le patron Bousquié en hochant la tête; non, ce serait tenter Dieu.

— Mais la mer n'est cependant pas trop grosse, murmura Claire.

— Non, pas ici, sans doute; mais la mer, ma petite demoiselle, sans comparaison, c'est comme les femmes, il ne faut pas en juger par ce qu'elles nous montrent. Ici, elle est assez tranquille, assez bonace; mais, là-bas, voyez-vous, au delà de ce rocher où rien ne l'abrite, elle fait le diable. Non, non, monsieur Victor, croyez-moi, mieux vaut attendre.

— Mais où attendre, puisque tu dis que, chez toi, nous ne serions point en sûreté?

— Suivez-moi, dit le patron Bousquié; je vais vous ouvrir la maison de M. de Beauregard: vous y serez mieux que chez moi. Si les Italiens viennent, montez à mesure qu'ils monteront; dans le grenier, vous trouverez une échelle et une trappe. Vous monterez sur le toit, vous tirerez l'échelle; et, s'ils vous poursuivent jusque-là, vous aurez toujours une dernière chance : c'est de vous jeter du haut en bas de la maison, si vous ne voulez pas être pris.

Les deux femmes se serrèrent la main.

— Viens, alors, dit Victor de Vivaux.

Le pêcheur prit la tête de la colonne, et les trois fugitifs le suivirent en silence; puis, au bout d'un instant, ils passèrent devant une treille de feuilles marines, montèrent l'escalier d'un perron; le patron Bousquié poussa une porte, et la porte s'ouvrit.

— Diable! dit Victor, si la porte ne ferme pas mieux que cela, tu aurais bien dû nous conduire autre part.

— Nous la barricaderons en dedans, dit Gabrielle.

— Gardez-vous-en bien, ma belle dame! répondit le pêcheur; ce serait vous dénoncer au premier coup. Non, non; ils ont l'habitude de trouver la porte ouverte, laissez-la ouverte; ils n'y verront pas de changement, et peut-être qu'ils ne se douteront de rien. Croyez-moi, faites ce que je vous dis.

— Vous croyez donc qu'ils viendront? demanda timidement Claire.

— Peut-être qu'ils viendront, peut-être qu'ils ne viendront pas. Ces diables d'Italiens, c'est fantasque comme des marsouins; on ne peut rien dire. Dans tous les cas, je tâcherai de leur faire assez bonne cuisine pour les tenir à la maison.

— Et voilà pour te défrayer du souper que tu leur donneras, dit Victor en glissant deux pièces d'or dans la main de patron Bousquié.

— Ah! il n'y avait pas besoin de cela, monsieur Victor ça m'ôte le plaisir de vous obliger pour l'amour du bon Dieu. Cependant je ne veux pas vous refuser, car ce ne serait pas honnête.

— Eh bien, donc, mets cela dans ta poche, et fais-nous bonne garde.

— Oui, oui; mais surtout ne fermez pas la porte, entendez-vous?

— C'est chose dite; sois tranquille.

— Alors, bonne chance!... A propos, mesdames, reprit le patron en revenant sur ses pas, si vous savez quelque petite prière bien efficace... je ne veux pas me permettre de vous donner un conseil; mais, vous comprenez, il n'y aurait pas de mal à la dire.

Puis, comme effrayé de sa hardiesse, le patron Bousquié fit un dernier signe de la tête et de la main, et sortit vivement,

Restés seuls, Victor et ses deux compagnes s'orientèrent de la main, car, pour les yeux, dans cette salle basse, il n'y fallait pas compter : allumer une lumière quelconque, c'était se dénoncer. Force était donc de se reconnaître à tâtons. Tout en cherchant, Victor entendait dans le silence battre le cœur de ses deux compagnes, et il lui semblait qu'il reconnaissait les battements de celui de Claire.

Enfin il trouva l'escalier.

— Par ici, dit-il.

Les deux femmes se rallièrent à sa voix; Victor étendit la main et saisit une main tremblante. Par terreur, sans doute, cette main serra la sienne. Victor n'eut pas même besoin de demander à qui elle appartenait.

— Suivez-nous, madame, dit-il en se retournant du côté où il présumait que pouvait se trouver Gabrielle; nous sommes au pied de l'escalier.

— Montez, alors, dit madame de Laval; je tiens la robe de Claire.

— Que cherchez-vous, ma tante? demanda la jeune fille.

— Rien, mon mouchoir que j'ai laissé tomber.

— Je redescendrai tout à l'heure, et je le ramasserai, dit Victor.

Tous trois alors montèrent l'escalier étroit et sombre qui conduisait aux étages supérieurs; puis les deux jeunes femmes cherchèrent à tâtons la porte d'une chambre, et entrèrent dans la première venue, avec l'intention d'y attendre que la mer fût calmée. Elles ne purent remarquer si l'ameublement était digne d'elles, car l'obscurité couvrait les quatre murailles; mais elles furent ravies de trouver sous leur main quelque chose de souple et de ouaté qui ressemblait à l'édredon d'un matelas.

— Victor, dit Gabrielle, si vous voulez descendre, nous allons essayer de nous reposer un instant.

— Vous veillerez sur nous, n'est-ce pas? dit Claire.

— Oh! comptez sur moi, mademoiselle, répondit Victor. Jamais sentinelle, je vous en réponds, n'aura été plus fidèle à son poste que je ne le serai.

— Et tâchez de retrouver mon mouchoir, qui pourrait nous trahir.

— J'y vais, répondit Victor.

Et on l'entendit descendre l'escalier.

Le jeune homme chercha pendant un quart d'heure, mais il ne trouva rien.

Pendant ce temps, les deux femmes mettaient bas leurs robes, avec lesquelles il était impossible de se coucher.

— Comprenez-vous, ma tante, dit Claire, dans quelle inquiétude M. de Laval doit être à cette heure?

— Bah! répondit Gabrielle, ce sont là les accidents de la guerre. M. de Laval nous croit mortes; mais, comme il est de garde à la tour Sainte-Paule, il n'a pas le temps de nous pleurer. Je voudrais bien avoir un miroir.

— Un miroir, ma tante! et pour quoi faire?

— Pour rajuster mes cheveux, qui doivent être dans un état abominable.

— Mais, quand vous auriez un miroir, ma tante, il me semble que, dans l'obscurité où nous sommes, il ne vous servirait pas à grand'chose.

— Bah! en ouvrant cette fenêtre, notre lune est si belle,

que nous y verrions comme en plein jour. Pousse donc un peu le contrevent, Claire.

— Oh! ma tante, c'est bien imprudent.

— Non, non! pour voir seulement si tout est tranquille.

Claire obéit, et un rayon de clarté nocturne illumina la chambre, éclairant la charmante tête de la jeune fille debout à la fenêtre : on aurait cru voir Amphitrite, la blonde reine de la mer, qui jetait un regard d'amour sur la beauté sauvage de ses domaines.

Pendant ce temps, Gabrielle avait trouvé le meuble qu'elle désirait, et, placée un peu en arrière de Claire, mais dans le même rayon, elle rajustait ses cheveux.

— Voilà qui est fait, dit-elle après un instant; maintenant, jetons-nous sur ce lit. Nous réciterons les litanies de la Vierge et le *Sub tuum* avant de nous endormir. Je dirai les versets, et tu répondras les *Ora pro nobis*. Viens-tu?

— Oui, ma tante, oui, dit Claire en se reculant un peu, sans cependant quitter la fenêtre; mais c'est qu'il me semble...

— Il te semble quoi? demanda Gabrielle.

— Voir des hommes qui s'approchent, suivant la même route que nous avons suivie. Je les entends, ma tante, je les entends.

— Bah! dit Gabrielle, c'est le vent qui souffle dans les tamaris.

— Non, ma tante; les voilà, je les vois; ils sont cinq... six... sept...

Gabrielle ne fit qu'un bond du lit où elle allait se reposer jusqu'à la fenêtre, et, appuyant ses mains sur les épaules de Claire, elle se haussa sur la pointe des pieds, et regarda par-dessus sa tête.

— Les voyez-vous? dit Claire en retenant sa respiration.

— Oui, je les vois...

Les hommes échangèrent quelques paroles entre eux.

— Ce sont des Italiens, dit Gabrielle.

— Oh! mon Dieu! mon Dieu! nous sommes perdues! murmura Claire en joignant les mains.

Trois petits coups frappés à la porte de la chambre firent en ce moment tressaillir les deux femmes; puis elles entendirent une voix qui disait :

— C'est moi, n'ayez pas peur; c'est Victor de Vivaux.

Gabrielle courut à la porte et l'entrouvrit.

— Eh bien? demanda-t-elle.

— Eh bien, on vient de notre côté.

— L'ennemi?

— J'en ai peur.

— Que faire?

— Suivez le conseil du patron Bousquié, montez plus haut. Cherchez une bonne cache, et ne vous inquiétez pas de moi. Si loin que je paraisse être de vous, je ne vous perdrai pas de vue.

Et, sans attendre la réponse des deux femmes, il se replongea dans l'obscurité de l'escalier.

— Claire? dit Gabrielle.

— Me voilà, ma tante.

— Viens vite!...

A ces mots, elle lui prit la main et l'entraîna hors de la chambre.

Et elles gagnèrent l'étage supérieur, où elles restèrent aux aguets, le cou tendu sur la rampe de plâtre qui tourne avec l'escalier.

Au dehors, entre la treille et le perron, deux hommes qui paraissaient les chefs d'une bande de maraudeurs parlaient haut, sans gêne aucune, de manière à se faire entendre de partout dans le silence de la nuit.

— Je te dis, Taddeo, disait l'un, que je les ai vues passer comme des ombres, que j'ai mesuré leurs pieds sur le sable. Ce sont des pieds pas plus longs que mon doigt et minces comme ma langue. Et puis qu'est-ce que tu dis de cette frange de brodequin que nous avons trouvée sur la colline? Taddeo, on sent la chair fraîche ici.

— Je commence à croire que tu as raison, répondit l'autre.

— *Per Bacco!* je le crois bien que j'ai raison! Vois-tu, nous avons perdu leur piste à vingt pas d'ici, là-bas où les cailloux commencent. Si les déesses ne prennent pas un bain dans ce marais, elles dorment là, derrière cette porte... Bien! où est mon lansquenet? Eh! Cornélius, avance! Mais avance donc! Que diable fais-tu, drôle? Tu bayes aux étoiles. Écoute, passe sous cet arceau, mon petit Tudesque, et garde la maison de l'autre côté pour couper la retraite, et, par saint Pierre! mes belles dames, vous ne nous échapperez pas.

— Qu'est-ce que cela? dit Taddeo en ramassant le mouchoir que Gabrielle croyait avoir laissé tombé dans le vestibule, et qu'elle avait laissé tomber au pied du perron.

— Vive-Dieu! camarade, répondit Géronimo en le prenant des mains de son compagnon, c'est un *fazzoletto* tout brodé et tout parfumé d'essence de rose, lequel ne m'a pas l'air de sortir de la poche d'un pêcheur : on ne prend pas du poisson avec ce filet-là.

— Montons, Géronimo, montons... Et vous, camarades, zsit! zsit!...

Le reste de la troupe s'approcha.

— Venez ici, et restez là... Bien!... Maintenant, soyez sages, et vous aurez les femmes de chambre, s'il y en a.

— Eh! non! non! montons tous; pas d'aristocratie ici, nous sommes tous égaux; d'ailleurs, plus nous serons, plus la visite sera complète. Seulement, l'autre Allemand... Eh! mon lansquenet! Forster! Forster!... ici! Assieds-toi sur le perron, à cheval et le poignard au poing : ces déesses ont un cavalier avec elles, car nous avons vu ses pieds sur le sable. Tous les égards du monde pour les femmes; une balle de plomb au cavalier; entends-tu, mon petit Allemand? voilà la consigne.

— *Ia, men heer*, répondit le lansquenet en se mettant à cheval sur le perron, à l'endroit même que lui avait indiqué son commandant.

Alors, Géromino ouvrit la porte; selon la recommandation de patron Bousquié, elle n'était point fermée.

— On ne voit pas plus clair ici que dans un four, dit un des Italiens. N'as-tu donc pas ton briquet, Taddeo?

— Est-ce que jamais je marche sans cela! répondit le soldat.

Au même instant, on vit jaillir les étincelles du caillou; l'amadou fut allumé, la lueur légère d'une allumette lui succéda; mais elle suffit à Géronimo pour découvrir une lanterne posée dans un coin du vestibule.

— Voilà notre affaire, dit-il; il y a un bon Dieu pour les honnêtes gens. Allume, allume.

Taddeo ne se le fit pas dire à deux fois. Les Italiens levèrent la lanterne, qui éclaira tout le vestibule; mais les maraudeurs n'aperçurent que des filets de toute espèce amoncelés contre les murailles.

— Ce sont les filets de notre père nourricier, dit Taddeo; il faut les respecter : nous en vivons.

— Voyez donc la calomnie! répondit Géronimo. Il y a cependant des gens qui disent que nous ne respectons rien : ce sont des langues de vipère. Amis, ne touchez à rien; vous savez que Bourbon ne plaisante pas sur le bien du prochain.

— Les femmes en sont-elles? demanda Taddeo.

— L'ordonnance ne porte que sur les moissons, les meubles et les bestiaux; vous voyez que cela ne regarde pas les femmes.

— Alors, montons au premier étage, dit Taddeo; tu vois bien qu'il n'y a rien à faire ici.

La bande suivit le conseil, et envahit la chambre que les deux femmes venaient de quitter.

— Oh! oh! s'écria Géronimo, la coque est restée, mais les papillons sont partis. Deux robes de princesse, diable! Si j'étais cardinal, je voudrais une dalmatique de ces étoffes-là. Mon cher, regarde-moi ce velours, et dis-moi ce qu'il devait y avoir là-dessous. Oh! rien qu'à le toucher, le sang me monte à la gorge.

— Prenons toujours, dit Taddeo; la chose a une valeur.

— Et, attention, voici deux escarcelles... De l'or!... Ceci est à nous comme Marseille est au connétable. Demain, nous partagerons.

— Géronimo, le lit n'est pas même défait : nos déesses n'ont fait que changer de robe, et elles se sont esquivées. Touche le lit, il est uni et froid comme du marbre.

— En chasse, en chasse! cria Géronimo; nous les trouverons, quand même le diable s'en mêlerait.

A ces mots, ils s'élancèrent sur l'escalier.

Gabrielle et Claire n'avaient pas perdu un seul mot de cette horrible scène. En entendant ces dernières paroles, elles ressentirent un effroi mutuel, et leurs cheveux frissonnèrent à leur racine. Mais il n'y avait pas de temps à perdre : elles s'élancèrent vers l'angle où était la petite échelle de bois qui conduisait à la trappe du toit, montèrent l'échelle, soulevèrent la trappe, s'élancèrent sur la plate-forme, tirèrent l'échelle derrière elles, et laissèrent retomber la trappe. Le toit était entouré d'un petit parapet, à l'exception de la façade du midi, par laquelle, grâce à une légère inclinaison des tuiles, se déversaient les eaux pluviales : les deux femmes se serrèrent dans un angle.

Peu d'instants après, un grand fracas de voix qui éclata sous leurs pieds leur apprit que la bande était parvenue dans la chambre de l'échelle, et que leur destinée se décidait en ce moment. Les deux nobles femmes se comprirent sans se parler, leurs lèvres se rapprochèrent dans un baiser radieux, et, les bras entrelacés, les yeux au ciel, elles s'avancèrent rapidement jusqu'au bord des tuiles saillantes qui se détachaient du toit. Les yeux fixés sur la trappe, elles s'attendaient à la voir se soulever à chaque instant, et, dans ce cas extrême, leur résolution était prise, elles se précipitaient du toit sur les dalles du perron. Cette agonie fut longue. Les tuiles craquaient sous leurs pieds, et, plus d'une fois, par l'effet d'une convulsion nerveuse, les deux femmes se sentaient poussées vers le précipice par une invisible main. Ainsi suspendues, immobiles sur leur tombe, elles ressemblaient aux statues de la Pudeur et du Désespoir élevées sur les ruines d'une ville prise d'assaut.

Cependant peu à peu le bruit des voix inférieures s'éteignit, l'escalier fut ébranlé sous des pas lourds; un rayon d'espoir passa sur le visage des deux femmes, dont les yeux se levèrent au ciel avec une expression de gratitude infinie ; puis Gabrielle souleva la trappe avec précaution, et elle entendit distinctement les lamentations de la bande ; elles furent suivies du cri de la porte qui se refermait. Bientôt après, un pas léger froissa l'escalier, et l'on entendit une voix timide qui, avec un accent de désespoir croissant, appelait à travers toutes les cloisons. C'était la voix de Victor de Vivaux.

La trappe se rouvrit, l'échelle fut replacée; Victor jeta un cri de joie et posa son pied sur le premier échelon.

— Nous sommes ici, Victor, dit tout bas Gabrielle.

— Alors, venez, venez vite! répondit Victor. Une minute de retard, c'est la mort.

Les deux femmes descendirent l'escalier avec une agilité

merveilleuse; mais, arrivées dans le vestibule, elles entendirent les soldats, que l'on croyait déjà loin, qui causaient arrêtés sur le perron. Victor poussa les deux femmes sous les masses profondes des filets qui pendaient devant les murs, et s'y ensevelit avec elles, prêtant une oreille attentive à tout ce qui se passait, car un bruit mal interprété pouvait être la mort de tous trois.

— Eh bien, capitaine, disait Forster, la visite a donc été inutile?

— Hélas! oui, répondit Géronimo.

— Vous avez cependant bien cherché partout?

— Nous n'avons pas laissé une pierre sans la flairer. Et toi, tu n'as rien vu?

— Rien.

— Descends : je te relève de garde.

— Merci, dit Forster en sautant lourdement à terre; je n'en suis pas fâché, car le poste n'était pas bon.

— Que dis-tu là?

— Je dis, capitaine, que, quand vous vous amuserez à vous promener sur les toits, je vous prie de me mettre de garde autre part que sous la gouttière.

— Et pourquoi cela?

— Parce que, quand il pleut des tuiles et qu'on n'a pas de parapluie, c'est malsain.

— Comment! il t'est tombé une tuile sur la tête, dis-tu?

— Une? Il m'en est tombé dix! mais j'étais là, fidèle au poste; le toit tout entier serait tombé, que je n'aurais pas bougé.

— Mes amis, s'écria Géronimo, elles sont sur le toit.

Lansquenet, mon amour, si tu as dit vrai, il y a dix pièces d'or pour toi.

— Au toit! au toit! crièrent tous les soldats.

— Allons, camarades, vous savez le chemin, s'écria Géronimo; qui m'aime me suive!... Cornélius, Forster, venez, venez aussi, et flairez comme de bons chiens que vous êtes...

Et la bande, pleine d'un nouvel espoir, rentra dans le vestibule et s'élança dans l'escalier. On entendit s'éloigner alors jusqu'aux pas lourds des deux Allemands qui fermaient la marche.

— Et maintenant, dit Victor de Vivaux, il n'y a pas une minute à perdre; de la présence d'esprit, du courage, et nous sommes sauvés.

En même temps, il sortit le premier de dessous les filets, et, prenant les deux femmes par la main, il s'élança avec elles hors de la maison. Toute la bande était sur le toit.

— Capitaine! capitaine! cria Forster, les voilà qui se sauvent; tenez, tenez, là, là... prenez garde!... *der Teufel!...*

Un grand cri, un cri terrible, un de ces cris de mort qui traversent l'espace quand une âme sent qu'elle va sortir violemment du corps, suivit ce juron. Les trois fugitifs s'arrêtèrent comme cloués à leur place; ils virent une masse qui passait dans le vide, et ils entendirent le bruit d'un corps qui s'écrasait sur le pavé.

— C'est le capitaine, dit Vivaux d'une voix toute frissonnante d'horreur; il se sera approché trop près du bord, et le toit aura manqué sous ses pieds.

— Capitaine!... capitaine!.. crièrent plusieurs voix.

Mais rien ne répondit, pas même un cri, pas même une plainte...

— Il est mort, dit Vivaux; Dieu ait son âme! Songeons à nous.

Et, ayant repris les deux femmes chacune par une main, il courut avec elles vers le bord de la mer.

Une barque était sur le rivage, les fugitifs s'en approchèrent; quoique le temps fût redevenu sombre, la mer était plus calme.

— Poussons cette barque à la mer, dit Victor. Dieu ne nous a pas sauvés si miraculeusement pour nous abandonner au dernier moment.

— Est-ce vous, monsieur Victor? dit une voix qui sortait du bateau, tandis qu'une tête inquiète se soulevait et dépassait à peine le bordage de la barque.

— Nous sommes sauvés, dit Victor, c'est le patron Bousquié.

— Et la mer? demanda Gabrielle.

— Douce comme du lait, dit le patron Bousquié; juste de vent ce qu'il en faut pour ne pas faire de bruit avec les rames. Montez, montez!

— Montez, mesdames, montez! dit Victor.

Les deux femmes sautèrent dans le canot. Le patron Bousquié le poussa à la mer et se lança derrière les fugitifs. Victor tenait déjà les rames.

— Pas de rames! pas de rames! dit le patron Bousquié.

Les rames font du bruit. La voile au vent, et Dieu nous garde ! Où faut-il aller, monsieur Victor ?

— Droit sur la chaîne du port, droit sur la tour Saint-Jean.

— Bien, bien, dit le patron Bousquié. Tenez-vous au gouvernail. Quand je dirai : « Tribord ! » vous appuierez à gauche ; quand je dirai : « Bâbord ! » vous appuierez à droite. Entendez-vous ?

— Oui.

— Alors, en route !

Et, comme si elle n'eût attendu que la permission de son maître, la chaloupe glissa doucement sur la mer.

Le patron Bousquié avait dit vrai ; la brise les favorisait comme si elle les eût connus. La petite voile, noire comme les vagues et invisible dans les ténèbres, se gonflait à ravir. Au bout d'une demi-heure, la barque touchait le piton de la chaîne, et Victor se faisait reconnaître par le gardien de la batterie à fleur d'eau. En ce moment, un silence solennel planait sur la ville assiégée : les sentinelles seules veillaient sur le rempart, et, devant les tentes, les deux armées prenaient du repos, afin de réparer les fatigues de la veille, et puiser dans le sommeil de nouvelles forces pour la bataille du lendemain.

Le trente-neuvième jour du siége, Marseille était la ville des angoisses, car une large brèche était béante depuis la base de la tour Sainte-Paule jusqu'au premier arceau de l'aqueduc de la porte d'Aix. Le connétable disposait le dernier et le plus formidable de ses assauts. Il fallait un miracle pour sauver Marseille ; car ses défenseurs, brisés par une résistance trop longue, cherchaient en eux un effort suprême qui pouvait leur être refusé par des bras affaiblis. Ce fut alors qu'au milieu des bastions enflammés et croulants, apparut une nouvelle armée au secours de la ville, une armée de femmes! Gabrielle de Laval commandait ces nouvelles Amazones du nouveau Thermodon, et Claire, sa nièce, portait la bannière de la cité grecque. A cette vue, les assiégés poussèrent un cri de résurrection qui épouvanta les Espagnols et les lansquenets sur les hauteurs du Lazaret et de Saint-Victor; puis, quand l'assaut fut donné, le connétable trouva toute la ville sur la brèche; jeunes gens, femmes et vieillards, un rempart vivant couvrit les ruines des bastions, et Marseille cria victorieusement à son ennemi comme Dieu à la mer : « Tu n'iras pas plus loin. »

Quinze jours après, on célébrait à la maison phénicienne le mariage de Victor de Vivaux avec Claire de Laval. Le patron Bousquié ne demanda d'autre récompense qu'une invitation à la noce. Quant à M. de Beauregard, il jura de ne jamais toucher à une seule pierre de la maison antique, et de la léguer à ses enfants, avec son vernis séculaire, son double toit, son perron, sa treille de feuilles, telle enfin qu'elle se leva du milieu des roseaux, comme une hôtellerie miraculeuse pour sauver deux héroïques femmes dans la plus terrible des nuits.

Au reste, on aurait pu croire que tout ce qui s'était passé n'était qu'un songe, s'il n'était resté au milieu de l'avant-toit une légère échancrure à la place où les tuiles avaient cédé sous les pieds du capitaine Géronimo.

Maintenant, si l'on veut savoir notre avis sur cette chronique, qui a sauvé la maison phénicienne de la démolition dont elle était menacée, nous avouons que nous soupçonnons fortement notre ami Méry d'en être l'auteur, et de l'avoir introduite furtivement, par une pieuse ruse, dans le vieux bahut de M. Morel.

XXXII

LA CHASSE AU CHASTRE

Il y a à Marseille une tradition antique et solennelle; cette tradition, qui se perd dans la nuit des temps, est qu'il y passe des pigeons sauvages.

Or, tout Marseillais, qui, de ses anciennes franchises municipales, n'a conservé, comme les Aiguemortains, que le droit de porter un fusil, tout Marseillais est chasseur.

Dans le Nord, pays d'activité, le chasseur court après le gibier, et, pourvu qu'il arrive à le rejoindre, il ne croit pas que la peine qu'il s'est donnée lui fasse rien perdre de sa considération dans l'esprit de ses compatriotes.

Dans le Midi, pays d'indolence, le chasseur attend le gibier; dans le Midi, le gibier doit venir trouver l'homme; l'homme n'est-il pas le roi de la création?

De là cette tradition fabuleuse d'un passage de pigeons.

Tout chasseur marseillais un peu ficelé, — j'en demande pardon à mes lecteurs, mais c'est le terme consacré, — tout chasseur, dis-je, a donc un *poste à feu*.

Expliquons ce que c'est qu'un *poste à feu*.

Le poste à feu est une étroite hutte creusée dans le sol, couverte d'un amas de feuillages flétris et de branches coupées. Aux deux côtés de cette hutte sont deux ou trois pins, au sommet desquels de longues bigues de bois étalent leurs squelettes dépouillés; généralement, deux sont placées horizontalement; la troisième est verticale. On appelle ces bigues des cimeaux.

Tous les dimanches matin, le chasseur marseillais vient se placer avant le jour dans son terrier, en arrangeant ses branches d'arbre de manière que la tête seule sorte de terre; la tête est, en général, recouverte d'une casquette d'un vert fané, qui se marie à merveille avec la couleur des branches flétries. Le chasseur marseillais est donc invisible à tous les yeux, excepté à l'œil du Seigneur.

Si le chasseur est un sybarite, il a, au fond de son trou, un tabouret pour s'asseoir; si c'est un chasseur rustique, un crâne chasseur, il se met tout bonnement à genoux.

Il est patient parce qu'il est éternel, — *patiens quia æternus*.

Le chasseur marseillais attend donc avec patience.

Mais, me dira-t-on, qu'est-ce qu'il attend?

En temps ordinaire, le chasseur marseillais attend la grive, le merle, l'ortolan, le becfigue, le rouge-gorge ou tout autre volatile; car son ambition ne s'est jamais élevée jusqu'à la caille. Quant à la perdrix, c'est pour lui le phénix; il croit, parce qu'il l'a entendu dire, qu'il y en a une dans le monde qui renaît de ses cendres, qu'on aperçoit de temps en temps, avant ou après les grandes catastrophes, pour annoncer la colère ou la clémence de Dieu. Voilà tout. — Nous ne parlons pas du lièvre; il est reconnu à Marseille que le lièvre est un animal fabuleux, dans le genre de la licorne.

Mais, comme la grive, le merle, l'ortolan, le becfigue et le rouge-gorge, n'auraient aucun motif pour venir se poser de leur propre mouvement sur les pins où ils sont attendus, le chasseur marseillais se fait, en général, suivre par un gamin qui porte plusieurs cages dans chacune desquelles est enfermé un oiseau du genre de ceux que nous avons nommés; ces oiseaux, innocemment achetés sur le port, sont indifféremment de l'un ou de l'autre sexe, les mâles étant destinés à appeler les femelles, et les femelles à appeler les mâles.

Les cages sont suspendues dans les branches basses des pins; les oiseaux prisonniers pipent les oiseaux libres. Les malheureux volatiles, trompés par l'appel de leurs camarades, viennent alors se poser sur les cimeaux placés horizontalement. Il faut dire, cependant, que la chose est rare.

C'est là que les attend le chasseur. S'il est adroit, il les tue; s'il est maladroit, il les manque.

En général, le chasseur marseillais est maladroit. — L'adresse est une affaire d'habitude.

Voici le calcul fait par Méry :

Le chasseur marseillais vient à son poste tous les huit jours.

Un jour sur huit, un oiseau vient se percher sur les cimeaux.

Sur huit oiseaux, il y a un oiseau de tué.

Il en résulte que, compris achat de terrain, achat de fusil, achat d'oiseaux et entretien du poste, chaque oiseau revient à cinq ou six cents francs.

Mais aussi, le jour où un chasseur marseillais a tué un oiseau, il est grand devant sa famille comme Nemrod devant Dieu.

En temps extraordinaire, c'est-à-dire lors du passage des pigeons sauvages, le chasseur marseillais vient tout bonnement à son poste avec un pigeon privé. Ce pigeon privé est attaché par une ficelle au cimeau perpendiculaire; de sorte qu'il est toujours obligé de voler, la pointe de la bigue finissant en paratonnerre, et la ficelle qui le retient étant trop courte pour que le malheureux captif puisse se reposer sur les bigues horizontales. — Ce vol éternel est destiné, comme l'aimant, à attirer à lui les vols plus ou moins considérables qui devraient passer, se rendant de l'Afrique dans le Kamtchatka.

S'il passait des pigeons, les pigeons seraient probablement au fait de ce stratagème; mais, de mémoire de Phocéen, le chasseur marseillais avoue ingénument qu'il n'a pas vu un pigeon.

Cela ne l'empêche pas d'affirmer qu'il en passe.

Au bout de quatre dimanches, le pigeon privé meurt étique.

Or, comme le passage des pigeons sauvages dure trois mois, c'est-à-dire du Ier octobre à la fin de décembre, c'est encore trois pigeons de plus qu'il en coûte à l'amateur.

Il est vrai de dire que, pendant tout ce temps, le chasseur ne tue pas un seul autre oiseau, le pigeon privé faisant une peur épouvantable aux autres oiseaux.

Le chasseur marseillais reste ainsi dans sa hutte six ou huit heures, c'est-à-dire de quatre heures du matin jusqu'à midi ; il y a même des enragés qui emportent leur déjeuner et leur dîner, et qui ne rentrent que le soir dans leur bastide, juste pour faire leur partie de loto. — Le loto termine merveilleusement une journée commencée par la chasse au poste.

Je demandai à Méry s'il ne pourrait pas me faire faire la connaissance d'un de ces chasseurs : cela me paraissait une espèce à part, curieuse à observer. Méry me promit de saisir la première occasion qui se présenterait.

Toutes ces explications m'étaient données en montant à Notre-Dame de la Garde. De ses hauteurs, on découvre Marseille et ses environs ; sur l'espace d'une lieue carrée, je comptai à peu près cent cinquante postes à feu.

Pendant une heure que je mis à monter à Notre-Dame de la Garde, trois quarts d'heure que je mis à en descendre, cinq quarts d'heure que j'y restai, en tout trois heures, j'entendis deux coups de fusil. — Cela revenait bien au calcul de Méry.

Je ne fus donc pas distrait de mes investigations religieuses et archéologiques.

Notre-Dame de la Garde est à la fois un fort et une église.

Le fort est en grand mépris parmi les ingénieurs.

L'église est en grande vénération parmi les marins.

C'est de ce fort que Chapelle et Bachaumont ont dit :

> Gouvernement commode et beau,
> Auquel suffit pour toute garde
> Un Suisse avec sa hallebarde,
> Peint sur la porte du château.

Ce qui prouve que, de tout temps, le fort de Notre-Dame de la Garde s'est à peu près gardé tout seul, à moins que ce quatrain épigrammatique n'ait été fait encore plus contre le gouverneur que contre le château, attendu qu'à cette époque le gouverneur était M. de Scudéri, frère de la dixième muse ; — car, de tout temps, comme le fait très-judicieusement observer ce guide marseillais, que je dénonce à ses confrères comme ayant plus d'esprit à lui seul qu'eux tous ensemble, — de tout temps, il y a eu en France une dixième muse.

Il résulte de cette vénération dans laquelle est demeurée l'église, et de ce discrédit où est tombé le fort, que celui-ci n'a plus aujourd'hui que des madones pour ouvrages avancés, et des pénitents pour garnison. Il est vrai que, si l'on s'en rapporte à la quantité d'*ex-voto* suspendus dans sa chapelle, il y a peu de vierges aussi miraculeuses que Notre-Dame de la Garde ; aussi est-ce à elle que tous les mariniers provençaux ont recours dans l'orage ; et, le beau temps arrivé, selon que la tempête a été plus ou moins terrible, ou que le votant a eu plus ou moins peur, le pèlerin lui apporte, pieds nus, ou marchant sur ses genoux, l'*ex-voto* qu'il lui a promis. Une fois le vœu fait, il est au reste religieusement accompli ; il n'y a peut-être pas d'exemple qu'un marin, si pauvre qu'il soit, ait manqué à sa promesse. La seule chose qu'il se permette peut-être, c'est, quand il n'a pas désigné positivement la matière, de donner de l'étain pour de l'argent et du cuivre pour de l'or.

Une vigie placée au plus haut du fort signale tous les navires qui arrivent à Marseille.

Du haut de la montagne de Notre-Dame de la Garde, on découvre, comme nous l'avons dit, Marseille et ses environs; c'est de là qu'on voit, dans leur incalculable multiplicité, ces milliers de bastides qui font une ville clairsemée tout autour de la ville compacte.

C'est que chaque habitant de Marseille possède sa bastide; beaucoup n'ont pas une maison de ville qui ont une maison des champs. Or, comme généralement chacun fait la course à pied, il choisit pour sa bastide le point le plus rapproché de la porte par laquelle il sort; il en résulte que, pour que toutes les maisons soient ainsi à la portée de leurs propriétaires, il faut bien qu'elles se serrent un peu : aussi c'est ce qu'elles font. Rien n'est moins exigeant qu'une bastide : une bastide n'exige ni cour ni jardin. Il y a des bastides qui ont un arbre pour quatre, et celles-là, ce ne sont pas les plus malheureuses.

Nous descendîmes de Notre-Dame de la Garde au port des Catalans. Le port des Catalans est une des choses curieuses de Marseille.

Un jour, une colonie mystérieuse vint s'établir sur une langue de terre inhabitée, à l'entour d'une petite crique; elle demanda à la commune de Marseille de faire de cette crique son port, et de ce promontoire sa ville : la commune accorda leur demande à ces bohémiens de la mer.

Depuis ce temps, ils sont là, habitant des maisons étrangement construites, parlant une langue inconnue, se mariant entre eux, et tirant chaque soir leurs petits bâtiments sur le sable, comme des matelots du temps de Virgile.

Cependant, depuis un siècle ou deux, la petite colonie va diminuant chaque année. Un demi-siècle encore, peut-être elle aura disparu, comme disparaît tout ce qui est étrange ou pittoresque. Que la chose soit au-dessus ou au-dessous d'elle, notre civilisation a horreur de tout ce qui n'est pas à son niveau. C'est la civilisation qui tue les pauvres Catalans.

Nous nous séparâmes en nous donnant rendez-vous pour le soir au théâtre; après le théâtre, nous devions aller souper chez Sybillot : Méry me quittait pour commander le souper et me chercher un chasseur au poste.

J'arrivai au théâtre à l'heure convenue, et je trouvai Jadin et Méry qui m'attendaient avec trois ou quatre convives. Mon premier mot fut pour demander à Méry s'il m'avait trouvé le chasseur promis.

— Oh! oui, me répondit-il, et un fameux!

— Vous êtes sûr qu'il ne vous échappera pas?

— Oh! il n'a garde; je lui ai dit que vous aviez chassé le lion à Alger et le tigre dans les pampas.

— Et où est-il?

— Tenez, là! voyez-vous à l'orchestre?

— La troisième basse?

— Non, la quatrième, là, tenez, là!

— Parfaitement.

— Eh bien, c'est lui.

— Tiens, c'est étonnant!

— Il n'a pas l'air d'un chasseur, n'est-ce pas?

— Ma foi, non!

— Eh bien, vous m'en direz des nouvelles.

Rassuré par cette promesse, je revins au spectacle.

Le théâtre de Marseille n'est ni meilleur ni plus mauvais que les autres : on y joue la comédie un peu mieux qu'à Tours, l'opéra un peu plus mal qu'à Lyon, le mélodrame à peu près comme aux Folies-Dramatiques, et le vaudeville comme partout.

Il y avait par hasard, ce soir-là, chambrée complète; une petite troupe italienne qui se trouvait à Nice avait, un beau matin, passé le Var, et était venue chanter du Rossini à Marseille, où elle avait le plus grand succès. Parce qu'ils parlent provençal, les Marseillais se figurent qu'ils aiment la musique italienne.

Comme je ne suis pas un mélomane frénétique, et que la crainte de perdre quelques notes n'était point assez puissante pour me distraire de mes éternelles investigations, je levai les yeux au-dessus du lustre pour y chercher le fameux plafond de Réatu, dont j'avais tant entendu parler. Il représente Apollon et les Muses jetant des fleurs sur le Temps. Malgré la vieillerie du sujet, il mérite véritablement la réputation qu'il a, et c'est une des choses qu'il faut voir à Marseille.

Seulement, je ne donnerai pas à mes amis le conseil d'aller le voir les jours d'opéra.

La *Semiramide* finie, — on jouait, pardieu! bien, la *Semiramide*, — Méry fit un geste d'intelligence à la quatrième basse, qui y répondit par un signe correspondant. Le geste de Méry voulait dire : « Nous vous attendons chez Sybillot. » Le signe de la quatrième basse signifiait : « Je reporte mon instrument chez moi, et je vous rejoins dans cinq minutes. » Deux sourds-muets n'auraient pas dit plus de choses en moins de temps.

En effet, à peine étions-nous chez Sybillot, que notre chasseur arriva. Méry nous présenta l'un à l'autre ; puis nous nous mîmes à table.

Pendant tout le souper, on pelota pour se reconnaître. Chacun raconta force charges ; seul, M. Louet ne raconta rien. Il paraît que rien ne donne de l'appétit comme de faire aller une main horizontalement et l'autre perpendiculairement ; mais il écouta tout, ne perdit ni un coup de dent ni une parole, approuva seulement de la tête les beaux coups que nous avions faits, et accompagnant son approbation d'une espèce de petit grognement nasal, quand l'anecdocte lui paraissait très-intéressante. Nous nous plaignions des yeux à Méry de ce silence ; mais Méry nous faisait signe qu'il fallait laisser le temps à l'appétit de se satisfaire, que chaque chose aurait son temps, et que nous ne perdrions pas pour attendre.

En effet, au dessert, M. Louet poussa une espèce d'exclamation qui voulait dire, à peu près : « Ma foi, j'ai bien soupé ! » Méry vit que le moment était venu : il demanda un bol de punch et des cigares. A deux cents lieues de Paris, le punch est encore l'accompagnement obligé du dessert d'un dîner de garçons.

M. Louet se renversa sur sa chaise, nous regarda tous

les uns après les autres, comme s'il nous apercevait pour la première fois, accompagnant cette inspection d'un sourire bienveillant; puis, avec ce doux soupir de satisfaction du gourmet rassasié :

— Ah! ma foi! j'ai bien soupé, dit-il.

— Monsieur Louet, un cigare, dit Méry. C'est excellent pour la digestion.

— Merci, mon illustre poëte, répondit M. Louet; jamais je ne fume. Je prendrai seulement un verre de punch, avec la permission de ces messieurs.

— Comment donc, monsieur Louet! mais il est venu à votre intention.

— Vous êtes trop honnêtes, messieurs.

— Puisque vous ne fumez pas, monsieur Louet...

— Non, je ne fume jamais! De mon temps, on ne fumait pas encore, messieurs. Ce sont les Cosaques qui vous ont apporté cela avec les bottes. Moi, je n'ai jamais quitté les souliers, et je suis toujours resté fidèle à ma tabatière. Eh! eh! je suis national, moi!

Et, à ces mots, M. Louet tira de sa poche une tabatière à miniature, et l'étendit vers nous. Nous refusâmes, à l'exception de Méry, qui, voulant flatter M. Louet, le prenait par son faible.

— Il est excellent, votre tabac, monsieur Louet; il n'est pas possible que ce soit du tabac de régie.

— Eh! mon Dieu, si, monsieur; seulement, je l'arrange. C'est un secret que m'a donné un cardinal, pendant que j'étais à Rome.

— Ah! vous avez été à Rome? demandai-je à M. Louet.

— Oui, monsieur; j'y suis resté quelque dix-neuf ou vingt ans.

— Monsieur Louet, reprit Méry, je disais donc que, puisque vous ne fumez pas, vous devriez bien raconter à ces messieurs votre chasse au chastre.

— Qu'est-ce qu'un chastre? demandai-je.

— Un chastre! me dit Méry. Vous ne connaissez pas le chastre? Dites donc, monsieur Louet, il ne connaît pas le chastre, et il se vante d'être chasseur! Le chastre, mon ami, c'est un oiseau augural; c'est le *rara avis* du satirique latin.

— Une espèce de merle, continua M. Louet, mais excellent à la broche.

— Alors, monsieur Louet, racontez-lui donc votre chasse au chastre!

— Je ne demande pas mieux que de me rendre agréable à la société, dit gracieusement M. Louet.

— Écoutez, messieurs! écoutez! dit Méry. Vous allez entendre une des chasses les plus extraordinaires qui aient été faites depuis Nemrod jusqu'à nous. Je l'ai entendue raconter vingt fois, moi, et je refais toujours connaissance avec elle avec un nouveau plaisir. Un second verre de punch à M. Louet! La, bien! Commencez, monsieur Louet, on vous écoute.

— Vous savez, messieurs, dit M. Louet, que tout Marseillais est né chasseur!

— Eh! mon Dieu! oui, interrompit Méry en poussant la fumée de son cigare; c'est un phénomène physiologique que je n'ai jamais pu m'expliquer; mais il n'en est pas moins vrai que c'est comme cela. Les desseins de Dieu sont impénétrables.

— Malheureusement, ou heureusement peut-être, car il est incontestable que leur présence est rangée parmi les fléaux de l'humanité ; malheureusement, ou heureusement, donc, continua M. Louet, nous n'avons, sur le territoire de Marseille, ni lions ni tigres ; mais nous avons le passage des pigeons.

— Hein ! fit Méry, quand je vous l'avais dit, mon cher... Ils y tiennent.

— Mais certainement, reprit M. Louet visiblement piqué, certainement. Quoi que vous en disiez, le passage des pigeons a lieu. D'ailleurs, ne m'avez-vous pas prêté, l'autre jour, un livre de M. Cooper où ce passage est constaté : *les Pionniers?*

— Ah ! oui, constaté en Amérique.

— Eh bien, s'ils passent en Amérique, pourquoi ne passeraient-ils pas à Marseille ? Les bâtiments qui vont d'Alexandrie et de Constantinople en Amérique y passent bien. Ah !

— Ceci est juste, répondit Méry étourdi du coup. Je n'ai plus rien à dire. Comment n'avais-je point pensé à cela ? Monsieur Louet, donnez-moi la main. Jamais je ne vous contredirai plus sur ce sujet.

— Monsieur, la discussion est libre.

— C'est vrai, mais je la ferme... Continuez, monsieur Louet.

— Je disais donc, monsieur, qu'à défaut de lions et de tigres, nous avons la passée des pigeons.

M. Louet s'arrêta un instant pour voir si Méry le contredirait.

Méry fit un signe de tête approbatif et dit :

— C'est vrai. Ils ont la passée des pigeons.

M. Louet, satisfait de cet aveu, continua :

— Vous comprenez qu'un chasseur ne laisse point passer une époque comme celle-là sans aller se mettre chaque matin à son poste. Je dis chaque matin; car, n'étant occupé au théâtre que le soir, j'ai heureusement mes matinées libres. — Or, c'était en 1810 ou 1811; j'avais trente-cinq ans, messieurs, ce qui veut dire que j'étais un peu plus leste que je ne le suis maintenant, quoique, Dieu merci ! comme vous le voyez, messieurs, je me porte assez bien.

Nous fîmes un signe d'approbation.

— J'étais donc un matin à mon poste, avant le jour, comme d'habitude. J'avais attaché au cimeau mon pigeon privé, qui se débattait comme un diable, lorsqu'il me sembla voir, à la lueur des étoiles, quelque chose qui se reposait sur mon pin. Malheureusement, il ne faisait pas encore assez jour pour que je distinguasse si c'était une chauve-souris ou un oiseau. Je me tins coi, l'animal en fit autant, et j'attendis, préparé à tout événement, que le soleil se levât.

» A ses premiers rayons, je reconnus que c'était un oiseau.

» Je sortis doucement le canon de mon fusil de la hutte. J'épaulai d'aplomb, et, quand je le tins bien là!... j'appuyai le doigt sur la gâchette.

» Monsieur, j'avais eu l'imprudence de ne pas décharger mon fusil; chargé de la veille, mon fusil fit long feu.

» N'importe! je vis bien, à la manière dont l'oiseau s'était envolé, qu'il en tenait. Je le suivis du regard jusqu'à la remise, puis je reportai les yeux vers mon poste. Messieurs, une chose étonnante, j'avais coupé la ficelle de mon pigeon, et mon pigeon était parti. Je compris bien que, ce jour-là, n'ayant pas d'appeleur, je perdrais mon temps au poste. Je me décidai donc à me mettre à la poursuite de mon chastre; car j'ai oublié de vous dire, messieurs, que cet oiseau, c'était un chastre.

» Malheureusement, je n'avais pas de chien. A la chasse au poste, le chien devient un animal non-seulement inutile, mais insupportable. Donc, n'ayant pas de chien, je ne pouvais pas compter sur l'arrêt de mon chien; il me fallut battre les buissons moi-même. Le chastre avait couru à pied; il partit derrière moi quand je le croyais devant, je me retournai au bruit de ses ailes, je lui envoyai mon coup de fusil au vol. Un coup de fusil perdu, comme vous comprenez bien. Cependant je vis voler des plumes.

— Vous vîtes voler des plumes? dit Méry.

— Oui, monsieur; j'en retrouvai même une que je mis à ma boutonnière.

— Alors, si vous vîtes voler des plumes, reprit Méry, c'est que le chastre était touché.

— Ce fut mon opinion aussi. Je ne l'avais pas perdu de vue, je m'élançai à sa poursuite. Mais, vous comprenez, l'animal était sur pied, il partit hors de portée. Je lui envoyai tout de même mon coup de fusil. Un grain de plomb! qui sait? On ne sait pas où cela va, un grain de plomb!

— Un grain de plomb ne suffit pas pour un chastre, dit Méry en secouant la tête; le chastre a la vie diablement dure.

— Ceci est une vérité, monsieur; car le mien était déjà touché de mes deux premiers coups, j'en suis certain, et cependant il fit un troisième vol, de près d'un kilomètre. Mais, c'est égal, du moment qu'il était posé, j'avais juré de le rejoindre : je me mis à sa poursuite. Oh! le gredin! Il savait bien à qui il avait affaire, allez! Il partait à des cinquante pas, à des soixante pas; n'importe, monsieur, je tirais toujours. J'étais comme un tigre. Si je l'avais tenu, je l'aurais dévoré tout vivant. Avec cela, je commençais à avoir très-grand'faim; heureusement que, comme je comptais rester au poste toute la journée, j'avais pris mon déjeuner et mon dîner dans ma carnassière... Je mangeai tout en courant.

— Pardon! dit Méry interrompant M. Louet; une simple observation de localité. Voici, mon cher Dumas, la différence entre les chasseurs du Nord et les chasseurs du Midi; elle ressort, comme vous avez pu le voir, des propres paroles de M. Louet : — le chasseur du Nord emporte sa carnassière vide, et la rapporte pleine; le chasseur du Midi emporte sa carnassière pleine, et la rapporte vide. — Maintenant, reprenez votre narration, mon cher monsieur Louet; j'ai dit.

Et Méry se mit à presser amoureusement des lèvres le trognon de son cigare.

— Où en étais-je? demanda M. Louet, à qui l'interlocution de Méry avait fait perdre le fil de son discours.

— Vous franchissiez plaines et montagnes à la poursuite de votre chastre.

— C'est la vérité, monsieur; ce n'était plus du sang que j'avais dans les veines, c'était du vitriol! Nous autres, têtes de feu, l'irritation nous rend féroces, et j'étais on ne peut plus irrité. Mais le maudit chastre, monsieur, il était ensorcelé; on eût dit l'oiseau du prince Caramalzan! Je laissai à droite Cassis et la Ciotat; j'entrai dans la grande plaine qui s'étend de Ligne à Saint-Cyr. Il y avait quinze heures que je marchais sans arrêter, tantôt à droite, tantôt à gauche; car, si c'eût été en ligne droite, j'eusse dépassé Toulon : les jambes me rentraient dans le ventre. Quant au diable de chastre, il n'y paraissait pas. Enfin, je vis venir la nuit; à peine me restait-il une demi-heure de jour pour rejoindre mon infernal oiseau!... Je fis vœu à Notre-Dame de la Garde de lui accrocher dans sa chapelle un chastre d'argent, si j'arrivais à rejoindre le mien. — Pécaïre! sous prétexte que je n'étais pas marin, elle ne fit pas semblant de m'entendre... La nuit venait de plus en plus. J'envoyai à mon chastre un dernier coup de fusil de désespoir! — Il aura entendu siffler le plomb, monsieur! car, à cette fois-là, il fit un tel vol, que j'eus beau le suivre des yeux, je le vis se fondre et se perdre dans le crépuscule : c'était dans la direction du village de Saint-Cyr; il n'y avait pas à penser de revenir à Marseille. Je me décidai à aller coucher à Saint-Cyr. Heureusement, ce soir-là, il n'y avait pas théâtre.

» J'arrivai à l'hôtel de l'*Aigle noir*, mourant de faim. Je dis à l'hôte, vieille connaissance à moi, de me préparer à souper et de me faire couvrir un lit; puis je lui racontai mon aventure. Il me fit bien expliquer où j'avais perdu mon chastre de vue. Je lui indiquai du mieux que je pus. Il réfléchit un instant; puis :

» — Votre chastre ne peut-être que dans les bruyères à droite du chemin, me dit-il.

» — Justement! m'écriai-je; c'est là que je l'ai perdu... S'il y avait de la lune, je vous y conduirais.

» — Oui, oui! c'est une remise à chastre; c'est bien connu, cela.

» — Vraiment?

» — Demain, au point du jour, si vous voulez, je prendrai mon chien, et nous irons le faire lever?

» — Pardieu! je veux bien!... Il ne sera pas dit qu'un misérable volatile m'aura fait aller! Et vous croyez que nous le retrouverons?

» — Sûr!

» — Eh bien, voilà qui va me faire passer une bonne nuit. N'y allez pas sans moi, au moins.

« — Ah! par exemple!

» Comme je ne voulais pas qu'il m'arrivât même chose que le matin, je débourrai mon fusil et je le lavai. Il était sale, monsieur, que vous ne pouvez vous en faire une idée; le fait est que j'avais bien tiré cinquante coups dans la journée, et que, si le plomb poussait, il y en aurait une belle traînée de Marseille à Saint-Cyr. Puis, cette précaution prise, je mis le canon dans la cheminée pour qu'il séchât pendant la nuit. Je soupai, je me couchai et je dormis, les poings fermés, jusqu'à cinq heures du matin. A cinq heures du matin, mon hôte me réveilla.

» Comme je comptais retourner à Marseille par le même chemin que j'étais venu, j'avais pris, dès la veille, la précaution de garnir ma carnassière des restes de mon souper. — C'était mon droit, monsieur, je l'avais payé. — Je mis donc ma carnassière sur mon dos; je descendis, je remontai mon fusil, et tirai ma poire à poudre pour le recharger; ma poire à poudre était vide!

» Mon hôte, heureusement, avait des munitions. Entre chasseurs, vous savez, monsieur, la poudre et le plomb, cela s'offre et cela s'accepte; mon hôte m'offrit sa poudre, je l'acceptai. Je flambai mon fusil, puis je le chargeai. J'aurais dû voir au grain de cette maudite poudre qu'il y avait quelque chose; je n'y fis pas attention. Nous partîmes, mon hôte, moi et Soliman : son chien s'appelait Soliman... Et le vôtre, monsieur Jadin, comment s'appelle-t-il?

— Il s'appelle Milord, répondit Jadin.

— C'est un joli nom, poursuivit M. Louet en s'inclinant; mais le chien de mon hôte ne s'appelait pas Milord, il s'appelait Soliman. C'était un crâne chien tout de même; car à peine étions-nous dans les bruyères, qu'il tomba en arrêt ferme comme un pieu.

» — Voilà votre chastre, me dit mon hôte.

» En effet, je m'approchai, je regardai devant son nez, et je vis mon chastre, monsieur, à trois pas de moi. Je le mis en joue.

» — Qu'est-ce que vous allez donc faire? me cria mon hôte. Mais vous allez le mettre en cannelle!... C'est un assassinat; sans compter encore que vous pourrez bien envoyer du plomb à mon chien.

» — C'est juste, répondis-je.

» Et je me reculai à dix pas, une belle portée. Soliman était fiché en terre, monsieur; on aurait dit le chien de Céphale. Le chien de Céphale fut changé en pierre, comme monsieur sait.

— Non, je ne savais pas, répondis-je en souriant.

— Ah!... Eh bien, cet animal eut ce malheur.

— Pauvre bête! dit Méry.

— Soliman tenait l'arrêt que c'était une merveille. Il y serait encore, monsieur, si son maître ne lui avait pas crié: « Pille, pille! » A ce mot... il s'élance, le chastre s'envole. Je l'encadre, monsieur, comme jamais chastre n'a été encadré. Je le tenais là... au bout de mon fusil. Hein!... Le coup part. Poudre éventée, monsieur, poudre éventée! Rien!...

» — Ah bien! voisin, me dit mon hôte, si vous ne lui faites pas plus de mal que cela, il pourra bien vous conduire à Rome.

» — A Rome? dis-je. Eh bien, quand je devrais le suivre jusqu'à Rome, je le suivrai. J'ai toujours eu envie d'aller à Rome, moi! j'ai toujours eu envie de voir le pape!... Qui peut m'empêcher de voir le pape? Est-ce vous?...

» J'étais furieux, vous comprenez! S'il m'avait répondu la moindre chose, je crois que je lui aurais donné mon second coup de fusil dans le ventre. Mais, au lieu de cela :

» — Ah! me dit-il, vous êtes bien libre d'aller où vous voudrez! Bon voyage!... Voulez-vous que je vous laisse mon chien? Vous me le rendrez en repassant...

» Ce n'était pas de refus, vous comprenez, un chien qui tient l'arrêt comme lui, ferme!

» — Mais oui, je veux bien! dis-je.

» — Alors, appelez-le... — Soliman! Soliman! allez, suivez monsieur...

» Tout le monde sait qu'un chien de chasse suit le premier chasseur venu : aussi, Soliman me suivit, nous partîmes. Cet animal était l'instinct en personne. Figurez-vous : il avait vu se remettre le chastre, il alla droit dessus; mais j'eus beau lui regarder sous le nez, je ne vis rien. Cette fois, quand j'aurais dû le pulvériser, je ne lui aurais pas fait grâce! Point du tout. Voilà que, pendant que je le cherchais, courbé comme cela, mon diable de chastre s'envole!... Je lui envoie mes deux coups, monsieur!... Pan! pan! Poudre éventée, monsieur! poudre éventée!... Soliman me regarde d'un air qui veut dire : « Qu'est-ce que c'est cela?... » Le regard du chien m'humilia. Je lui répondis comme s'il avait pu m'entendre : « Ce n'est rien, ce n'est rien; tu vas voir... » Monsieur, on eût dit qu'il me comprenait! Il se remit en quête, cet animal. Au bout de dix minutes, il s'arrête... Un bloc! monsieur, un véritable bloc! C'était toujours mon chastre... J'allais devant le nez du chien, piétinant comme si j'étais sur la tôle rouge. Dans les jambes! monsieur; il me passa littéralement dans les jambes! Je ne me possédai pas assez; je le tirai au premier coup trop près, et au second coup trop loin. Le premier coup fit balle, et passa à côté du chastre; le second coup écarta trop, et le chastre passa dedans. C'est alors qu'il m'arriva une de ces choses... une de ces choses que je ne devrais pas répéter, si je n'étais pas si véridique... Ce chien, qui, du reste, était plein d'intelligence, ce chien me regarda un instant d'un air très-goguenard. Puis, s'en étant venu près de moi, tandis que je rechargeais mon fusil, il leva la patte, monsieur, me fit de l'eau sur ma guêtre, et reprit le chemin par lequel il était venu! Vous comprenez, monsieur, que, si c'eût été un homme qui m'eût fait une pareille insulte, il aurait eu ma vie, ou j'aurais eu la sienne. Mais que voulez-vous que l'on dise à un animal que Dieu n'a pas doué de raison?...

— Monsieur, dit Jadin, je vous prie de croire que Milord est incapable de commettre une pareille incongruité.

— Je le crois, monsieur, je le crois, répondit M. Louet; mais Soliman me la fit, monsieur, cette incongruité, car vous avez dit le mot; je ne l'avais point trouvé, moi. — Cela, comme vous comprenez bien, ne fit qu'augmenter ma rage. Je me promis, quand j'aurais tué mon chastre, de le lui faire passer devant le nez. De ce moment, vous comprenez que le chemin de Marseille fut oublié. De remise en remise, monsieur, j'arrivai... Devinez où j'arrivai, monsieur?

» J'arrivai à Hyères! Je n'avais jamais vu Hyères; je la reconnus à ses orangers. J'adore les oranges, je résolus d'en manger tout à mon aise; d'ailleurs, j'avais besoin de me rafraîchir : vous comprenez qu'une course pareille échauffe. J'étais à quatorze lieues de pays de Marseille; c'était deux jours pleins pour y retourner. Mais il y avait longtemps que j'avais envie de venir à Hyères et de manger des oranges sur l'arbre. Je donnai donc le chastre à tous les diables, monsieur; car je commençais à croire que ce misérable oiseau était enchanté. Je l'avais vu passer par-dessus les murs de la ville et s'abattre dans un jardin. Allez donc retrouver un chastre dans un jardin, et cela sans chien encore! c'était, comme on dit, une aiguille dans une botte de foin. J'entrai donc en soupirant dans un hôtel : je demandai à souper, et la permission d'aller, en attendant, manger des oranges dans le jardin; bien entendu qu'on me les mettrait sur ma carte, je ne comptais pas les manger pour rien, ces oranges. La permission me fut accordée.

» J'étais moins fatigué que la veille, monsieur, ce qui prouve que l'on s'habitue à la marche; aussi, je descendis tout de suite au jardin. C'était au mois d'octobre, la véritable époque pour les oranges. Figurez-vous deux cents orangers en pleine terre, le jardin des Hespérides, moins le dragon. Je n'eus qu'à étendre la main, des oranges plus grosses que la tête. Je mordais dedans, je mordais à même, comme un Normand dans une pomme, quand tout à coup j'entends : Pi, pi, pi, piiiii, pi!

— C'est le chant du chastre, comme si vous l'entendiez, dit Méry en prenant un autre cigare dans l'assiette.

— Je m'accroupis, monsieur, je fixe mes yeux dans le

rayon de lumière qui venait de la Grande-Ourse, et, entre moi et la Grande-Ourse, au sommet d'un laurier, j'aperçois mon chastre, posé, monsieur, posé à quinze pas... Je tendis la main pour chercher mon fusil; le malheureux fusil! il était dans la cheminée de la cuisine. Je le voyais d'où j'étais, là, — dans son coin, le fainéant; — je mettais le chastre en joue avec mes deux doigts, et je disais : « Ah! gredin! ah! tu es bien heureux... Oui, chante!... chante!... si j'avais mon fusil, je te ferais chanter, moi! »

— Mais pourquoi ne l'alliez-vous pas chercher? demandai-je.

— Oui, pour qu'il se sauvât pendant ce temps, pour qu'il prît son vol vers des régions inconnues. Non, non; j'avais fait un autre plan que cela. Je me disais — suivez bien mon raisonnement : « J'ai commandé le souper ; plus tôt ou plus tard il sera prêt; alors, l'aubergiste viendra me chercher. Il sait que je suis dans son jardin, cet homme; et je lui dirai : « Mon ami, faites-moi le plaisir d'aller me » chercher mon fusil. » Comprenez-vous?

— Hum! dit Méry, comme c'était profondément pensé!

— Je restai donc accroupi les yeux sur mon chastre. Il chantait, il s'épluchait, il faisait sa toilette. Tout à coup j'entends des pas derrière moi; je fais signe de la main pour recommander le silence.

» — Ah! pardon, je vous gêne? dit l'aubergiste.

» — Non pas, non pas, lui répondis-je; venez ici seulement.

» Il s'approcha.

» — Regardez là, là, tenez, dans cette direction.

» — Eh bien, c'est un chastre, me dit-il.

» — Chut! allez me chercher mon fusil.

» — Pour quoi faire?

» — Allez me chercher mon fusil.

» — Vous voulez le tuer, cet oiseau?

» — C'est mon ennemi personnel.

» — Ah! ça ne se peut pas.

« — Comment, cela ne se peut pas?

» — Non, non, il est trop tard.

» — Pourquoi trop tard?

» — Oh! il y a une amende de trois francs douze sous et deux jours de prison quand on tire dans l'intérieur de la ville un coup de fusil passé l'*Angelus*.

» — J'irai en prison et je payerai trois francs douze sous d'amende; allez me chercher mon fusil.

» — Oui, pour qu'on me déclare complice! Non, non; demain il fera jour.

» — Mais, demain, malheureux! m'écriai-je plus haut que la prudence ne le permettait, demain, je ne le retrouverai plus.

» — Eh bien, vous en trouverez d'autres.

« — C'est celui-là que je veux! je n'en veux pas d'autres! Mais vous ne savez donc pas que je le poursuis depuis Marseille, ce gueux-là! que je veux l'avoir, mort ou vif. pour le plumer, pour le manger, pour... Allez me chercher mon fusil!

» — Non, je vous l'ai dit; merci, je n'ai pas envie d'aller en prison pour vous.

» — Eh bien, je vais l'aller chercher moi-même.

» — Allez ! mais je vous réponds bien que vous ne le retrouverez plus, le chastre.

» — Vous seriez capable de le faire envoler? dis-je à l'aubergiste en le saisissant au collet.

» — Prrrrrouuu ! fit l'aubergiste.

» Je lui mis la main sur la bouche.

» — Eh bien, non! lui dis-je. Non! allez me chercher mon fusil : je vous donne ma parole d'honneur que je ne tirerai pas avant l'*Angelus*. Parole d'honneur! foi d'honnête homme! Là, êtes-vous content? Allez me chercher mon fusil; je passerai la nuit là; puis, demain, au dernier coup de l'*Angelus*, pan! je le tue.

» — Peuh! Parole de chasseur. Faisons mieux que cela.

» — Faisons quoi?... Oh! mais regardez-le donc; mais il nous insulte... Voyons, dites vite, faisons quoi?

» — Restez là, puisque c'est votre plaisir : on vous y apportera à souper; vous ne manquerez de rien; puis, après souper, si vous voulez dormir, vous avez le gazon.

» — Dormir? Ah! oui, vous me connaissez bien! je ne fermerai pas l'œil de la nuit! pour qu'il s'en aille pendant que je dormirai.

» — Et demain...

» — Et demain?

» — Et demain, à l'*Angelus* sonnant, je vous apporte tre fusil.

» — Aubergiste, vous abusez de ma position.

» — Que voulez-vous! c'est à prendre ou à laisser.

» — Vous ne voulez pas m'aller chercher mon fusil, n'est-ce pas? une fois, deux fois, trois fois?

» — Non.

» — Eh bien, allez me chercher mon souper, alors, et faites le moins de bruit possible en me l'apportant.

» — Oh! il n'y a pas de danger; du moment qu'il n'est point parti avec le sabbat que nous avons fait, il ne partira pas. Eh! tenez, le voilà qui se couche.

» En effet, monsieur, cet animal mettait la tête sous son aile; car monsieur n'ignore pas que c'est la manière de dormir de presque tous les volatiles.

— Oui, je sais cela.

— Il avait la tête sous l'aile, c'est-à-dire qu'il ne pouvait pas me voir; si bien que, si, au lieu d'être à quinze pieds de hauteur, il eût été à ma portée, je pouvais m'approcher de lui, monsieur, et le prendre comme je prends ce verre de punch. Malheureusement, il était trop haut; en conséquence, je m'assis et j'attendis mon hôte. Il me tint parole; car, il faut que je le dise, cet homme était honnête. Son vin était bon, pas si bon que celui que vous nous avez donné ce soir, messieurs, et son souper confortable. Il n'y a pas de comparaison avec le nôtre, mais le nôtre était un souper de Balthazar, et le sien était tout bonnement un souper d'auberge.

Nous nous inclinâmes en signe de remercîment.

— Mais que l'homme est une créature faible, monsieur! A peine eus-je soupé, que je sentis le sommeil qui venait; mes yeux se fermèrent malgré moi. Je les rouvris, je les frottai, je me pinçai les cuisses, je me mordis le petit doigt. Inutile, monsieur, j'étais abruti : autant valait dormir, et je m'endormis.

» Je rêvai que l'arbre sur lequel était mon chastre rentrait en terre, comme les arbres du théâtre de Marseille. Avez-vous été sur le théâtre de Marseille, monsieur? Il est parfaitement machiné. L'autre jour, imaginez-vous qu'on jouait *le Monstre*; c'était M. Aniel, de la Porte-Saint-Martin, qui jouait le Monstre. Vous avez dû le connaître, M. Aniel?

Je fis signe que j'avais eu cet avantage.

— J'avais à lui parler. Aussitôt la toile baissée, je m'élance sur le théâtre. Monsieur, je ne fais pas attention à la trappe par laquelle il s'est enfoncé : vlan ! je m'enfonce par la même trappe. Je me crus pulvérisé ; heureusement, le matelas y était encore. Le machiniste venait pour l'ôter, justement ; il me voit les quatre fers en l'air :

» — N'est-ce pas M. Aniel que vous cherchez? me dit-il. Il vient de passer à l'instant par ici, et il doit être maintenant à sa loge.

» Je lui dis :

» — Merci, mon ami !

» Et je monte à sa loge ; il y était effectivement.

» C'est pour vous dire seulement comme le théâtre de Marseille est bien machiné.

» Je rêvais donc que l'arbre sur lequel était mon chastre rentrait en terre, de sorte que je prenais ce misérable oiseau à la main. Cela me fit un tel effet, que je me réveillai.

» L'oiseau était toujours à sa même place.

» Cette fois, je ne me rendormis plus ; j'entendis sonner deux heures, trois heures, quatre heures.

» L'aurore parut. Le chastre se réveilla ; j'étais sur les

épines. Enfin j'entendis tinter les premiers coups de l'*Angelus*; je ne respirais pas, monsieur.

» Mon hôte me tint parole : à la moitié de l'*Angelus*, il parut avec mon fusil. Je tendis le bras sans perdre des yeux mon oiseau, et en faisant de la main signe à l'aubergiste de se dépêcher; mais ce ne fut qu'au dernier coup de l'*Angelus* qu'il me donna le fusil.

» Au moment où il me donnait le fusil, monsieur, le chastre jeta un petit cri et s'envola.

» Je me cramponnai au mur, je montai dessus : j'aurais monté sur le clocher des Accoules. Il se remit dans un champ de chènevis. Cet animal n'avait pas déjeuné, monsieur, et la nature lui parlait.

» Je sautai de l'autre côté du mur, en jetant à l'aubergiste un petit écu pour son souper, et je me mis en course vers le champ de chènevis. J'étais si préoccupé de mon chastre, que je ne vis pas le garde champêtre, qui me suivait; de sorte qu'au moment où j'étais au milieu du champ, où j'allais le faire lever, monsieur, je sentis qu'on me prenait au collet. Je me retournai : c'était le garde champêtre!

» — Au nom de la loi! me dit-il, vous allez me suivre chez le maire.

» En ce moment, le chastre partit.

» J'aurais eu autour de moi un régiment de grenadiers, que je l'aurais traversé au pas de charge pour suivre mon chastre. Je renversai le garde champêtre comme un capucin de carte, et je m'élançai hors de ce territoire inhospitalier.

» Heureusement, l'oiseau avait fait un grand vol, de sorte que je me trouvai loin de mon antagoniste. Quand je fus arrivé à l'endroit où il s'était remis, j'étais tellement essoufflé d'avoir couru, monsieur, que je ne pus jamais le trouver au bout de mon fusil. Mais je lui dis :

» — Ce qui est différé n'est point perdu.

» Et je me remis à sa poursuite.

» Monsieur, je marchai toute la journée. Cette fois, je n'avais rien dans ma carnassière. Je mangeais des fruits sauvages, je buvais l'eau des torrents. La sueur me ruisselait du front; je devais être hideux à voir.

» J'arrivai sur les bords d'un fleuve sans eau...

— C'était le Var, dit Méry.

— Justement, monsieur, c'était le Var. Je le traversai sans me douter que je foulais un sol étranger. Mais n'importe : je voyais mon chastre sautiller à deux cents pas devant moi, sur un sol où il n'y avait pas une touffe où il pût se cacher. — Je m'approchai à pas de loup, le mettant en joue de dix pas en dix pas. Il était à trois portées de fusil, monsieur, quand, tout à coup, un épervier, un coquin d'épervier, qui tournait en rond au-dessus de ma tête, se laisse tomber comme une pierre, empoigne mon chastre et disparaît avec lui.

» Je restai anéanti, messieurs. C'est alors que je sentis toutes mes douleurs. J'avais le corps couvert de plaies que je m'étais faites aux ronces du chemin. Mes entrailles étaient bouleversées de la nourriture avec laquelle j'avais cru leur donner le change. Je tombai sur le bord de la route.

» Un paysan passa.

» — Mon ami, lui dis-je, y a-t-il une ville quelconque, un village, une cabane dans les environs?

» — *Gnor si,* me répondit-il, *cé la citta di Nizza un miglia avanti.*

» J'étais en Italie, monsieur, et je ne savais pas un mot d'italien : tout cela pour un maudit chastre!

» Il n'y avait pas deux partis à prendre. Je me relevai comme je pus, je m'appuyai sur mon fusil comme sur un bâton. Je mis une heure et demie à faire ce millé. Je n'étais soutenu que par l'espérance, monsieur; l'espérance m'avait abandonné, et je sentais toute ma faiblesse.

» Enfin j'entrai dans la ville : je demandai au premier passant venu l'adresse d'une bonne auberge; car, comme vous comprenez, j'avais besoin de me refaire. Heureusement, celui auquel je m'adressai parlait le français le plus pur; il m'indiqua l'hôtel d'*York.* C'était le meilleur hôtel.

» Je demandai une chambre pour un et un souper pour quatre.

» — Monsieur attend trois de ses amis? me demanda le garçon.

» — Faites toujours, répondis-je.

» Le garçon sortit.

» Je mis alors la main à ma poche pour voir de quelle somme je pouvais disposer à mon souper; car je croyais que je ne serais jamais rassasié. Monsieur, je retirai ma main avec une sueur froide; je crus que j'allais m'évanouir.

» Ma poche était trouée, monsieur! Comme c'était au

commencement du mois, et que je venais de toucher mes appointements, j'avais pris quelques pièces de cent sous sur mon mois; leur poids avait troué la toile de mon gousset, et je les avais semées avec mon plomb sur la route d'Hyères à Nice. Je fouillai dans toutes mes poches, messieurs : pas une obole ! je n'aurais pas eu de quoi passer le Styx. Mon souper commandé pour quatre personnes me revint à l'esprit, et je sentis mes cheveux se dresser sur ma tête.

» Je courus à la sonnette et je me pendis après.

» Le garçon crut qu'on m'égorgeait. Il accourut.

» — Garçon ! dis-je, garçon ! avez-vous commandé le souper ?

» — Oui, monsieur.

» — Décommandez-le, alors. Décommandez-le à l'instant même.

» — Et les amis de monsieur ?

» — Ils viennent de me crier par la fenêtre qu'ils n'avaient pas faim.

» — Mais cela n'empêche pas monsieur de souper.

» — Vous comprenez, lui dis-je avec impatience, que, si mes amis n'ont pas faim, je n'ai pas faim non plus, moi.

» — Monsieur a donc dîné bien tard ?

» — Très-tard.

» — Et monsieur n'a besoin de rien ?

» — Non !

» Je lui dis ce peu de paroles d'un ton qui l'atterra. Aussi sortit-il aussitôt, et je l'entendis répondre à un de ses camarades qui lui demandait qui j'étais :

» — Je n'en sais rien; mais il faut que ce soit quelque milord, car il est bien insolent !

» Moi un milord ! messieurs, vous qui connaissez quelle était ma position !... Ce garçon, comme vous le voyez, n'était pas physionomiste.

» La situation n'était point agréable. Mes habits étaient en lambeaux et ne présentaient plus aucune valeur; il n'y avait que mon fusil qui me restât. Mais savais-je ce que l'on me donnerait de mon fusil ? Fort peu de chose, peut-être. J'avais bien aussi au doigt un solitaire; mais c'était un sentiment, messieurs; il me venait d'une personne aimée, et j'aurais préféré mourir de faim plutôt que de m'en dessaisir. Je me rappelai donc le proverbe « Qui dort dîne. » Je présumai que cela pouvait s'appliquer aussi bien à un repas qu'à un autre. Je m'enfonçai dans mon lit, et, ma foi ! messieurs, chose incroyable ! j'étais si fatigué, que, malgré ma faim et mes inquiétudes, je m'endormis.

» Je me réveillai avec une faim canine. Comme vous le savez, messieurs, cela se dit non-seulement des animaux, mais encore de l'homme, lorsque la faim est poussée chez lui à la dernière période.

» Je m'assis sur mon lit pour délibérer sur ce qu'il me restait à faire, tournant mon pouce droit autour de mon pouce gauche avec une inquiétude croissante, quand tout à coup j'aperçus dans un coin de ma chambre un violoncelle; je poussai un cri de joie.

» Vous me direz, messieurs : « Qu'a de commun un vio-
» loncelle avec un homme qui n'a ni dîné ni soupé, si ce
» n'est qu'ils ont tous deux l'estomac vide ? »

» Il y avait de commun, messieurs, que c'était un visage que je reconnaissais en pays étranger ; c'était presque un ami, messieurs ; car on peut dire sans fatuité que, lorsqu'on a tenu un instrument entre ses bras depuis dix ans, on doit être lié avec lui. Et puis j'ai toujours remarqué que rien ne me fait venir les idées, à moi, comme le son de la basse. — Vous êtes musicien, monsieur?

— Hélas ! non, monsieur.

— Mais vous aimez la musique?

— C'est, en général, le bruit qui m'importune le plus.

— Cependant, lorsque vous entendez chanter un rossignol?

— Je lui crie, le plus haut que je puis : « Veux-tu te taire, vilaine bête! »

Méry haussa les épaules avec un signe de profond mépris et en me lançant un regard exterminateur.

— Défaut d'organisation! s'écria M. Louet, qui craignait de voir cesser la bonne harmonie qui régnait entre nous. Monsieur est bien plutôt à plaindre qu'à blâmer. C'est un cinquième sens qui lui manque. — Je vous plains, monsieur !

— Eh bien, monsieur Louet, dit Méry, je suis sûr qu'à peine eûtes-vous votre basse entre les jambes, les idées vous vinrent par cinquante, par mille. Vous en aviez trop d'idées, n'est-ce pas?

— Non, monsieur, non, ce ne furent pas précisément les idées qui vinrent, ce furent les domestiques de l'hôtel qui accoururent. Ma situation avait passé dans l'âme de cette basse. J'en tirais des sons déchirants; il y avait dans ces sons tous les regrets du pays natal, tous les tiraillements de l'estomac à jeun; c'était de la musique expressive au premier degré. Or, comme vous le savez, les naturels du pays où je me trouvais ne sont pas comme monsieur, ils adorent la musique. J'entendis le corridor qui s'emplissait : de temps en temps, un murmure approbateur arrivait jusqu'à moi. Il y eut des battements de mains, monsieur. Enfin la porte de ma chambre s'ouvrit, et je vis paraître le maître d'hôtel. Je donnai un dernier coup d'archet, ce coup du génie, vous savez, et je me retournai vers lui. Du moment que j'avais un instrument entre les mains, je comprenais ma supériorité sur cet homme.

» — Je demande pardon à monsieur d'être entré ainsi dans sa chambre; mais qu'il ne s'en prenne qu'à lui.

» — Comment donc! répondis-je, vous êtes le maître. N'êtes-vous pas chez vous?

» Il faut vous dire que j'avais le costume d'Orphée : une simple tunique.

» — Monsieur me paraît un instrumentiste distingué.

» — J'ai refusé la place de première basse à l'Opéra de Paris.

» Ce n'était pas précisément vrai, messieurs, je dois l'avouer; mais j'étais en pays étranger, et je ne voulais pas abaisser la France.

» — Cependant, monsieur, c'était une bonne place, continua l'aubergiste.

» — Dix mille francs d'appointements et la nourriture. Tous les jours à déjeuner des côtelettes et du vin de Bordeaux.

» Monsieur, ces deux objets me vinrent à la bouche malgré moi.

» — Et tout cela, monsieur, continuai-je, par amour de l'art, pour voyager en Italie, dans la patrie du sublime Paesiello et du divin Cimarosa.

» Je le flattais, cet homme.

» — Et monsieur ne s'arrête pas dans notre ville?

» — Pour quoi faire?

» — Mais pour donner une soirée.

» Monsieur, ce fut pour moi un trait de lumière.

» — Une soirée!... fis-je dédaigneusement; est-ce que vous croyez qu'une ville comme Nice me couvrirait mes frais?

» — Comment, monsieur! mais, dans ce moment-ci, nous regorgeons d'Anglais poitrinaires qui viennent passer l'hiver à Nice. Dans le seul hôtel d'*York*, j'en ai quinze. On dit surtout que la table y est excellente.

» — Il est vrai, monsieur, repris-je continuant de flatter cet homme, que c'est le meilleur hôtel de Nice.

» — J'espère que monsieur en jugera avant de partir.

» — Mais je ne sais encore.

» — Je n'ai pas de conseil à donner à monsieur; mais je suis sûr qu'une soirée qu'il nous consacrerait ne serait point perdue.

» — Et que croyez-vous, demandai-je négligemment, que cette soirée pourrait rapporter?

» — Si monsieur veut me laisser faire les annonces et distribuer les billets, je la lui garantis à cent écus.

» — Cent écus! m'écriai-je.

» — Ce n'est pas grand'chose, monsieur, je le sais ; mais Nice, ce n'est ni Paris ni Rome.

» — C'est une charmante ville, monsieur.

» Je continuais de le flatter, cela m'avait réussi.

» — Et, en considération de la ville... oui, si j'étais bien sûr, sans avoir à m'occuper de rien que de prendre ma basse et de charmer l'auditoire, d'avoir cent écus de recette.

» — Je vous les garantis une seconde fois, monsieur.

» — Et nourri, et nourri comme à l'Opéra de Paris?

» — Et nourri.

» — Eh bien, monsieur, annoncez-moi, affichez-moi!

» — Votre nom, s'il vous plaît?

» — M. Louet, venu de Marseille à Nice, — à la poursuite d'un chastre.

» — Ceci est-il bien utile à mettre sur l'affiche?

» — C'est indispensable, monsieur, attendu que je suis en veste de chasse, et que le respectable public niçois pourrait croire que je lui manque quand il n'en serait rien, monsieur, ma parole d'honneur, incapable!

» — Je ferai ce que vous voudrez, monsieur... Et que jouerez-vous?

» — N'annoncez rien, monsieur; faites apporter toutes les partitions du théâtre, je les connais toutes; je jouerai huit morceaux de première importance, au choix de l'auditoire : cela flattera l'orgueil des Anglais. Comme vous le savez, monsieur, ces insulaires sont pleins d'amour-propre.

» — Eh bien, c'est dit, reprit le maître de l'hôtel; je

vous garantis cent écus et je vous nourris. A l'instant même, on va vous monter votre déjeuner.

» — Songez, monsieur, que c'est d'après ce prospectus que je me ferai une idée de votre manière de tenir vos engagements.

» — Soyez tranquille.

» Et je l'entendis qui, en sortant, criait à ses affidés :

» — Un déjeuner de première classe au numéro 4.

» Monsieur, je regardai le numéro de ma porte : c'était moi le numéro 4...

» Je ne m'en tins pas de joie; je pris ma basse dans mes bras, et j'exécutai une sarabande.

» Comme je reconduisais ma danseuse à sa place, les garçons entrèrent avec un déjeuner.

» C'était véritablement un déjeuner de première classe.

» Monsieur, quand vous irez à Nice; — vous allez à Nice, je crois? — logez à l'hôtel d'*York*. Et, si c'est toujours le même, ce qui est possible, car c'était un homme à peu près de mon âge, vous m'en direz des nouvelles.

» Je vous avoue que je me mis à table avec une certaine volupté : il y avait juste vingt-huit heures que je n'avais mangé.

» Je prenais ma tasse de café lorsque le maître de l'hôtel rentra.

» — Monsieur est-il content? me demanda-t-il.

» — Enchanté!

» — De mon côté, tout est fini, il n'y a plus à s'en dédire. A cette heure, monsieur est affiché.

» — Je ferai honneur à l'affiche, monsieur, j'y ferai honneur. Maintenant, pourriez-vous me dire par quelle voie je puis m'en retourner à Marseille? Je voudrais partir demain.

» — Il y a justement dans le port un charmant brick qui fait voile demain matin pour Toulon. Le capitaine est justement un de mes amis, un vrai loup de mer.

» — Tiens! tiens! je ne connais point Toulon et je serais bien aise de le connaître.

» — Eh bien, profitez de l'occasion.

» — Mais c'est que... je crains la mer...

» — C'est vrai, monsieur, je la crains; je suis comme M. Méry sous ce rapport.

» — Bah! dans ce moment-ci, la mer est comme de l'huile.

» — Combien de temps peut durer la traversée?

» — Six heures, au plus.

» — Bagatelle, monsieur! Je m'en irai par votre brick.

» Le concert eut lieu à l'heure annoncée : c'est tout ce que ma modestie me permet d'en dire. Je touchai exactement les cent écus; et, le lendemain, après avoir donné aux garçons un air de basse pour boire, je m'embarquai sur le brick *la Vierge-des-Sept-Douleurs*, capitaine Garnier.

» Monsieur, ce que j'avais prévu arriva : à peine avais-je mis le pied sur le pont, que je m'aperçus que, si je ne descendais pas dans ma cabine, c'en était fini de moi.

» Au bout de deux heures, et au moment où je commençais justement à aller un peu mieux, j'entendis un grand remue-ménage sur le pont; puis le tambour retentit : je crus que c'était le signal du déjeuner.

» — Mon ami, dis-je à un marin qui portait une brassée de sabres, qu'annonce ce tambour, s'il vous plaît?

» — Il annonce les Anglais, mon brave homme, me répondit ce marin avec la franchise ordinaire aux gens qui exercent cette profession.

» — Les Anglais! les Anglais! ce sont de bons enfants, répondis-je; ce sont eux qui m'ont fait hier les trois quarts de ma recette!

» — Eh bien, en ce cas, ils pourront bien vous la reprendre tout entière aujourd'hui.

» Et il continua sa route vers l'escalier de l'écoutille.

» Derrière ce premier marin, il en vint un autre qui portait une brassée de piques.

» Puis un autre qui portait une brassée de haches.

» Je commençai à me douter qu'il se passait quelque chose d'étrange.

» Le bruit allait augmentant, ce qui ne calmait pas mon inquiétude, quand j'entendis par l'écoutille une voix qui disait :

» — Antoine, apporte-moi ma pipe.

» — Oui, capitaine, dit une autre voix.

» Un instant après, je vis venir un mousse tenant à la main l'objet demandé. Je l'arrêtai au collet, le jeune âge de cet enfant me permettant cette familiarité.

» — Mon petit ami, lui dis-je, que se passe-t-il donc là-haut? est-ce que l'on déjeune?

» — Ah! oui, drôlement! dit le mousse; il y en aura

quelques-uns qui auront une indigestion de plomb et d'acier, de ce déjeuner-là. Mais pardon, le capitaine attend sa pipe.

» — Alors, s'il attend sa pipe, c'est que le danger n'est pas grand.

» — Au contraire, quand il la demande, c'est que ça chauffe.

» — Mais enfin qu'est-ce qui chauffe?

» — La grande marmite donc, celle où il y a du bouillon pour tout le monde. Montez sur le pont, et vous verrez.

» Je compris que ce que j'avais de mieux à faire était de suivre le conseil judicieux que me donnait cet enfant; mais la chose n'était point commode à exécuter, vu le roulis du bâtiment. Enfin, je me cramponnai si bien aux parois intérieures, que je parvins jusqu'à l'escalier; là, je fus plus à mon aise, je tenais la rampe.

» Je sortis la tête de l'écoutille avec toutes les précautions que la situation exigeait. J'aperçus, à quatre pas de moi, le capitaine, qui fumait tranquillement, assis sur une caisse renversée.

» — Bonjour, capitaine, lui dis-je avec le sourire le plus aimable que je pus trouver. Il paraît qu'il y a quelque chose de nouveau à bord?

» — Ah! c'est vous, monsieur Louet!

» Il savait mon nom, ce brave capitaine!

» — C'est moi-même. J'ai été un peu malade, comme vous voyez; mais cela va mieux.

» — Monsieur Louet, avez-vous jamais vu un combat naval? me demanda le capitaine.

» — Jamais, monsieur.

» — Avez-vous envie d'en voir un?

» — Mais, monsieur,... j'avoue que j'aimerais mieux autre chose.

» — J'en suis fâché; car, si vous aviez eu envie d'en voir un, mais un beau! vous auriez été servi à la minute.

» — Comment, monsieur! dis-je en pâlissant malgré moi. — On sait que ce phénomène est indépendant de la volonté de l'homme. — Comment! dis-je, nous allons voir un combat naval? Ah! vous plaisantez, capitaine... Farceur de capitaine!

» — Ah! je plaisante!... Montez encore deux échelons, et regardez... Y êtes-vous?

» — Oui, capitaine.

» — Eh bien, que voyez-vous?

» — Je vois trois fort beaux bâtiments.

» — Comptez bien!

» — J'en vois quatre...

» — Cherchez encore!

» — Cinq! six!...

» — Allons donc!

» — Oui, ma foi! il y en a six!...

» — Vous connaissez-vous en pavillons?

» — Très-peu.

» — N'importe; regardez celui qui porte le plus grand... là, à la corne... où est notre pavillon tricolore, à nous... Qu'y a-t-il sur ce pavillon?

» — Je me connais très-peu en figures héraldiques; cependant, je crois distinguer une harpe.

» — Eh bien, c'est la harpe d'Irlande; d'ici à cinq minutes, ils vont nous en jouer un air.

» — Mais, capitaine, lui dis-je, capitaine, il me semble qu'ils sont encore loin de nous, et qu'en déployant toute cette toile qui ne fait rien là, le long de vos vergues et de vos mâts, vous pourriez vous sauver. Moi, je sais qu'à votre place, je me sauverais. Pardon, c'est mon opinion comme quatrième basse du théâtre de Marseille : je serais heureux de vous la faire partager. Si j'avais l'honneur d'être marin, peut-être en aurais-je une autre.

» — Si, au lieu d'être une basse, c'était un homme qui m'eût dit ce que vous venez de me dire, monsieur, reprit le capitaine, cela se passerait mal. Apprenez que le capitaine Garnier ne se sauve pas : il se bat jusqu'à ce que son vaisseau soit criblé; puis il attend l'abordage, et, quand son pont est couvert d'Anglais, il descend vers la sainte-barbe avec sa pipe : il l'approche d'un tonneau de poudre, et il envoie les Anglais voir si le Père éternel est là-haut.

» — Mais les Français?

» — Les Français aussi.

» — Mais les passagers?

» — Les passagers tout de même.

» — Allons, capitaine, pas de mauvaise plaisanterie.

» — Je ne plaisante jamais, monsieur Louet, quand le branle-bas est battu.

» — Capitaine!... capitaine, au nom du droit des gens! descendez-moi à terre; j'aime mieux m'en aller à pied. Je suis bien venu, je m'en irai bien.

» — Voulez-vous que je vous donne un conseil, monsieur Louet? dit le capitaine en posant sa pipe près de lui.

» — Donnez, monsieur; un conseil est toujours bien reçu par un homme raisonnable.

» J'étais fort aise de lui offrir d'une manière indirecte cette petite leçon.

» — Eh bien, monsieur Louet, c'est d'aller vous coucher; vous en venez, n'est-ce pas? eh bien, retournez-y.

» — Une dernière demande, capitaine.

» — Faites, monsieur.

» — Avons-nous quelque chance de salut? C'est un homme marié, ayant femme et enfants, qui vous fait cette question.

» Je lui disais cela pour l'intéresser : le fait est que je suis garçon.

» Le capitaine parut s'adoucir. Je m'applaudis de ma ruse.

» — Écoutez, monsieur Louet, me dit-il; je comprends tout ce que la position a de désagréable pour un homme qui n'est pas du métier. Oui, il y a une chance.

» — Laquelle, capitaine? m'écriai-je, laquelle? Et, si je puis vous être bon à quelque chose, disposez de moi.

» — Voyez-vous ce nuage noir, là, au sud-ouest?

» — Je le vois comme je vous vois, monsieur.

» — Il ne nous promet qu'un grain.

» — Qu'un grain de quoi, capitaine?

» — Qu'un grain de vent ! Priez Dieu qu'il se change en tempête.

» — Comment, en tempête, capitaine? Mais on fait naufrage par les tempêtes!

» — Eh bien, c'est encore ce qui peut nous arriver de plus heureux !

» Le capitaine reprit sa pipe ; mais je vis avec plaisir qu'elle était éteinte.

» — Antoine ! cria le capitaine, Antoine ! Mais où es-tu donc, sardine de malheur ?

» — Me voilà, capitaine ! dit le mousse en passant la tête par l'écoutille.

» — Va me rallumer ma pipe ! car, ou je me trompe fort, ou le bal va commencer.

» En ce moment, un petit nuage blanc parut aux flancs du navire le plus rapproché de nous ; puis on entendit un bruit sourd, comme lorsqu'on frappe, au théâtre, sur la grosse caisse. Je vis voler en éclats le haut de la muraille du brick, et un artilleur, qui était monté sur l'affût de sa pièce pour regarder, vint me tomber sur l'épaule.

» — Allons donc, mon ami, lui dis-je, ce n'est pas drôle du tout, ce que vous faites là.

» Et, comme il ne voulait pas s'en aller, je le repoussai ; il tomba à terre. Ce fut alors que je le regardai avec plus d'attention : le malheureux n'avait plus de tête.

» Cette vue me prit sur les nerfs de telle façon, monsieur, que, cinq minutes après, sans savoir comment, je me trouvais à fond de cale.

» Je ne sais combien de temps j'y restai ; seulement, j'entendis un tapage d'instruments de cuivre comme jamais je n'en avais entendu au théâtre de Marseille ; puis à ce sabbat succéda un accompagnement de basse à croire que le bon Dieu jouait l'ouverture de la fin du monde. Je n'étais pas à mon aise, monsieur, je dois le dire.

» Enfin, au bout d'un temps indéterminé, je sentis que le vaisseau se calmait; je n'en restai pas moins encore une bonne heure coi et couvert. Enfin, m'apercevant que tout mouvement avait cessé je repris l'échelle. Je me trouvai dans l'entre-pont. L'entre-pont était fort calme; à part quelques blessés qui geignaient. Je pris courage et je montai sur le pont. Monsieur, nous étions dans un port.

» — Eh bien, dit le capitaine Garnier en me frappant sur l'épaule, nous voilà arrivés, monsieur Louet.

» — Mais, en effet, dis-je au capitaine; il me semble que nous sommes en lieu sûr.

» — Grâce à la tempête que j'avais prévue, les Anglais ont eu tant à faire pour eux, qu'ils n'ont pas eu le temps de s'occuper de nous. Si bien que nous leur avons passé entre les jambes, littéralement.

» — Oh! oh! comme au colosse de Rhodes...

» Vous savez, monsieur, que les vaisseaux, disent les historiens, avaient la bassesse de passer entre les jambes de ce colosse.

» — Si bien, continuai-je, que voilà probablement l'île Sainte-Marguerite.

» — Que dites-vous là?

» — Je dis, repris-je en montrant une île que j'apercevais à l'horizon, que voilà probablement l'île Sainte-Marguerite, où fut enfermé le Masque de fer.

» — Ça? dit le capitaine.

» — Mais oui, ça!

» — Ça, c'est l'île d'Elbe.

» — Comment, dis-je, l'île d'Elbe? Ou mes connaissances en géographie me trompent, ou je ne pensais pas l'île d'Elbe si proche de Toulon.

» — Où prenez-vous Toulon?

» — Cette ville, n'est-ce pas Toulon? Le port où nous sommes, n'est-ce point le port de Toulon? Enfin, capitaine, en partant, ne m'avez-vous pas dit que vous partiez pour Toulon?

« — Mon cher monsieur Louet, vous savez le proverbe : « L'homme propose et... »

» — Et Dieu dispose; oui, monsieur, je le sais, c'est un proverbe très-philosophique.

» — Et surtout très-véridique ; Dieu a disposé.

» — De quoi?

» — De nous, donc!

» — Et où sommes-nous, monsieur?

» — Nous sommes à Piombino.

» — A Piombino, monsieur! m'écriai-je; qu'est-ce que vous me dites-là? Mais, si cela continue, je retournerai à Marseille par les îles Sandwich, où fut tué le capitaine Cook.

» — Le fait est que vous n'en prenez pas le chemin.

» — Mais voilà que je suis fort loin de ma patrie, moi!

» — Et moi donc, qui suis de la Bretagne.

» — Mais comment y retourner?

» — En Bretagne?

» — Non, à Marseille.

» — Mon cher monsieur, il y a la voie de mer par mon bâtiment.

» — Merci, je sors d'en prendre.

» — Et la voie de terre par le vetturino.

» — Je préfère la voie de terre, de beaucoup même.

» — Eh bien, mon cher monsieur Louet, je vais vous faire remettre sur le port.

» — Vous m'obligerez, monsieur.

» Le capitaine Garnier héla une embarcation.

» Mon bagage n'était point considérable, comme vous savez : mon fusil et ma carnassière, c'était tout. Je pris donc congé du capitaine en lui souhaitant un bon retour, et je m'apprêtai à descendre l'échelle.

» — Monsieur Louet! me fit le capitaine.

» J'allai à lui.

» — Plaît-il, monsieur? lui demandai-je.

» — Mon cher monsieur Louet, vous savez, me dit le capitaine d'un air tout embarrassé, vous savez qu'entre compatriotes, on ne fait pas de façons.

» — Oui, monsieur, je sais cela.

» — Eh bien, vous m'entendez?

» — Oui, monsieur, je vous entends; mais... je ne vous comprends pas! Cela veut dire... s'il vous plaît?

» — Cela veut dire..., répéta le capitaine.

» — Cela veut dire...? repris-je une troisième fois.

» — Eh bien, cela veut dire... mille tonnerres! que, si vous n'avez pas d'argent, ma bourse est à votre disposition, quoi! Voilà le mot lâché.

» Monsieur, cette manière de m'offrir ses services me fit venir les larmes aux yeux.

» — Merci, capitaine! lui dis-je en lui tendant la main ; mais je suis riche!

» — Dame! c'est qu'un artiste...

» — J'ai cent écus dans ce mouchoir, capitaine.

» — Oh! bien, alors, si vous avez cent écus, avec cela, on va au bout du monde!

» — Je désire ne pas aller si loin, capitaine ; et, si je puis, je m'arrêterai à Marseille.

» — Eh bien, bon voyage! et ne m'oubliez pas dans vos prières.

» — Je vivrais cent ans, capitaine, que, pendant cent ans, je me souviendrais de vous.

» — Adieu, monsieur Louet.

» — Adieu, capitaine Garnier.

» Je descendis dans l'embarcation. Le capitaine passa de bâbord à tribord, pour me suivre des yeux.

» — *Au Hussard français*, me cria-t-il, *à l'Ussero francese*, c'est la meilleure auberge.

» Ce furent les dernières paroles qu'il me dit, monsieur. Je le vois encore, ce pauvre capitaine, appuyé comme cela sur le bastingage, fumant un cigare, car la pipe n'était que pour les grandes occasions. Pauvre capitaine !

M. Louet essuya une larme.

— Eh bien, que lui est-il donc arrivé?

— Il lui est arrivé, monsieur, que, trois mois après, il fut coupé en deux par un boulet de trente-six.

Nous respectâmes la douleur de M. Louet, et, pour la calmer autant qu'il était en lui, Méry lui versa un troisième verre de punch.

— Messieurs, dit-il en levant le bras à la hauteur de l'œil, je vous proposerai un toast qui, j'oserai le dire, n'a rien de séditieux : A la mémoire du capitaine Garnier!

Nous fîmes raison à M. Louet, et il reprit sa narration.

— J'allai tout droit à l'auberge du *Hussard français*, que je n'eus pas grand'peine à trouver, monsieur, attendu que cette auberge est sur le port. Je demandai un dîner, car j'avais grand'faim; en effet, vous devez vous apercevoir que je ne mangeais plus que toutes les vingt-quatre heures.

» Après le dîner, je fis venir un vetturino. Il était évident qu'on ne devait pas savoir au théâtre de Marseille ce que j'étais devenu, et que, certainement, on était fort inquiet; de sorte que, vous comprenez, j'étais pressé d'y revenir. De compte fait, monsieur, il y avait déjà sept jours que j'en étais parti; pendant ces sept jours, je n'avais pas perdu mon temps, c'est vrai, mais j'avais fait autre chose que ce que je comptais faire.

» J'appelai successivement trois de ces hommes sans parvenir à m'entendre avec aucun d'eux, attendu qu'ils ne parlaient point mon idiome maternel. Enfin il en vint un quatrième, qui prétendait parler toutes les langues, et qui n'en parlait réellement aucune. Cependant, grâce à son baragouin mêlé de français, d'anglais et d'italien, nous parvînmes à échanger nos pensées. Sa pensée à lui était que je devais lui donner pour ma part trente francs jusqu'à Florence. A Florence, me dit-il, je trouverais mille occasions de revenir à Marseille. J'avais grande envie, monsieur, de voir Florence, de sorte que je passai par les trente francs. Avant de me quitter, il me prévint que deux de ses voyageurs, dont l'un était un compatriote à moi, avaient exigé qu'il prît par la route de Grosseto à Sienne, désirant passer par la montagne. Je lui répondis que je n'avais rien contre la montagne, mais que, si c'était la mer, ce serait autre chose. Il me répondit alors que, pendant tout le temps du voyage, je tournerais le dos à la mer, et cela me suffit.

» Nous devions partir le même soir pour aller coucher à Scarlino. A deux heures, le vetturino s'arrêta devant la porte de l'auberge ; ses quatre autres voyageurs étaient déjà à leurs places, et le conducteur venait me chercher, ainsi que mon compatriote, qui logeait dans le même hôtel que moi. Je me tenais prêt sur le seuil de la porte ; car, ainsi que vous le savez, mes préparatifs de départ n'étaient point longs à faire : ma carnassière et mon fusil, toujours le même bagage. On appela M. Ernest. Cela me fit plaisir d'entendre un nom français.

» M. Ernest descendit : c'était un bel officier de hussards de vingt-six à vingt-huit ans, qui avait absolument l'air de l'enseigne de notre auberge, plus le grade. Il coula une paire de pistolets dans les poches de la voiture, et prit sa place à côté de moi.

» Je ne fus pas longtemps à m'apercevoir que M. Ernest avait quelque chagrin. Je ne le connaissais pas assez pour lui en demander la cause ; mais je voulus du moins le distraire par ma conversation.

» — Monsieur est Français ? lui demandai-je.

» — Oui, monsieur, me répondit-il.

» — Monsieur est militaire, peut-être?

» Il haussa les épaules. La demande n'était cependant point indiscrète, puisqu'il était revêtu de son uniforme. Je vis, à ce signe, qu'il ne se souciait point de parler, et je me tus. Quant aux autres voyageurs, ils parlaient italien. J'ai déjà eu l'honneur de vous dire que je ne comprenais pas cette langue; vous ne vous étonnerez donc point que je ne me mêlasse pas à la conversation.

» Nous arrivâmes ainsi sans mot dire à Scarlino, dans une fort mauvaise auberge, ma foi! Nous y passâmes une nuit détestable, messieurs, tout dévorés d'insectes, sauf votre respect. Vers les trois heures du matin, comme je commençais à m'endormir, notre conducteur entra dans ma chambre et me fit lever. Il paraît, monsieur, que, dans ce pays étranger, c'est l'habitude.

» Je pris mon fusil et ma carnassière, et je m'apprêtais à reprendre ma place de la veille; mais, au moment où j'allais monter en voiture, le conducteur m'arrêta.

» — *Scuza*, Excellence; *ma* le fousil il né pas carriqué, n'est-ce pas?

» — Comment! le fousil il n'est pas carriqué! Qu'entendez-vous par ce verbe *carriqué?*

» — Il demande si votre fusil est chargé, me dit M. Ernest.

» — Ah! monsieur, votre très-humble, lui dis-je. Comment avez-vous dormi?

» — Très-bien.

» — Vous n'êtes point difficile, alors. Moi, j'ai été dévoré, littéralement dévoré, monsieur, livré aux bêtes.

» — *Andiamo ! andiamo !* dirent les voyageurs.

» — Le fousil il n'est point carriqué? demanda une seconde fois le conducteur.

» — Si, monsieur, il est carriqué, lui répondis-je, un peu impatienté de son indiscrétion.

» — Alors, *il bisogna* le décarriquer.

» — Monsieur, dis-je au jeune officier, ayez la bonté de me servir d'interprète et de me dire ce que désire cet homme.

» — Il désire que vous déchargiez votre fusil, monsieur, de peur d'accident, sans doute.

» — Ah ! ah ! c'est trop juste, répondis-je.

» — Non, non, n'en faites rien; laissez-le comme il est. Si nous étions arrêtés par des voleurs, avec mes pistolets et votre fusil, nous pourrions au moins nous défendre.

» — Par des voleurs, monsieur?... demandai-je. Est-ce qu'il y aurait des voleurs sur cette route, par hasard?

» — Eh! monsieur, en Italie, il y en a partout.

» — Conducteur ! m'écriai-je; conducteur !

» — Voilà, moi.

» — C'est très-bien, voilà vous. Mais, dites-moi, mon ami, vous ne m'avez pas prévenu qu'il y avait des voleurs sur cette route.

» — *Avanti ! avanti !* crièrent les voyageurs de la voiture.

» — Allons, allons! grimpez, me dit M. Ernest; vous voyez bien que nos compagnons de voyage s'impatientent; nous ne serons pas à Sienne avant minuit.

» — Attendez, monsieur, que je décharge mon arme.

» — *Bisogna* décarriquer le fousil, répéta le conducteur.

» — Mais non, mais au contraire, dit l'officier; montez donc.

» — Pardon, monsieur, pardon, lui répondis-je; mais je suis de l'avis du conducteur. Si nous rencontrions des voleurs, par hasard, je ne voudrais pas que ces braves gens pussent soupçonner que mon intention est de leur faire le moindre mal.

» — Ah! vous avez peur, à ce qu'il paraît?

» — Je ne le dissimule pas, monsieur; moi, je ne suis pas militaire, je suis quatrième basse au théâtre de Marseille: M. Louet, quatrième basse, pour vous servir, repris-je en m'inclinant.

» — Ah! vous êtes quatrième basse au théâtre de Marseille? Alors, vous avez dû connaître une charmante danseuse qui y était il y a trois ou quatre ans.

» — J'ai beaucoup connu de charmantes danseuses, car ma place à l'orchestre est une excellente place pour faire connaissance avec elles. Comment se nommait-elle, sans indiscrétion, monsieur?

» — Mademoiselle Zéphirine.

» — Oui, monsieur, je l'ai bien connue; elle a quitté notre ville pour l'Italie. C'était une jeune personne fort légère.

» — Hein! fit M. Ernest.

» — Ceci s'applique au physique seulement; et, pour une danseuse, c'est une louange, ou...

» Je pris un air des plus aimables.

« — Ou je ne m'y connais pas.

» — A la bonne heure !

« — *Dunque che facciamo, non si parte oggi?* cria-t-on de la voiture.

» — Un instant, messieurs ! Je m'éloigne pour décharger mon arme, de peur d'effrayer les chevaux par une double explosion.

» — Donnez le fusil, dit le conducteur en me le prenant des mains. Je le mettrai dans le cabriolet.

« — Tiens encore ! dis-je ; je n'y avais point pensé. Voilà mon fusil, mon brave homme. Ayez-en bien soin, car c'est une excellente arme.

» — Ah çà ! monterez-vous ? me dit M. Ernest.

» — Me voilà, monsieur, me voilà.

» Je montai dans la voiture, le conducteur ferma la portière derrière moi, monta dans son cabriolet et partit.

» — Vous dites donc, repris-je, enchanté d'avoir trouvé un sujet de conversation qui paraissait plaire au jeune officier, vous dites donc que mademoiselle Zéphirine... ?

» — Vous vous trompez, me répondit M. Ernest, je ne dis rien.

» Je m'aperçus que son envie de causer était passée, et je me tus.

» J'ai rarement fait un voyage plus ennuyeux, monsieur, et par de plus horribles chemins. Notre conducteur semblait prendre à tâche de s'éloigner des villes et des villages. On aurait cru que nous voyagions dans un pays sauvage. Nous nous arrêtâmes pour dîner dans une horrible cabane, où l'on nous servit une omelette de poulets qui n'étaient point encore nés, et où notre conducteur s'entretint avec des gens de fort mauvaise mine, ce qui me donna des soupçons. J'avais grande envie de les communiquer à mes compagnons de voyage; mais je crois vous avoir dit que je ne parlais pas la langue italienne. Et, quant à M. Ernest, la façon dont il avait répondu à mes prévenances ne m'engageait point à les renouveler.

» Nous repartîmes, monsieur; mais le chemin, au lieu de s'embellir, devint de plus en plus inqualifiable. Je ne dirais pas trop en vous affirmant que nous traversâmes de véritables déserts. Enfin nous nous engageâmes dans une espèce de défilé, avec des montagnes d'un côté et un torrent de l'autre. C'était d'autant moins rassurant que la nuit venait à grands pas. Personne ne parlait plus, pas même les Italiens; de temps en temps, seulement le conducteur jurait après ses bêtes. Je demandai si nous étions bien loin de Sienne; nous en étions à peu près à moitié chemin.

» Je réfléchis que, si je pouvais m'endormir, cela me ferait paraître la route incomparablement moins longue. Je m'accommodai donc du mieux que je pus dans mon coin, et je fermai les yeux pour inviter le sommeil. J'essayai même de ronfler, mais je m'aperçus que cela me réveillait, et je cessai d'employer ce moyen, comme inefficace.

» On dit qu'il ne s'agit que de vouloir pour pouvoir. Monsieur, je fus une preuve vivante de cet axiome. Au bout d'une heure d'une volonté ferme, je tombai dans cette espèce de somnolence où l'on a encore la perception des choses, mais où l'on a déjà perdu l'usage de ses facultés. Je ne sais depuis combien de temps j'étais dans cet état anormal lorsqu'il me sembla sentir que la voiture s'arrêtait. Puis il se fit un grand remue-ménage autour de moi. J'essayai de me réveiller, monsieur, impossible. Je m'étais magnétisé moi-même. Tout à coup j'entendis deux coups de pistolet. Cette fois, c'était trop fort, d'autant plus que la flamme m'avait presque brûlé le visage. J'ouvris les yeux. Qu'est-ce que j'aperçus sur ma poitrine, monsieur ? Le canon de mon propre fusil ! Je le reconnus, monsieur, et je me repentis fort de ne pas l'avoir déchargé. Nous étions arrêtés par une bande de voleurs qui criaient à tue-tête : *Faccia in terra ! faccia in terra !* Je devinai que cela voulait dire : « Ventre à terre ! » Je me précipitai à bas de la voiture, mais pas encore assez vite sans doute, car l'un d'eux m'appliqua un coup de crosse derrière la nuque, monsieur, le coup du lapin. Heureusement, il ne m'atteignit point le cervelet. Je n'en tombai pas moins le nez contre terre. Là, je vis tous mes compagnons de voyage qui étaient couchés comme moi, à l'exception de M. Ernest, qui se débattait comme un diable ; mais, à la fin, force lui fut de se rendre.

» On me fouilla partout, monsieur, jusque dans mon gilet de flanelle ; pardon du détail, mais j'en porte. On me prit mes cent écus. J'espérais sauver mon solitaire, et je l'avais tourné en dedans ; malheureusement, il n'avait pas la vertu de l'anneau de Gygès. Vous savez que l'anneau de Gygès, quand on en tournait le chaton en dedans, rendait invisible. On vit mon pauvre solitaire, et on me le prit.

» Cela dura une heure, à peu près, à nous fouiller et refouiller de la manière la plus inconvenante; puis, au bout d'une heure :

» — Maintenant, dit celui qui paraissait le chef de la troupe, y a-t-il parmi ces messieurs un musicien?

» La demande me parut étrange, et je crus que le moment n'était pas opportun pour décliner ma qualité.

» — Eh bien, répéta le même, ne m'a-t-on pas entendu? Je demande si, parmi ces messieurs, il n'y en a pas un qui joue de quelque instrument?

» — Eh! pardieu! dit une voix que je reconnus pour celle du jeune officier, il y a monsieur, qui joue de la basse, M. Louet.

» J'aurais voulu être à cents pieds sous terre; je restai comme si j'étais mort.

» — Lequel, demanda la même voix, est M. Louet? est-ce celui-ci?

» On s'approcha de moi, et je sentis qu'on me prenait par le collet de ma veste de chasse; en un instant, on me redressa et je fus sur pied.

» — Que voulez-vous de moi, messieurs? demandai-je; au nom du ciel, que voulez-vous de moi?

» — Eh! mon Dieu! me dit le même bandit, rien que de très-flatteur. Il y a huit jours que nous cherchons de tous côtés un artiste, sans en pouvoir trouver; ce qui mettait le capitaine d'une humeur atroce; maintenant, il va être enchanté.

» — Comment! m'écriai-je, c'est pour me conduire au

capitaine que vous me demandez si je joue de quelque instrument

» — Sans doute.

» — Vous allez me séparer de mes compagnons?

» — Qu'est-ce que vous voulez que nous en fussions? Ils ne sont pas musiciens, eux.

» — Messieurs! m'écriai-je, à mon secours! à mon aide! vous ne me laisserez pas enlever ainsi.

» — Ces messieurs vont avoir la bonté de rester le nez en terre, comme ils sont, sans bouger pendant un quart d'heure; dans un quart d'heure, ils pourront se remettre en route. Quant au jeune officier, ajouta le bandit en s'adressant aux quatre hommes qui le tenaient, liez-le à un arbre; dans un quart d'heure, le conducteur le déliera. — Entends-tu, conducteur? si tu le délies avant un quart d'heure, tu auras affaire à moi, au Picard!

» Le conducteur poussa une espèce de gémissement sourd, qui pouvait passer pour un acquiescement à l'injonction qu'il venait de recevoir. Quant à moi, j'étais sans force aucune; un enfant m'aurait mené noyer; à plus forte raison, deux gaillards comme ceux qui me tenaient au collet.

» — Allons, en route! dit le bandit, et les plus grands égards pour le musicien. S'il résiste, ne le poussez que par où vous savez.

» Je fus curieux de savoir par où l'on devait me pousser en cas de résistance : je résistai donc. Monsieur, je reçus un coup de pied qui me fit voir trente-six chandelles. J'étais fixé.

Les bandits se dirigèrent vers la montagne, dont on distinguait les crêtes noires qui se découpaient sur le ciel. Au bout de cinq cents pas, à peu près, nous franchîmes un torrent; puis nous entrâmes dans une forêt de pins que nous traversâmes; enfin, arrivés de l'autre côté, nous aperçûmes une lumière.

» Nous nous dirigeâmes vers cette lumière; elle venait d'une petite auberge placée sur une route de traverse. A cinquante pas de la maison, nous nous arrêtâmes. Un seul bandit se détacha et alla reconnaître la place. Un signal qu'il donna en frappant trois fois dans ses mains indiqua sans doute au Picard que nous pouvions venir; car les bandits se remirent en marche en chantant, ce qu'ils n'avaient pas fait depuis que nous avions quitté la grande route.

» Monsieur, je crus, en mettant le pied sur le seuil de cette auberge, que nous étions dans la nuit du samedi au dimanche, et que Satan y faisait son sabbat.

» — *Ove sta il capitano?* demanda le Picard en entrant.

» — *Al primo piano*, répondit l'aubergiste.

» — Tiens, me dis-je, il paraît qu'il y a déjà un premier piano. Mais cet homme a donc la rage de la musique?

» Tous les bandits montèrent l'escalier, à l'exception de deux, qui me firent asseoir dans le coin de la cheminée, et me gardèrent à vue. L'un des deux s'était adjugé mon fusil, et l'autre ma carnassière. Quant à mon solitaire et à mes cent écus, ils étaient devenus parfaitement invisibles.

» Quelques instants après, on cria du haut de l'escalier à mes gardiens quelque chose que je ne compris pas ; seulement, comme ils me remirent la main au collet et me poussèrent vers les degrés, je devinai que j'étais demandé au premier étage.

» Je ne me trompais pas, monsieur. En entrant, je vis le capitaine, assis devant une table parfaitement servie, ayant une foule de bouteilles de différentes formes devant lui, et sur ses genoux, monsieur, une fort jolie fille, ma foi !

» Le capitaine était un homme de trente-cinq à quarante ans, ce qu'on peut appeler vraiment un bel homme. Il était vêtu absolument comme un voleur d'opéra-comique, tout en velours bleu, avec une ceinture rouge et des boucles d'argent ; de sorte que, monsieur, je me crus à la répétition ; si bien que, si cet homme avait compté m'intimider, il manqua complétement son effet.

» Quant à la jeune personne qu'il avait sur ses genoux, elle était vêtue à la façon des paysannes romaines, monsieur : j'en ai vu depuis de pareilles dans les tableaux d'un certain Robert, c'est-à-dire avec un justaucorps brodé d'or, un jupon court tout bariolé, et des bas rouges ; quant aux pieds, ce n'était pas la peine d'en parler, elle n'en avait presque pas. J'avais si bien l'esprit à moi, monsieur, que je m'aperçus que cette ladronesse avait au doigt mon solitaire ; ce qui, à part la société où elle avait le malheur de se trouver, me donna, comme vous le pensez bien, une médiocre idée de la moralité de cette jeune fille.

» A la porte, les deux bandits me lâchèrent ; mais ils

restèrent sur la dernière marche de l'escalier. Je fis quelques pas en avant, et, ayant salué d'abord la dame, ensuite le capitaine, ensuite tout le reste de la société, j'attendis.

» — Voici le musicien demandé, dit le Picard.

» Je m'inclinai une seconde fois.

» — De quel pays es-tu? demanda le chef avec un fort accent italien.

» — Je suis Français, Excellence.

» — Ah! j'en suis bien aise, dit la jeune fille.

» Je vis avec plaisir que, plus ou moins, tout le monde parlait français.

» — Tu es musicien?

» — Je suis quatrième basse au théâtre de Marseille.

» — Tiens!... dit la jeune fille.

» — Picard! faites apporter l'instrument de monsieur.

» Puis, se retournant vers sa maîtresse :

» — J'espère, ma petite Rina, lui dit-il, que, maintenant, tu ne feras plus de difficulté pour danser?

» — Je n'en ai jamais fait, répondit Rina; mais vous comprenez bien que je ne pouvais pas danser sans musique.

» — Ce que dit mademoiselle est de la plus grande justesse, Excellence; mademoiselle ne pouvait pas danser sans musique.

» — *Non c'é instrumento, non ho trovato l'instrumento,* dit un des bandits en reparaissant sur la porte.

» — Comment! il n'y a pas d'instrument? cria le capitaine d'une voix de tonnerre.

» — Capitaine, dit Picard, je vous jure que je n'ai pas vu le moindre violoncelle.

» — *Bestia!* cria le capitaine.

» — Capitaine, dis-je alors, il ne faut pas gronder ce brave homme ; ces messieurs ont cherché partout, jusque dans mon gilet de flanelle, et, si j'avais eu ma basse, ils l'eussent certainement trouvée ; mais je n'avais pas ma basse.

» — Comment n'avais-tu pas ta basse?

» — Je prie Votre Excellence d'être convaincue que, si j'avais pu deviner sa prédilection pour cet instrument, j'en aurais plutôt pris deux qu'une.

» — C'est bien, dit le capitaine. Cinq hommes partiront à l'instant même pour Sienne, pour Volterra, pour Grosseto, pour où ils voudront ; mais, demain soir, il me faut une basse, et, quand la basse sera venue, tu danseras, n'est-ce pas, ma petite Rina?

» — Si je suis bien disposée et si vous êtes bien aimable.

» — Méchante! dit le capitaine en lui appliquant un baiser, tu sais bien que tu fais de moi tout ce que tu veux.

» — Eh bien, devant le monde, dit Rina, c'est joli!

» — Ce mouvement, inspiré par un reste de pudeur, me donna une meilleure idée de cette jeune fille. D'ailleurs, monsieur, chose étrange! plus je la regardais, moins sa figure me paraissait inconnue. Cependant, j'avais beau colliger mes souvenirs, je ne me rappelais pas avoir jamais vu si mauvaise société.

— Mais, mon ami, dit alors la jeune fille, tu n'as pas même demandé à ce brave homme s'il a faim.

» Je fus touché de cette attention.

» — Au fait, dit le capitaine, as-tu faim?

» — Ma foi, capitaine, répondis-je, puisque vous avez la bonté de m'adresser la question, je vous avouerai franchement que je n'ai fait qu'un fort mauvais dîner à Scarlino; de sorte que je mangerais bien un morceau sous le pouce.

» — Mets-toi à table, alors.

» — Capitaine!

» — Allons, mettez-vous donc à table, dit Rina avec une petite mine charmante. Irez-vous faire des façons avec Tonino, un ami, et avec moi, une compatriote?

» — Ah! monsieur le capitaine s'appelle Tonino? Un joli nom, bien musical!

» — Il s'appelle Antonio, dit la jeune fille en riant; mais, moi, je l'appelle Tonino, un petit nom d'amitié.

» Elle le regarda dans le blanc des yeux avec un regard qui aurait fait damner son patron.

» — Et je l'appelle ainsi parce que je l'aime, voilà!

» — *Incantatrice!...* murmura le capitaine.

» Pendant ce temps, monsieur, on m'avait mis un couvert et approché une chaise, avec tous les égards possibles. Je vis qu'au bout du compte ma position chez M. Tonino serait plus supportable que je ne l'avais cru d'abord, et que je serais traité avec la distinction due à un artiste.

» Mon couvert avait été mis à la même table où avait soupé le capitaine, de sorte que mademoiselle Rina elle-même avait la bonté de me passer les plats et de me verser à boire ; ce qui me permit de parfaitement reconnaître que c'était mon solitaire qui brillait à son doigt. De temps en temps, je levais les yeux sur son visage ; car plus je le regardais, plus j'étais convaincu, monsieur, que ce visage ne m'était point étranger. Quant au bandit, il jouait avec ses cheveux ; ce qui, de temps en temps, lui attirait une bonne tape sur la main ; puis il lui disait :

» — N'est-ce pas que tu danseras, ma petite Rina ?

» Et elle répondait :

» — Peut-être !

Lorsque j'eus soupé, mademoiselle Rina fit très-judicieusement observer que j'aurais peut-être besoin de prendre quelque repos. Je tombais de sommeil, monsieur, et, quoiqu'il ne soit pas poli de bâiller, — je ne dis pas cela pour vous, monsieur Jadin, — je bâillais à me démonter la mâchoire. Aussi, je ne me le fis pas dire à deux fois ; je demandai ma chambre et j'allai me coucher.

» Je dormis quinze heures de suite, monsieur. On attendait mon réveil avec impatience, car on avait eu la politesse de ne point me réveiller. Cela me parut un procédé fort délicat de la part d'un capitaine de bandits. Mais à peine eus-je éternué, — j'ai l'habitude d'éternuer en me réveillant, monsieur, — que l'on entra dans ma chambre avec cinq basses. Chaque envoyé en avait rapporté une ; si bien que je dis :

» — Il y aura dans les environs une hausse de basses.

» Ce mot fit sourire le capitaine.

» Je choisis la meilleure, et l'on fit du feu avec les quatre autres.

» Lorsque j'eus fait mon choix, on me dit de prendre mon instrument et de m'en aller chez le capitaine, qui m'attendait à dîner; vous comprenez que je ne me fis pas attendre. Il y avait grand couvert, c'est-à-dire une table pour le capitaine, pour mademoiselle Rina, le Picard et moi, puis sept ou huit tables plus petites pour le reste des bandits. Au fond de la chambre, il y avait bien trois cents bougies allumées, de sorte que cela faisait une illumination charmante; je devinai que nous aurions bal.

» Le dîner fut très-gai, monsieur; les bandits étaient véritablement de braves gens; le capitaine surtout était d'une humeur charmante; cela tenait sans doute à ce que mademoiselle Rina lui faisait toute sorte de gentillesse.

» Lorsque le dîner fut fini :

» — Tu sais ce que tu m'as promis, ma petite Rina, dit le capitaine.

» — Eh bien, mais est-ce que je refuse? répondit cette jeune fille avec un sourire...

» Elle avait vraiment un charmant sourire.

» — Eh bien, alors, va te préparer, mais ne sois pas longtemps.

» — Mettez votre montre sur la table.

» — La voilà.

» — Je demande un quart d'heure, est-ce trop?

» — Oh! non, répondis-je, certainement non.

» — Va pour un quart d'heure, dit le capitaine.

» Mademoiselle Rina sortit, légère comme une biche, par

la porte du fond, celle qui était placée au milieu des trois cents bougies.

» — Et toi, monsieur le musico, dit le capitaine, j'espère bien que tu vas te distinguer.

» — Je ferai de mon mieux, capitaine.

» — A la bonne heure! et, si je suis content de toi, je te ferai rendre tes cent écus.

» — Et mon solitaire, capitaine?

» — Oh! quant à ton solitaire, il faut en faire ton deuil. D'ailleurs, tu l'as vu, c'est Rina qui l'a, et tu es trop galant pour le lui reprendre.

» Je fis une grimace de consentement qui parut lui suffire.

» — Ah çà! vous autres, dit le capitaine en s'adressant à ses bandits, je vais vous donner un plaisir de cardinaux. J'espère que vous serez contents.

» — *Viva il capitano!* répondirent tous les bandits.

» En ce moment, mademoiselle Rina parut sur la porte, et, d'un seul bond, elle fut au milieu de la chambre.

» Monsieur elle était en bayadère avec un corset d'argent, un grand châle de cachemire qui lui servait de ceinture, un petit jupon de gaze qui lui venait au-dessus du genou, et un maillot de soie qui lui montait jusqu'au-dessous de la taille. Elle était vraiment charmante dans ce costume.

» Je saisis ma basse à pleine main. Je me croyais au théâtre de Marseille.

» — Sur quel air voulez-vous danser, mademoiselle? lui demandai-je.

» — Connaissez-vous le pas de châle du ballet de *Clary?*

» — Certainement! c'est mon pas favori.

» — Eh bien, allez! je vous attends.

» Je commençai la ritournelle : les bandits firent cercle.

» Aux premières mesures, elle s'enleva comme un sylphe, faisant des entrechats, des jetés, des pirouettes, que c'était merveille. Les bandits criaient bravo comme des enragés. Et moi, je me disais :

» — C'est étonnant! voilà une paire de jambes que je connais...

» Elles m'avaient encore plus frappé que la figure, monsieur! Une fois que j'ai vu une physionomie, moi, c'est pour toujours.

» Elle ne se fatiguait pas, monsieur. Il est vrai que les applaudissements devaient lui donner des forces. Elle montait, elle redescendait, elle bondissait, elle pirouettait, et tout cela avec les gestes les plus charmants, ma parole d'honneur! Le capitaine était comme un fou. Moi, j'étais comme un enragé; il me semblait que ses jambes me faisaient une foule de signes, et qu'elles me reconnaissaient aussi. Je suis sûr que, si elles avaient pu parler, elles m'auraient dit : « Bonjour, monsieur Louet... »

» Au milieu du pas de châle, l'aubergiste entra tout effaré, et dit quelques mots à l'oreille du capitaine.

» — *Ove sono?* demanda tranquillement le capitaine.

» — A San-Dalmazio, répondit l'aubergiste.

» — Achève ton pas, nous avons le temps.

» — Qu'y a-t-il? demanda mademoiselle Rina en cambrant les reins et en arrondissant les bras.

» — Rien, rien, répondit celui-ci; il paraît que ces canailles de voyageurs que nous avons arrêtés ont donné l'alarme à Sienne et à Florence, et que nous avons à nos trousses les hussards de la grande-duchesse Élisa.

» — Cela tombe bien, dit Rina en riant, j'ai fini mon pas.

» — Encore une pirouette, ma petite Rina, dit le capitaine.

» — Je n'ai rien à vous refuser. Monsieur, les huit dernières mesures, s'il vous plaît. Eh bien?...

» — Je cherche mon archet, mademoiselle.

» Imaginez-vous qu'à cette nouvelle l'archet m'était tombé des mains. Quant à mademoiselle Rina, il semblait, au contraire, que cette nouvelle lui eût donné des jambes. Ce fut alors que je crus les reconnaître. Mais où les avais-je vues? où les avais-je vues?...

» Je crois que jamais mademoiselle Rina n'avait eu un pareil triomphe.

» Elle bondit jusque sur le seuil de la petite porte où elle s'était habillée, et, se retournant comme si elle rentrait dans la coulisse, elle fit une révérence, en envoyant un baiser au capitaine.

» — Maintenant aux armes! dit celui-ci. Préparez un cheval pour Rina et un cheval pour le musicien. Nous irons à pied, nous; et route de Romagne! vous entendez? Ceux qui s'égareraient rejoindront à Chianciano, entre Chiusa et Pianza.

» — Comment, monsieur! demandai-je au capitaine, vous m'emmenez avec vous?

» — Eh! sans doute. Comment veux-tu que Rina danse si elle n'a plus de musique? et comment veux-tu que je me passe de la voir danser?

» — Mais, capitaine, vous allez m'exposer à mille dangers.

» — Pas plus que nous, pas moins que nous.

» — Mais c'est votre état, à vous, capitaine, et ce n'est pas le mien.

» — Combien avais-tu à ta baraque de théâtre?

» Monsieur, voilà comme il parlait du théâtre de Marseille!

» — J'avais huit cents francs, capitaine.

» — Eh bien, je te donne mille écus, moi. Va donc me chercher un entrepreneur de théâtre qui t'en donne autant.

» Il n'y avait rien à répondre. Je fis contre fortune bon cœur.

» — Tout est prêt, dit le Picard en rentrant.

» — Me voilà, dit mademoiselle Rina en accourant avec son costume romain.

» — Alors, en route, dit le capitaine.

» — *Usseri! usseri!* cria l'aubergiste.

» Chacun se précipita vers l'escalier.

» — Mille tonnerres! dit le capitaine en se retournant, tu oublies ta basse, je crois.

» Je pris la basse, monsieur; j'aurais voulu me cacher dedans.

» En arrivant à la porte, nous trouvâmes nos montures toutes sellées.

» — Eh bien, monsieur le musicien, dit Rina, vous ne m'aidez pas à monter à cheval? Vous êtes galant!

» Je tendis machinalement le bras pour la soutenir, et je sentis qu'elle me mettait un petit papier dans la main.

» Une sueur froide me passa sur le front. Que pouvait-elle me dire dans ce papier? Était-ce une déclaration d'amour? mon physique avait-il séduit cette ballerine, et étais-je le rival du capitaine? J'eus envie de jeter loin de moi ce papier; mais la curiosité l'emporta, et je le mis dans ma poche.

» — *Usseri! usseri!* cria de nouveau l'aubergiste.

» En effet, on entendait sur la grande route un bruit sourd, comme celui d'une troupe qui s'avance au galop.

» — A cheval donc, cabotin! me dit le Picard en me prenant par le fond de la culotte et en m'aidant à me mettre en selle.

» — Bien!... Maintenant, attachez-lui sa basse sur le dos. Là!

» Je sentis qu'on me ficelait à mon instrument. Deux bandits prirent la bride du cheval de mademoiselle Rina; deux autres bandits prirent la bride du mien. Le capitaine, la carabine sur l'épaule, se mit à courir près de sa maîtresse; le Picard courait près de moi. Toute la troupe, qui se composait d'au moins quinze ou dix-huit hommes, nous suivait par derrière.

» Cinq ou six coups de fusil partirent à trois cents pas derrière nous, et nous entendîmes siffler les balles.

» — A gauche, dit le capitaine, à gauche!

» Cet ordre était à peine donné, que nous quittâmes le chemin et que nous nous jetâmes dans une espèce de vallée au fond de laquelle coulait un torrent. C'était la première fois que je montais à cheval. Je me tenais d'une main au cou et de l'autre à la queue. C'est bien heureux, monsieur, qu'un cheval ait tant de crins.

» Lorsque nous fûmes arrivés, le capitaine commanda de faire halte; puis nous écoutâmes.

» Nous entendîmes les hussards qui passaient ventre à terre sur la grande route.

» — Bon! dit le Picard, s'ils vont toujours de ce train-là, ils seront de bonne heure à Grosseto.

» — Laisse-les aller, dit le capitaine, et suivons le lit du torrent; notre bruit se perdra dans celui de l'eau.

» Nous marchâmes ainsi pendant une heure et demie, à peu près; puis nous nous trouvâmes à la jonction d'un autre petit torrent qui venait dans le nôtre.

» — N'est-ce point l'Orcia? demanda à demi-voix le capitaine.

» — Non, non, répondit le Picard; ce n'est que l'Orbia; l'Orcia est au moins quatre milles plus bas.

» Nous nous remîmes en route, et, une heure après, nous trouvâmes effectivement un second torrent qui venait se jeter dans le nôtre; car c'était dans un fleuve que nous marchions ainsi. Vous voyez bien, monsieur Néry qu'il n'y a pas que le Var qui pleure pour avoir de l'eau.

» — Ah! cette fois, dit le capitaine, je me reconnais. A gauche! à gauche!

» La manœuvre commandée s'exécuta à l'instant même.

» A quatre heures du matin, nous traversâmes une grande route.

» — Allons, allons, courage ! dit le Picard, qui m'entendait pousser des gémissements, nous voilà sur la grande route de Sienne; dans une heure et demie, nous serons à Chianciano.

» Comme vous le pensez bien, nous ne fîmes que traverser cette grande route; nous cherchions peu les endroits fréquentés. A quelque mille pas de là, nous nous engageâmes dans la montagne, et, comme l'avait dit le Picard, au bout d'une heure et demie, c'est-à-dire au point du jour, nous entrions à Chianciano. L'aubergiste nous reçut comme s'il nous attendait. Il paraît que nous étions de ses pratiques.

» Monsieur, nous avions marché douze heures ; et, autant que je pus supputer les distances, je calculai que nous avions bien fait vingt lieues.

» On nous descendit de cheval, ma basse et moi. — Monsieur, j'étais aussi roide qu'elle.

» Les bandits demandèrent à déjeuner ; moi, je demandai un lit.

» On me conduisit dans un petit cabinet qui n'avait qu'une fenêtre grillée, et dont la porte donnait dans la chambre où les bandits allaient prendre leur repas : il n'y avait pas moyen de penser même à se sauver ; d'ailleurs, quand je l'aurais voulu, monsieur, impossible ; j'étais moulu comme poivre.

» En ôtant ma culotte, — on portait encore des culottes à cette époque; d'ailleurs, moi, j'en ai porté jusqu'à 1830, — en ôtant ma culotte, dis-je, je pensai au papier que m'avait remis mademoiselle Rina et que j'avais oublié pendant tout notre voyage nocturne. Quand j'y aurais pensé, monsieur, vous sentez bien que, dans l'obscurité, il m'était impossible de le lire.

» C'était un petit billet écrit au crayon et conçu en ces termes :

« Mon cher monsieur Louet... »

» Quel que fût mon désir de connaître la suite, je m'arrêtai.

» — Tiens ! tiens ! me dis-je, il paraît que mademoiselle Rina me connaît.

» — Cette réflexion faite, je continuai.

« Vous comprenez que la société où je me trouve ne me
» plaît pas plus qu'à vous ; mais, pour la quitter sans ac-
» cident, il nous faut de la prudence, plus encore que de
» la résolution. J'espère que, le moment venu, vous ne
» manquerez ni de l'une ni de l'autre ; d'ailleurs, je vous
» donnerai l'exemple. En attendant, faites semblant de ne
» me point connaître.

» J'aurais voulu vous rendre votre solitaire, que je vous
» ai vu regarder plusieurs fois avec inquiétude ; mais,
» comme j'en ai besoin pour notre délivrance commune, je
» le garde.

» Adieu, mon cher monsieur Louet. Nous nous retrou-
» verons un jour tous deux, je l'espère, vous à l'orches-
» tre, et moi sur le théâtre de Marseille.

» ZÉPHIRINE.

« *P.-S.* — Avalez mon billet. »

» Tout m'était expliqué par la signature, monsieur. C'était la petite Zéphirine, qui avait eu un tel succès, que, pendant trois ans de suite, elle avait été réengagée au théâtre de Marseille. Vous ne pouvez pas vous la rappeler, monsieur Méry, vous étiez trop jeune. Voyez donc comme on se retrouve!

» Je relus cette lettre une seconde fois, et c'est alors que le post-criptum me frappa: « Avalez mon billet. » C'était prudent; mais ce n'était pas agréable. Néanmoins, je pris sur moi de faire ce que me recommandait mademoiselle Zéphirine, et je m'endormis plus tranquille de savoir que j'avais une amie dans la troupe.

» J'étais au plus fort de mon sommeil, lorsque je sentis qu'on me secouait par le bras. J'ouvris les yeux en éternuant. Je crois vous avoir avoué que c'était ma manière de me réveiller. C'était le lieutenant qui se permettait cette familiarité avec moi.

» — Alerte! alerte! me dit-il; les hussards sont à Montepulciano; dans un quart d'heure, nous partons.

» Je ne fis qu'un bond de mon lit à mes vêtements; ces maudites balles me sifflaient encore aux oreilles.

» La première personne que j'aperçus en sortant de

mon cabinet fut mademoiselle Zéphirine; elle paraissait gaie comme pinson. J'admirai la force d'âme de cette jeune fille, et je résolus de l'imiter. En attendant, pour la rassurer, je lui fis signe avec le doigt que j'avais avalé le billet. Sans doute, elle pensa que, si je n'avais pris que cela, ce n'était pas assez pour me soutenir; car, se tournant en riant vers le capitaine:

» — Tonino, lui dit-elle, notre orchestre vous fait signe qu'il a le ventre creux comme sa basse; est-ce qu'il n'aurait pas le temps de manger un morceau?

» — Bah! bah! dit le capitaine, il mangera à Sorano.

» — Est-ce que nous sommes prêts? demanda Zéphirine.

» — Attends, je vais voir, dit le capitaine.

» Et il sortit sur le carré.

» — *Siamo pronti?* cria-t-il.

» Zéphirine courut aussitôt à la fenêtre, tira mon solitaire de son doigt, et écrivit rapidement quelque chose sur une vitre. Le capitaine, en rentrant, la retrouva à la même place où il l'avait quittée.

» — Allons, allons, dit-il, nous nous reposerons à Sorano. Il faut, murmura-t-il entre ses dents, que nous soyons trahis, ou que ces hussards soient sorciers.

» Puis, me faisant signe de passer devant, il donna le bras à Zéphirine et descendit avec elle.

» Nos chevaux nous attendaient comme la veille. Les mêmes dispositions furent prises, et nous nous remîmes en route de la même façon. Seulement, comme nous étions partis de jour, nous arrivâmes moins avant dans la nuit.

» Il n'en est pas moins vrai que nous ne trouvâmes presque rien à manger dans la misérable auberge où le capitaine nous avait conduits, et que, sans l'attention que mademoiselle Zéphirine eut de me donner la moitié de son souper, je me serais couché à jeun.

» Je n'étais pas couché depuis dix minutes, que j'entendis un sabbat infernal. Je sautai à bas de mon lit, je pris mes vêtements à mes mains, et j'ouvris la porte en demandant:

» — Qu'y a-t-il?

» — La chambre était pleine de bandits armés.

» — Il y a que nous sommes cernés par ces damnés hussards, cria le lieutenant, et qu'il faut qu'il y ait quelque traître parmi nous. Mille tonnerres! si je croyais que c'est toi...

» — *Di quà! di quà!* dit l'aubergiste en ouvrant une porte qui donnait sur un escalier dérobé.

» Le capitaine s'élança le premier, entraînant mademoiselle Zéphirine par la main. Le Picard me poussa derrière eux; le reste de la bande nous suivit.

» Au bas de l'escalier, l'aubergiste entra dans un petit bûcher, leva une trappe qui était dans un coin. Le capitaine comprit, sans qu'il y eût une parole d'échangée; il descendit le premier par l'échelle de la trappe, soutenant mademoiselle Zéphirine. Nous le suivîmes tous. L'aubergiste referma la trappe sur nous, et je l'entendis qui la recouvrait de fagots. De son côté, le Picard retira l'échelle; de sorte qu'il fallait sauter un à un, et d'une hauteur de quinze pieds, à peu près, pour descendre dans le souterrain où nous nous trouvions.

» Je n'ai pas besoin de vous dire, monsieur, que je profitai du premier moment de répit que j'eus pour passer mes vêtements.

» Au bout d'un instant, nous entendîmes frapper à la porte comme si on allait la mettre en dedans.

» — *I schioppi sono caricati?* demanda le capitaine.

» Comme c'était la même question que m'avait faite le conducteur, je compris parfaitement; d'ailleurs, au même instant, j'entendis dans les canons le bruit des baguettes de ceux qui n'étaient point en état.

» — Messieurs! m'écriai-je alors, messieurs! j'espère bien...

» — Silence! si tu tiens à vivre, dit le Picard.

» — Comment, si j'y tiens? Certainement que...

» — Silence! ou je te bâillonne.

» Je me tus; seulement, je cherchai un coin où je pusse être à l'abri des balles. Il n'y avait pas le moindre angle rentrant dans cette maudite cave, monsieur; un véritable cachot pénitentiaire.

» Nous entendîmes qu'on ouvrait la porte; en même temps, au retentissement des talons de botte et des crosses de fusil, nous comprîmes qu'une troupe de soldats venait d'entrer dans l'auberge. Comme on le voit, nous avions été suivis de près.

» Nous étions vingt dans cette cave, monsieur, et cependant il s'y faisait un silence que l'on aurait entendu une mouche voler.

» Mais il n'en était pas ainsi au-dessus de nous. On aurait dit qu'on mettait la maison au pillage. C'étaient des cris et des jurons à faire évanouir la Madone. Deux ou trois fois nous entendîmes les soldats entrer jusque dans le petit bûcher où était cachée l'entrée de notre trappe, et alors notre silence était interrompu par le bruit de carabines que l'on armait. Monsieur, ce petit bruit, c'était peu de chose; eh bien, il m'allait au cœur.

» Enfin, au bout de trois ou quatre heures, tout ce vacarme cessa peu à peu. Un silence absolu lui succéda, puis nous entendîmes qu'on enlevait les fagots et ouvrait la trappe. C'était notre hôte qui venait nous dire que, lassés de nous chercher inutilement, les Français étaient partis, et que nous pouvions sortir.

» Pendant que les bandits s'étaient rapprochés de l'entrée pour dialoguer avec l'aubergiste, mademoiselle Zéphirine, qui était restée seule avec votre serviteur au fond de la cave, s'approcha vivement de moi, et, me prenant la main.

» — Nous sommes sauvés, me dit-elle.

» — Comment cela, s'il vous plaît? lui demandai-je.

» — Ernest est sur nos traces.

» — Qu'est-ce qu'Ernest?

» — Un jeune officier de hussards, mon amant.

» — Mais je le connais, M. Ernest.

» — Bah! un beau garçon, vingt-cinq ou vingt-six ans, de votre taille à peu près, mais bien mieux pris.

» — C'est cela même. J'ai voyagé avec lui de Piombino à... Mais attendez donc, oui, oui, oui, il m'a parlé de vous.

» — Il vous a parlé de moi, ce cher Ernest?

» — Mais il est donc sorcier, pour suivre ainsi notre piste?

» — Non, mon cher monsieur, il n'est pas sorcier ; mais, dans toutes les auberges où nous passons, j'écris sur une vitre mon nom et celui du village où nous allons.

» — Ah ! je comprends ; voilà pourquoi vous aviez besoin de mon solitaire. Mille pardons, mademoiselle, des soupçons exagérés que j'avais conçus. Au reste, il doit bien marquer, car c'est un vrai diamant.

» — Chut ! on parle de choses importantes.

» Elle écouta un instant ; mais, comme les bandits parlaient italien, je ne compris rien.

» — Bon ! bon ! dit mademoiselle Zéphirine ; Caprarola, Caprarola ; retenez bien ce nom-là, si je l'oubliais ; c'est à Caprarola que nous allons.

» — Comment! m'écriai-je effrayé, nous allons encore...?

» — Hein ! dit le Picard en se retournant.

» — Rien, mon lieutenant, rien ; j'étais inquiet de ma basse, voilà tout.

» Zéphirine s'éloigna vivement de moi et se glissa parmi les bandits ; de sorte que, lorsque le capitaine la chercha des yeux, il la trouva à ses côtés.

» — Eh bien, ma petite Rina, ils sont partis, ces démons de Français !

» — Ah ! je respire, dit Rina. Sait-on de quel côté ils sont allés?

» — Notre hôte croit avoir compris que la compagnie, qui est des hussards de la grande-duchesse, n'a pas le droit de venir plus loin ; mais un jeune officier qui était avec elle a une commission pour nous poursuivre et pour requérir des troupes partout où il en trouvera.

» — Eh bien, qu'allons-nous faire?

» — Nous allons nous remettre en route.

» — En plein jour?

» — Oh! sois tranquille, nous avons des chemins à nous.

» — C'est que je suis vraiment bien fatiguée.

» — Courage, ma petite Rina! la course n'est pas longue; trente-cinq milles tout au plus.

» — Arriverons-nous bientôt, au moins?

» — Demain, dans la nuit, nous serons en sûreté.

» — Alors, partons!

» — En route! dit le capitaine.

» — Et ma basse? demandai-je au Picard.

» — Sois tranquille, elle a été respectée, me répondit-il.

» — Elle a été respectée! Bien!

» Vous comprenez, ma basse, c'était ma sauvegarde.

» Nous nous remîmes donc en route. L'aubergiste lui-même voulut nous servir de guide, et il ne nous quitta que lorsque nous fûmes dans ce que le capitaine appelait un chemin à lui. C'était bien le chemin du diable, monsieur!

» Vers midi, nous entrâmes dans une grande forêt : c'était bien là une forêt de bandits, par exemple; aussi je suis bien sûr que, si nous n'avions pas été en si bonne société, nous aurions fait quelque mauvaise rencontre. A quatre heures, nous arrivions à Caprarola.

» Là, au moins, monsieur, nous eûmes une journée et une nuit tranquilles, car, grâce à M. Ernest, nous ne mangions et nous ne dormions plus. Mais, pour le moment, il paraît ou qu'il avait perdu notre trace, ou qu'il n'avait point de forces suffisantes pour nous poursuivre. L'auberge était assez mal approvisionnée; mais l'on courut jusqu'à la ville la plus proche, que j'entendis nommer Ronciglione, je crois, et l'on en apporta de quoi faire un dîner assez confortable.

» A trois heures du matin, on nous réveilla; mais, comme je m'étais couché vers les six heures du soir, cela me faisait toujours mes huit à neuf heures de sommeil. C'est mon compte, monsieur : quand je ne dors pas mes huit heures, je suis tout malade.

» Cette fois, la journée fut courte. Vers les onze heures du matin, nous passâmes un fleuve sur un bac, puis on s'arrêta pour déjeuner dans une auberge que j'entendis appeler l'auberge Barberini.

» — Ici, dit le capitaine, nous sommes chez nous.

» — Comment, dit Zéphirine, nous sommes chez nous dans cette infâme auberge? Et où est donc ce fameux château dont vous m'aviez parlé?

» — Je veux dire que nous sommes sur nos terres, et que, à partir d'ici, vous pouvez commander comme une véritable reine.

» — Alors, j'ordonne qu'on me laisse seule dans une chambre, car je ne veux pas me montrer à mes sujets de... Comment s'appelle notre château?

» — Anticoli.

» — A mes sujets d'Anticoli dans cet équipage, je leur ferais peur.

» — *Civetta!* dit en souriant le capitaine.

» — Allez, allez ! dans un quart d'heure, je suis prête.

» Zéphirine nous mit dehors et s'enferma.

» — Ainsi, capitaine, vous avez un château? demandai-je.

» — Un peu, me répondit-il.

» — A vous?

» — Oh! non, pas à moi; tu comprends bien que le gouvernement s'en inquiéterait; mais à un seigneur romain qui me le prête, et à qui je paye une petite rente. Le brave homme est retenu à la ville par sa charge : il faut bien qu'il utilise sa maison de campagne.

» — Alors, nous serons là comme des coqs en pâte.

» — Je ne comprends pas, répondit le capitaine.

» — C'est juste : coq en pâte est un gallicisme un peu fort pour un Italien; je veux dire que nous y serons à merveille.

» — A merveille, c'est le mot. Il faudra peut-être bien de temps en temps faire le coup de fusil; mais ce sont les agréments du métier.

» — Je rappellerai au capitaine que je ne suis engagé à son service que pour jouer de la basse.

» — Mais qu'est-ce que c'est donc que ce fusil et cette carnassière que tu réclamais comme à toi?

» — C'était à moi, effectivement. A propos, avez-vous une belle chasse dans vos domaines?

» — Magnifique!

» — Quelle sorte de gibier?

» — Toutes les sortes.

» — Avez-vous des chastres?

» — Des chastres? Par volées!

» — Bagatelle, capitaine! je me charge des rôtis.

» — Oui, oui, je te donnerai trois ou quatre de mes gens, pour te servir de rabatteurs, et tu chasseras tant que tu voudras.

» — Le capitaine m'avait encore promis...

» — Quoi?

» — Mes cent écus.

» — C'est juste! Picard, tu feras rendre ses cent écus à ce brave homme

» — Vraiment, capitaine, lui dis-je, je ne sais pas pourquoi on vous en veut; vous êtes le plus honnête bandit que je connaisse.

» — *Ecco mi*, dit la Zéphirine en rentrant.

» — Déjà! dit le capitaine.

» — Bah! je vais vite en besogne; j'ai eu le temps de faire tout ce que j'avais à faire.

» — Bravo! en ce cas, nous repartons.

» — Je suis prête, dit Zéphirine.

» — Le capitaine ouvrit la fenêtre.

» — En route! cria-t-il.

» La Zéphirine eut le temps d'échanger un regard avec moi et de me montrer le solitaire : je compris alors ce qu'elle avait eu à faire dans cette chambre.

» Nous partîmes vers les deux heures : à quatre heures, nous arrivâmes au bord d'un petit fleuve. Le capitaine appela le passeur par son nom. Celui-ci accourut avec un empressement qui annonçait qu'il avait reconnu la voix qui l'appelait.

» Pendant que nous passions, le capitaine et le batelier causèrent à voix basse.

» — Eh bien, demanda mademoiselle Zéphirine avec une inquiétude parfaitement jouée, est-ce que notre château n'est plus à sa place?

» — Au contraire, dit le capitaine, et, dans un quart d'heure, je l'espère, nous y serons installés.

» — Dieu soit loué ! répondit Rina ; car il y a assez longtemps que nous courons les champs.

» Nous entrâmes dans une allée de peupliers, au bout de laquelle était la grille d'une magnifique villa. Le capitaine sonna. Le concierge vint ouvrir.

» A peine eut-il reconnu le capitaine, qu'il frappa sur la cloche d'une certaine façon, et cinq ou six domestiques accoururent.

» Il paraît que le capitaine était fort désiré, car ce fut une grande joie parmi toute cette valetaille, lorsque son arrivée fut connue. Le capitaine reçut toutes ces démonstrations comme des hommages qui lui étaient dus et auxquels il était habitué.

» — C'est bien, c'est bien, dit le capitaine ; marchez devant et éclairez-nous.

» Les domestiques obéirent. L'un d'eux voulut prendre ma basse, dans une bonne intention sans doute ; mais, comme c'était un excellent instrument, je ne voulus pas le lui confier. Il en résulta une petite altercation qui se termina par un grand coup de poing que lui donna Picard.

Je restai donc maître de ma basse, que j'étais bien résolu à rapporter avec moi en France, si j'avais jamais le bonheur d'y revenir.

» On nous conduisit chacun dans nos chambres respectives.

» C'était un palais, monsieur, un véritable palais, comme l'avait dit le capitaine. J'avais pour mon compte une chambre avec des fresques magnifiques. Il est vrai que la porte donnait sur la grande salle, et que je ne pouvais pas y entrer ni en sortir sans passer devant cinq ou six domestiques qui, du premier coup, m'eurent bien l'air de véritables brigands déguisés en valets.

» Vous devez comprendre, monsieur, dans quel état j'étais ; aussi, comme j'allais sonner pour demander si l'on ne pourrait pas me prêter quelques vêtements, un domestique entra avec du linge, des bas, des souliers, cinq ou six culottes, une foule d'habits et une multitude de redingotes, en m'invitant à choisir là dedans tout ce qui serait à ma taille ou à ma convenance. Je frissonnai, monsieur, en pensant que sans doute toute cette friperie était le bien du prochain. Aussi je me contentai d'une redingote, d'un habit, de deux paires de culottes et de six chemises. On ne pouvait pas être plus discret. Avant de sortir, le domestique m'ouvrit un cabinet dans lequel était une baignoire, et m'annonça que l'on dînerait *alle vintidue*. Après une foule d'éclaircissements, j'appris que cela voulait dire que l'on dînerait de six à sept heures. Je n'ai jamais pu comprendre ce que le chiffre 22 avait à faire là dedans.

» J'avais tout juste le temps, comme on le voit, de faire ma toilette. Heureusement que je trouvai sur une table disposée à cet effet tout ce qui m'était necessaire, et, entre autres choses, d'excellents rasoirs anglais, que j'ai regrettés depuis, monsieur, car jamais je n'en ai retrouvé de si bons.

» Comme je venais de m'ajuster, la cloche sonna l'heure du dîner. Je donnai donc un dernier coup à ma chevelure, et je sortis de ma chambre, en mettant la clef dans ma poche, de peur que l'on ne touchât à ma basse. A la porte, je trouvai un domestique qui m'attendait pour me conduire au salon.

» Au salon, il y avait déjà un jeune seigneur, une jeune dame et un officier français. Je crus m'être trompé, et je voulus me retirer; mais, au moment où, en m'en allant à reculons, je marchais sur les pieds du domestique, la jeune dame me dit :

» — Eh bien, mon cher monsieur Louet, que faites-vous donc? est-ce que vous ne dînez pas avec moi?

» — Pardon! lui dis-je. Je ne vous avais pas reconnue, mademoiselle.

» — Si vous le préférez, mon cher monsieur Louet, dit le jeune seigneur, on vous servira dans votre chambre.

» — Comment! c'est vous, capitaine?

» Monsieur, je n'en revenais pas.

» — Ah! monsieur Louet ne voudrait pas nous faire cette injure de nous priver de sa compagnie, dit l'officier en s'inclinant en façon de salut.

» Je me retournai vers lui pour répondre à sa politesse,

Monsieur, c'était le lieutenant. Il y avait eu changement à vue comme dans Cendrillon.

» — *Al suo commodo*, dit un laquais en ouvrant à deux battants la porte de la salle à manger.

» — Qu'est-ce que cela veut dire, sans indiscrétion, monsieur? demandai-je au lieutenant.

» — Cela veut dire, mon cher monsieur Louet, répondit celui-ci, que la soupe est servie.

» Le capitaine donna la main à mademoiselle Zéphirine, et le lieutenant et moi les suivîmes par derrière.

» Nous entrâmes dans une salle à manger parfaitement éclairée, où se trouvait un dîner admirablement servi.

» — Je ne sais si vous serez content de mon cuisinier, mon cher monsieur Louet, me dit le capitaine en prenant sa place et en m'indiquant la mienne. C'est un cuisinier français que l'on dit assez bon; je lui ai commandé deux ou trois plats provençaux à votre intention.

» — Des plats à l'ail?... Oh! fi donc! dit l'officier français en prenant une prise de tabac parfumé dans une tabatière d'or.

» Monsieur, je croyais faire un rêve.

» On me passa mon potage.

» — Tiens! m'écriai-je, c'est une bouillabaisse.

» Monsieur, c'en était une, et parfaitement faite, encore.

» — Vous avez jeté un coup d'œil sur le parc, monsieur Louet? me dit le capitaine.

» — Oui, Excellence, répondis-je, par la fenêtre de ma chambre.

» — On le dit fort giboyeux; il faudra voir cela demain, monsieur Louet. Vous avez promis de vous charger du rôti.

» — Et je renouvelle ma promesse, capitaine; seulement, je vous prierai de me faire rendre mon fusil. J'en ai l'habitude; que voulez-vous! je ne tire bien qu'avec celui-là.

» — C'est convenu, dit le capitaine.

» — Ah çà ! vous savez que nous dînons de bonne heure demain, Tonino ? Vous avez promis de me conduire au théâtre *della Valle*; je serais curieuse de voir cette mauvaise petite danseuse qui m'a remplacée.

» — Mais, ma chère amie, dit le capitaine, ce n'est pas demain théâtre, ce n'est qu'après-demain ; d'ailleurs, je ne sais pas si le coupé est en bon état. Je vais me faire rendre compte de tout cela; soyez tranquille. Demain, en attendant, si vous voulez aller à cheval à Tivoli ou à Subiaco...

» — Serez-vous des nôtres, mon cher monsieur Louet? dit mademoiselle Zéphirine.

» — Non, merci, répondis-je ; je n'ai point l'habitude du cheval; de sorte que ça n'est pas un plaisir pour moi que d'y monter, parole d'honneur. D'ailleurs, puisque le capitaine me l'a offert, moi, je chasserai. Je suis chasseur avant tout.

» — A votre guise, mon cher monsieur Louet; toute liberté, dit le capitaine.

» — Moi, je tiendrai compagnie à Louet, et je chasserai avec lui, dit le lieutenant.

» — C'est beaucoup d'honneur pour moi, monsieur, répondis-je en m'inclinant.

» Il fut donc convenu que, le lendemain, le capitaine et mademoiselle Zéphirine iraient à cheval à Subiaco, et que le lieutenant et moi resterions au château pour y faire une partie de chasse.

» Après le dîner, le capitaine nous donna, au lieutenant et à moi, liberté entière. Nous en profitâmes, monsieur; car moi surtout, vous le comprenez bien, depuis quinze ou dix-huit jours, je menais une vie fort agitée et tout à fait fatigante.

» Je rentrai donc dans ma chambre. Monsieur, il ne faut pas demander si je fus étonné quand je trouvai mon fusil dans un coin, ma carnassière dans l'autre, et mes cent écus sur ma cheminée. Cela me convainquit qu'au château de M. le capitaine Tonino, il n'y avait pas besoin de clefs pour ouvrir les portes.

» Pendant que je me déshabillais, le cuisinier, à qui j'avais fait faire mes compliments sur sa bouillabaisse, vint me demander si je désirais déjeuner à la provençale, à la française ou à l'italienne, le comte de Villaforte ayant ordonné, vu la partie de chasse projetée, que l'on me servît dans ma chambre. Il paraît que le capitaine Tonino, ayant changé d'habit, avait aussi jugé à propos de changer de nom. Je renouvelai à cet homme mes compliments, et je lui dis de me faire un poulet frit à l'huile, autrement dit poulet à la provençale; c'est mon plat favori, monsieur. La nuit fut bonne; si bonne, que je ne fus réveillé que par mon déjeuner, qui frappait à ma porte.

» Monsieur, je déjeunai comme un roi.

» J'achevais une tasse de chocolat, lorsqu'on me frappa sur l'épaule. Je me retournai : c'était le lieutenant dans un équipage de chasse des plus galants.

» — Eh bien, me dit-il, voilà comme nous sommes prêts ?

» Je lui demandai mille pardons ; mais je lui fis observer que je ne pourrais chasser en culotte courte. Il me montra alors du doigt un costume de chasse pareil au sien, qui m'attendait sur un sofa.

» J'étais comme Aladin, monsieur, je n'avais qu'à souhaiter pour voir mes souhaits accomplis.

» En un tour de main, je fus prêt ; alors, nous descendîmes. A la porte, des domestiques tenaient en main quatre chevaux de selle : un pour le capitaine et un pour mademoiselle Zéphirine, et les deux autres pour deux laquais.

» Le capitaine descendait en même temps que nous : il mit dans ses fontes une paire de pistolets à deux coups, les deux autres domestiques qui devaient l'accompagner en firent autant. Maître et domestiques étaient vêtus, en outre, d'une espèce de costume de fantaisie qui leur permettait de porter un couteau de chasse. Le capitaine vit que je remarquais toutes ces précautions.

» — Que voulez-vous, mon cher monsieur Louet ! me dit-il, la police est si mal faite dans ce pays-ci, que l'on peut faire de mauvaises rencontres ; il est bon d'être armé, vous comprenez.

» Je ne comprenais pas du tout, au contraire. Où j'avais rêvé, ou je rêvais. Lequel, du capitaine ou de Villaforte, était l'illusion? lequel était la réalité? Voilà ce que je ne pouvais éclaircir. — Je résolus de laisser aller les choses.

» Quant à mademoiselle Zéphirine, elle était ravissante dans son costume d'amazone.

» — Bien du plaisir, mon cher monsieur Louet, me dit le capitaine en montant à cheval. Nous serons de retour à quatre heures; j'espère qu'à quatre heures votre chasse sera finie.

» — Je l'espère aussi, monsieur le comte, répondis-je; quoique, en fait de chasse, je n'affirme plus rien; on ne sait pas où cela mène, une chasse.

» — En tout cas, dit le capitaine en piquant son cheval et en lui faisant faire deux ou trois courbettes, en tout cas, Beaumanoir, je te recommande monsieur Louet.

» — Soyez tranquille, comte, répondit le lieutenant.

» Et, nous ayant salué une dernière fois de la main, ainsi que mademoiselle Zéphirine, tous deux partirent au galop, suivis des domestiques.

» — Pardon, monsieur, dis-je en m'approchant du lieutenant : c'est vous, je crois, que le comte appelle Beaumanoir?

» — C'est moi-même.

» — Je croyais que la famille Beaumanoir était une famille éteinte.

» — Eh bien, je la rallume, voilà tout.

» — Vous en êtes bien le maître, monsieur, lui dis-je. Mille pardons si j'ai été indiscret.

» — Oh! il n'y pas de quoi, mon cher Louet. Voulez-vous un chien, ou n'en voulez-vous point?

» — Monsieur, j'aime mieux chasser sans chien; le dernier que j'ai eu m'a insulté d'une façon trop cruelle, et j'aurais peur que même chose ne se renouvelât.

» — Comme vous voudrez. — Gaetan! lâchez Roméo.

» Nous nous mîmes en chasse. Monsieur, de mes six premiers coups, je tuai quatre chastres, ce qui prouvait bien que celui de Marseille était ensorcelé. Cela fit beaucoup rire Beaumanoir

» — Comment! me dit-il, vous vous amusez à tirer de pareil gibier?

» — Monsieur, lui dis-je, à Marseille, le chastre est un animal fort rare. Je n'en ai vu qu'un dans toute ma vie, et c'est à lui que je dois l'avantage de me trouver dans votre société.

» — Bah! réservez-vous pour les faisans, les lièvres et les chevreuils.

» — Comment! monsieur, m'écriai-je, nous verrons de pareils animaux?

» — Eh! tenez, en voilà un qui vous part dans les jambes.

» En effet, monsieur, un chevreuil venait de me partir à dix pas.

» De place en place, je rencontrais des jardiniers qu'il me semblait avoir vus quelque part, des gardes-chasse dont la figure ne m'était pas inconnue. Tout cela me saluait, monsieur; il me semblait que c'étaient tous mes bandits qui avaient changé de costume; mais j'avais vu tant de choses étonnantes, que j'avais pris le parti de ne plus me préoccuper de rien.

» Nous faisions un feu de file, monsieur; le parc était immense, fermé de murs, avec des grilles placées de distance en distance pour ménager de magnifiques échappées de vue. Comme j'étais en face d'une de ces grilles, M. de Beaumanoir tira un faisan.

» — *Signore*, me dit un paysan qui était de l'autre côté de la grille, *questo castello è il castello d'Anticoli?*

» — Pardon, villageois, lui répondis-je en m'approchant de lui, je n'entends aucunement l'italien. Parlez-moi français, et je me ferai un plaisir de vous répondre.

» — Tiens! c'est vous, monsieur Louet? me dit ce paysan.

» — Oui, c'est moi; mais comment savez-vous que c'est moi?

» — Vous ne me reconnaissez pas?

» — Je n'ai pas cet honneur.

» — Ernest, l'officier de hussards, votre compagnon de voyage.

» — Ah! monsieur Ernest, comment! c'est vous? Mademoiselle Zéphirine sera bien contente.

» — Zéphirine est donc véritablement ici?

» — Sans doute, monsieur Ernest, sans doute! elle est prisonnière comme moi.

» — Ainsi, le capitaine Tonino...?

» — N'est autre que le comte de Villaforte.

» — Et ce château?

» — Une caverne de brigands, monsieur!

» — C'est tout ce que je voulais savoir. Adieu, mon cher Louet; si l'on nous voyait causer ensemble, on pourrait avoir des soupçons. Dites à Zéphirine que, demain, elle aura de mes nouvelles.

» Et il s'élança dans la forêt.

» — Apporte, Roméo! apporte! cria M. de Beaumanoir.

» Je courus à lui.

» — Eh bien, il paraît qu'il y est, le faisan. Ah! un beau coq, monsieur! un beau coq!

» — Oui, oui, il y est! A qui parliez-vous donc, monsieur Louet?

» — A un paysan qui me faisait une question en italien, et à qui je répondais que j'avais le malheur de ne point comprendre cet idiome.

» — Ah! fit d'un air de doute et en me regardant de côté M. de Beaumanoir.

» Puis, ayant rechargé son fusil :

» — Mon cher monsieur Louet, me dit-il, mieux vaut, je crois, moi qui parle italien, que je longe le mur; il pourrait y avoir encore des paysans qui eussent des questions à vous faire, et, dans ce cas, je me chargerais de leur répondre.

» — Comme vous voudrez, monsieur de Beaumanoir, répondis-je; vous êtes bien le maître.

» J'opérai aussitôt la manœuvre commandée. Mais il eut beau regarder, monsieur, il ne vit personne.

» Nous fîmes une chasse superbe. Il est vrai que M. de Beaumanoir était excellent tireur. A quatre heures, nous rentrâmes. Le comte de Villaforte et mademoiselle Zéphirine n'étaient point encore de retour.

» Je montai à ma chambre pour me préparer à dîner.

Mais, comme il ne me fallait pas deux heures pour ma toilette, je pris ma basse et j'en tirai quelques accords. C'était un instrument excellent, et je résolus, plus que jamais, de ne point m'en séparer.

» A cinq heures et demie, je descendis au salon. J'étais le premier. Un instant après, le comte de Villaforte et mademoiselle Zéphirine parurent.

» — Eh bien, mon cher Louet, me dit mademoiselle Zéphirine, vous êtes-vous bien amusé?

» — Ma foi! mademoiselle, répondis-je, je serais difficile! Et vous?

» — Oh! ma foi, de tout mon cœur; les environs d'Anticoli sont charmants.

» — Capitaine! dit le lieutenant en ouvrant la porte.

» — Qui m'appelle capitaine? Ici, je ne suis pas capitaine, mon cher Beaumanoir; je suis le comte de Villaforte.

» — Capitaine, reprit le lieutenant, c'est pour affaire sérieuse; venez un instant, je vous prie.

» — Pardon, ma chère amie; pardon, monsieur Louet; mais, vous savez, les affaires avant tout.

» — Faites, monsieur le comte, faites.

» Le capitaine sortit. Je le suivis des yeux jusqu'à ce que la porte fût refermée; puis, quand je fus sûr qu'il ne pouvait plus m'entendre :

» — J'ai vu M. Ernest, dis-je à mademoiselle Zéphirine.

» — Quand cela?

» — Aujourd'hui.

» — Ah! ce cher Ernest, il nous aura suivis d'auberge en auberge.

» — C'est probable, ou bien il faudrait qu'il fût sorcier.

» — Il ne vous a rien dit pour moi?

» — Il m'a dit que, demain, vous auriez de ses nouvelles.

» — Oh! quel bonheur, monsieur Louet! il va nous délivrer.

» — Mais, mademoiselle, lui dis-je, comment vous trouvez-vous dans cette société, si vous la méprisez tant?

» — Comme vous vous y trouvez vous-même.

» — Mais, moi, j'y ai été conduit de force.

» — Et moi, croyez-vous que je sois venue de bonne volonté?

» — Alors, ce brigand de capitaine...?

» — M'a vue danser au théâtre de Boulogne, est devenu amoureux de moi et m'a enlevée.

» — Mais c'est donc un athée que cet homme, qui ne respecte ni les danseuses ni les contre-basses!

» — Ce qui me fait le plus de peine dans tout cela, c'est que le pauvre Ernest aura cru que j'étais partie avec un cardinal, parce qu'il y avait, à ce moment-là, un cardinal qui me faisait la cour.

» — Oh!...

» — Silence! voilà Tonino qui rentre.

» — Eh bien, dit Zéphirine en courant à lui, eh bien, qu'avons-nous? Oh! quelle mine! les nouvelles sont donc bien mauvaises?

» — Mais elles ne sont pas bonnes, du moins.

» — Viennent-elles de bonne source? demanda Zéphirine avec une inquiétude qui, cette fois, n'était pas jouée.

» — On ne peut de meilleure source; elles viennent d'un de nos amis qui est à la police.

» — Et qu'annoncent-elles, bon Dieu?

» — Rien de positif; seulement, il se trame quelque chose contre nous. Nous avons été suivis de Chianciano jusqu'à l'osteria Barberini. On ne nous a perdus que derrière le monte Gennaro. Ma chère enfant, je crois qu'il faudra renoncer pour demain à aller au théâtre *della Valle*.

» — Mais cela ne nous empêchera point de dîner, capitaine, je l'espère?

» — Tenez, voilà la réponse, me dit le capitaine.

» — Son Excellence est servie, dit un laquais en ouvrant la porte.

» En entrant dans la salle à manger, je m'aperçus que le capitaine et le lieutenant avaient chacun une paire de pistolets près de leur assiette; en outre, chaque fois qu'on ouvrait la porte de l'office, nous apercevions dans l'antichambre deux bandits avec leur carabine au bras.

» Le repas fut silencieux, comme on le pense bien; cependant il se passa sans accident. Je sentais instinctivement que nous approchions de la catastrophe, et je ne la voyais pas arriver sans inquiétude.

» Après le souper, le capitaine plaça des sentinelles partout.

» — Ma petite Rina, dit-il, je te demande pardon de ne pas te tenir compagnie ; mais il faut que je veille à notre sûreté. Si tu faisais bien, tu te jetterais sur ton lit tout habillée, car nous pourrions bien être réveillés pendant la nuit, et alors je voudrais te trouver toute prête, afin qu'on pût te conduire dans un endroit sûr.

» — Je ferai tout ce que tu voudras, répondit mademoiselle Zéphirine.

» — Et vous, monsieur Louet, je vous serais obligé de prendre les mêmes précautions.

» — Monsieur le comte, je suis à vos ordres.

» — Maintenant, ma petite Zéphirine, si tu veux nous laisser le rez-de-chaussée, nous avons quelques petites dispositions à y prendre qui ne s'accordent pas avec la présence d'une femme.

» — Je remonte à ma chambre, répondit mademoiselle Zéphirine.

» — Et moi aussi, m'écriai-je.

» Le capitaine s'approcha d'une sonnette.

» — Cela va bien, monsieur Louet, me dit mademoiselle Zéphirine en se frottant les mains.

» — Cela va mal, mademoiselle Zéphirine, répondis-je en secouant la tête.

» — Conduisez monsieur et mademoiselle chacun à sa chambre, dit en italien le capitaine.

» Puis il ajouta à voix basse quelques mots que nous ne pûmes entendre.

» — J'espère que tout cela n'est encore qu'une fausse alerte, dit mademoiselle Zéphirine.

» — Hum! je ne sais pourquoi, dit le capitaine, j'ai un mauvais pressentiment... Si j'ai un instant, Zéphirine, j'irai te voir. Bonne nuit, monsieur Louet.

» — Bonne nuit, capitaine, dis-je en sortant.

» Mademoiselle Zéphirine était restée un peu en arrière. Cependant, comme j'avais monté les dix premiers degrés, je la vis disparaître. Je m'arrêtai pour l'attendre ; mais le bandit qui me conduisait me poussa par les épaules.

» Je rentrai dans ma chambre ; le bandit me laissa la lampe et sortit. En s'en allant, il ferma la porte à double tour.

» — Hum! hum! dis-je, il paraît que je suis prisonnier.

» Je n'avais rien de mieux à faire que de me jeter sur mon lit, et c'est ce que je fis.

» Monsieur, je passai plusieurs heures dans des réflexions fort tristes ; peu à peu cependant mes idées s'embrouillèrent. De temps en temps, seulement, je tressaillais et j'ouvrais les yeux tout grands ; enfin, monsieur, à force de les ouvrir, je les fermai une bonne fois et je m'endormis.

» Je ne sais pas depuis combien de temps je dormais, lorsque j'entendis qu'on entrait dans ma chambre, et que je sentis qu'on me secouait par les épaules.

» — *Subito ! subito !* me dit une voix.

» — Monsieur, qu'y a-t-il ? demandai-je en m'asseyant sur mon lit.

» — *Non ce niente ; ma bisogna seguir mi.*

18

» Je compris à peu près que cet homme m'ordonnait de le suivre.

» — Et où faut-il *seguir* vous? demandai-je.

» — *Non capisco... Avanti! avanti!*

» — Me voilà, monsieur, me voilà. Que diable! le feu n'est point à la maison peut-être.

» — *Avanti! avanti!*

» — Pardon, pardon, je ne laisse pas ma basse ici, je ne me soucie pas qu'il arrive malheur à mon instrument. J'espère qu'il ne m'est pas défendu de prendre ma basse.

» Le bandit me fit signe que non, mais qu'il fallait me dépêcher.

» Je mis ma basse sur mon dos, et je lui dis que j'étais prêt à le suivre.

» Alors, il marcha devant moi, me fit traverser plusieurs corridors, puis descendre un petit escalier; après quoi, il ouvrit une porte et nous nous trouvâmes dans le parc. Le jour commençait à poindre.

» Je ne puis vous dire, monsieur, les tours et les détours que nous fîmes; enfin, nous entrâmes dans un massif d'arbres, et, dans l'endroit le plus sombre, nous aperçûmes l'ouverture d'une grotte.

» Je vis que c'était là mon appartement provisoire. Je commençais, tout en tâtonnant, à en reconnaître les localités, quand tout à coup je sentis qu'on me prenait la main. Je fus sur le point de jeter un cri; mais la main qui me prenait était fort douce, de sorte que je reconnus bien vite que ce n'était pas celle d'un brigand.

» — Chut! me dit une petite voix.

» — Je ne souffle pas le mot, mademoiselle.

» — Posez là votre basse?

» J'obéis.

» — Eh bien, qu'y a-t-il?

» — Il y a qu'ils sont cernés par un régiment, et qu'Ernest est à la tête de ce régiment.

» — Oh! ce brave M. Ernest!

» — Comprenez-vous comme il m'aime! Il nous a suivis depuis Sienne jusqu'ici. Quel bonheur, mon cher monsieur Louet, que vous ayez été fait prisonnier.

» — Oui, c'est un grand bonheur, répondis-je.

» — C'est pourtant moi qui ai eu cette idée là.

» — Comment, vous?

» — Certainement. J'ai dit que je ne pouvais pas danser sans musicien, et l'on a tant cherché, qu'on a fini par vous trouver.

» — Comment! c'est à vous que je dois...?

» — A moi, mon cher monsieur, à moi seule; sans compter que, grâce à votre solitaire, j'ai pu laisser partout à Ernest l'itinéraire de notre voyage.

» — Mais comment se fait-il que nous soyons réunis dans cette grotte?

» — Parce que c'est l'endroit le plus retiré du parc, et, par conséquent, le dernier où l'on viendra nous chercher. De plus, il y a une porte qui donne probablement dans quelque souterrain, lequel doit avoir son ouverture dans la campagne.

» — Eh bien, mais, si nous filions par cette porte, mademoiselle, il me semble que cela serait prudent.

» — Ah! oui, c'est juste. Mais il n'y a qu'un malheur, c'est que la porte est fermée.

» On entendit un coup de fusil.

» — Écoutez, mademoiselle! m'écriai-je.

» — Bon! cela commence, dit Zéphirine.

» — Oh! mon Dieu! où nous cacher?

» — Mais il me semble que nous ne pouvons guère être mieux cachés que nous ne le sommes.

» — Mademoiselle Zéphirine, dis-je, j'espère que vous ne m'abandonnerez pas?

» — Moi, abandonner un ami? Jamais!... C'est à une condition, cependant... Entendez-vous? entendez-vous?

» La fusillade redoublait, qu'on aurait dit des feux de peloton.

» — Quelle est cette condition, mademoiselle? Tout ce que vous voudrez.

» — C'est que, si M. Ernest vous interroge sur mes relations avec le monstre, vous lui direz qu'elles ont toujours été honnêtes, et que je ne lui ai jamais cédé.

» — Mais il ne le croira pas, mademoiselle.

» — Vous êtes un niais, monsieur Louet; il croira tout ce que je voudrai : il m'aime.

» — Mademoiselle, m'écriai-je en lui prenant la main, il me semble que cela redouble.

» — Tant mieux! tant mieux! répondit mademoiselle Zéphirine.

» C'était une lionne que cette jeune fille.

« Je voulus m'approcher de l'ouverture de la grotte.

» — *Dietro ! dietro !* crièrent les deux sentinelles.

» Je compris encore plus par le geste que par le mot que cela voulait dire en arrière, et je m'empressai de reculer.

» De minute en minute, la chose s'échauffait. J'étais destiné à assister à des combats, monsieur; sur mer comme sur terre, les combats me poursuivaient.

» — Il me semble que les coups de fusil se rapprochent, dit mademoiselle Zéphirine.

» — J'en ai peur, mademoiselle, répondis-je.

» — Mais, au contraire, vous devez être enchanté : c'est qu'ils fuient.

» — Je suis enchanté, mademoiselle; mais je voudrais bien qu'ils ne fuissent point de notre côté.

» Monsieur, on entendait des cris comme si on s'égorgeait, et c'était bien permis, car on s'égorgeait effectivement, comme nous pûmes le voir depuis. Tout cela était mêlé de coups de fusil, de sons de trompette, de roulements de tambour. L'odeur de la poudre arrivait jusqu'à nous. Les détonations se rapprochaient de plus en plus : je suis sûr que les combattants n'étaient pas à cent pas de la grotte.

» Tout à coup, nous entendîmes un soupir, puis le bruit d'un corps qui tombait, et l'une de nos deux sentinelles vint rouler en se débattant dans la grotte. Cet homme avait reçu une balle perdue; et, comme il était tombé dans le rayon de lumière qui se projetait dans le souterrain, nous ne perdîmes pas une des angoisses de son agonie. Je dois le dire, cependant, à cette vue, mademoiselle Zéphirine me prit les mains, et je sentis qu'elle tremblait.

» — Oh! monsieur Louet, me dit-elle, que c'est horrible de voir mourir un homme!

» En ce moment, nous entendîmes une voix qui criait :

» — Arrête! misérable! arrête! attends-moi!

» — Ernest! s'écria mademoiselle Zéphirine, la voix d'Ernest!

Et elle s'élança vers l'ouverture de la grotte. Au même instant, le capitaine s'y précipita tout sanglant.

» — Zéphirine, cria-t-il, Zéphirine, où es-tu?

» Mais, comme il venait du grand jour et que ses yeux n'étaient point encore habitués à l'obscurité, il ne put nous apercevoir.

» Mademoiselle Zéphirine me fit signe de garder le silence.

» Le capitaine resta un instant comme ébloui, puis ses yeux plongèrent dans toutes les profondeurs de la grotte; alors, il nous vit.

» Il ne fit qu'un bond jusqu'à nous, un bond de tigre.

» — Zéphirine, pourquoi ne me réponds-tu pas quand je t'appelle?... Viens, viens!

» Il la prit par le bras et voulut l'entraîner vers la porte du fond.

» — Où voulez-vous me mener? où voulez-vous me conduire? s'écria la pauvre enfant.

» — Viens avec moi, viens!

» — Mais je ne veux pas aller avec vous, moi, dit-elle en se débattant.

» — Comment! tu ne veux pas venir avec moi?

» — Mais non; pourquoi vous suivrais-je? Je ne vous aime pas, moi. Vous m'avez enlevée de force, je ne vous suivrai pas... Ernest! Ernest! par ici!

» — Ernest, Ernest! murmura le bandit. Ah! c'est donc toi qui nous trahissais!

» — Monsieur Louet, si vous êtes un homme, s'écria Zéphirine, à moi! à mon secours!

» Je vis briller la lame d'un poignard, monsieur! Je n'avais point d'armes; je saisis le manche de la contrebasse, je la levai comme une massue, et j'en appliquai un si rude coup sur le crâne du capitaine, que l'instrument se défonça, et qu'il se trouva la tête prise dans l'intérieur.

» Soit violence du coup, soit surprise de se voir la tête contre-bassée, le capitaine ouvrit les bras, et poussa un tel rugissement, que toute la grotte en trembla.

» — Zéphirine! Zéphirine! cria une voix au dehors.

» — Ernest! Ernest! s'écria la jeune fille en s'élançant vers l'ouverture de la grotte.

» — Mademoiselle Zéphirine! m'écriai-je à mon tour en la suivant, épouvanté moi-même du coup que je venais de faire.

» Monsieur, je vous ai dit que cette jeune fille était légère comme une biche; elle était déjà dans les bras de son officier. J'allai me cacher derrière eux.

» — Là, là! cria le jeune lieutenant en montrant l'entrée de la grotte à une douzaine de soldats qui venaient de le rejoindre, et qui se précipitèrent dans l'intérieur. — Là, il est là! amenez-le mort ou vif.

» — Au bout de cinq minutes, monsieur, ils reparurent, ils n'avaient rien trouvé que la contre-basse, où il y avait le trou de sa tête. Le capitaine s'était sauvé par la seconde porte.

» — Tiens, Ernest, dit Zéphirine, voilà mon sauveur Le poignard était déjà là, vois-tu, quand il est venu à mon secours. (Elle montrait sa poitrine.) Car je n'avais jamais voulu lui céder, à ce monstre de capitaine, et il aimait mieux me tuer que de me voir appartenir à un autre.

» — Bien vrai? dit Ernest.

» — Ah!... mon ami, comment peux-tu me soupçonner? Demande plutôt à M. Louet.

» Je vis que le moment était venu, et je m'approchai.

» — Monsieur, lui dis-je, je vous jure...

» — C'est bien, me dit M. Ernest, pas de serment. Pensez-vous que je ne la croie pas sur parole?

» — Je crois, dis-je sauf meilleur avis, monsieur Ernest, que, puisque le capitaine nous est échappé, ce que nous avons de mieux à faire, c'est de mettre mademoiselle Zéphirine en sûreté.

» — Vous avez raison, monsieur Louet. Viens, Zéphirine.

» Nous reprîmes le chemin du château; mais, avant d'y arriver, il nous fallut traverser le champ de bataille. Monsieur, nous vîmes bien dix ou douze morts. Au pied du perron, un cadavre barrait les marches.

» — Enlevez donc de là cette charogne, dit un vieux brigadier qui marchait devant nous à deux soldats.

» Les deux soldats retournèrent le cadavre, qui était tourné le nez contre terre, et je reconnus le dernier des Beaumanoir.

» Nous ne fîmes que passer au château. M. Ernest y laissa garnison; puis nous montâmes dans une voiture avec mademoiselle Zéphirine, et M. Ernest, à la tête de douze hommes bien armés, nous servit d'escorte. Il va sans dire, monsieur, comme vous comprenez bien, que j'avais repris mes cent écus, mon fusil et ma carnassière.

» Il n'y avait que ma pauvre basse que je regrettais. Quant à mademoiselle Zéphirine, il paraît qu'elle ne regrettait rien, car elle était comme folle de joie.

» Au bout d'une heure de route, à peu près, je vis à l'horizon une grande ville avec un dôme énorme.

» — Sans indiscrétion, monsieur Ernest, dis-je en sortant ma tête par la portière, puis-je vous demander quelle est cette ville?

» — Cette ville?

» — Oui.

» — Là, devant nous?

» — Là, devant nous, monsieur.

» — Eh! mais c'est Rome.

» — Comment! c'est Rome? Bien vrai?

» — Sans doute.

» — Eh bien, monsieur, lui dis-je, je suis enchanté, parole d'honneur, enchanté, c'est le mot. J'ai toujours eu une très-grande envie de voir Rome.

» Deux heures après, nous fîmes notre entrée dans Rome. Monsieur, c'était bien Rome.

— Et vîtes-vous le pape? demandai-je. Car je me rappelle, monsieur Louet, que c'était un de vos désirs.

— Vous n'êtes pas sans savoir, me répondit M. Louet, que ce respectable vieillard était pour lors à Fontainebleau; mais je le vis à son retour, monsieur, lui et ses successeurs; car M. Ernest m'ayant fait entrer comme quatrième basse au théâtre *della Valle*, j'y restai jusqu'à 1830. Si bien que, lorsqu'en 1830 je revins à Marseille, monsieur, comme il y avait vingt ans que j'en étais parti, on ne voulait pas me rendre ma place à l'orchestre; on me prenait pour un faux Martinguerre.

— Et mademoiselle Zéphirine?

— Monsieur, j'ai entendu dire qu'elle avait épousé M. Ernest, dont je n'ai jamais su l'autre nom, et qu'elle était devenue une fort grande et fort honnête dame.

— Et le capitaine, vous n'en avez jamais entendu reparler?

— Si fait, monsieur; trois ans après, il se laissa arrêter au théâtre *della Valle*, et j'eus la douleur de le voir pendre... Voilà comment, monsieur, pour avoir oublié de décharger mon fusil, qui fit long feu sur un chastre, je me trouvai avoir vu l'Italie et être resté vingt ans à Rome.

— Savez-vous l'heure qu'il est? demanda Méry en tirant sa montre : quatre heures du matin? Une belle heure pour aller se coucher !

— Heureusement, dit M. Louet en nous montrant Jadin et nos deux autres convives qui ronflaient, heureusement que ces messieurs ont pris un à-compte.

FIN DU TOME DEUXIÈME ET DERNIER

TABLE

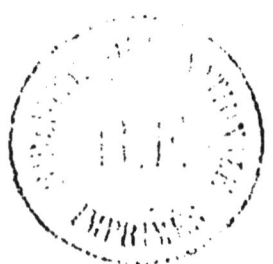

		Pages.
XXI. — Aigues-Mortes		1
XXII. — Une Ferrade		28
XXIII. — La Tarasque		52
XXIV. — Arles		60
XXV. — Les Baux		84
XXVI. — Crau et Camargue		96
XXVII. — Lé Martigao		116
XXVIII. — Marseille antique		131
XXIX. — Marseille gothique		143
XXX. — Lo Prado		170
XXXI. — La Maison phénicienne		187
XXXII. — La Chasso au chastro		214

FIN DE LA TABLE DU TOME DEUXIÈME ET DERNIER

Imprimeries réunies, B, rue Mignon, 2.

www.ingramcontent.com/pod-product-compliance
Lightning Source LLC
Chambersburg PA
CBHW060417170426
43199CB00013B/2179